DICTIONNAIRE

DE LA

COMPTABILITÉ DES DOUANES.

DICTIONNAIRE

COMPTABILITÉ DES DOUANES,

J.-B. GUILGOT,

Vérificateur à Montbéliard.

BELFORT,

Imprimerie de Ve J. Clerc et Fils.

—

1848.

A

M. Duvaucel,

Chevalier de l'Ordre Royal de la Légion-d'Honneur,

Directeur des Douanes à Besançon,

Hommage de vive reconnaissance.

J.-B. GUILGOT.

INTRODUCTION.

GUIDÉ par le désir d'être utile à mes jeunes Collaborateurs qui commencent l'étude de la Comptabilité, j'ai recueilli tout ce qui, dans nos lois, intéresse cette partie si importante de notre service, et j'en ai fait un livre que je publie aujourd'hui sous le titre de Dictionnaire de la Comptabilité des Douanes.

UN Dictionnaire a peut-être des inconvénients; mais je crois que c'est la forme sous laquelle il est le plus facile d'abréger, pour le lecteur, des recherches qui, quelque courtes qu'elles soient, n'en sont pas moins fastidieuses.

IL émane tous les ans deux ou trois circulaires de la Comptabilité générale; mais ces instructions, précieuses à plus d'un titre, sont tirées à un si petit nombre d'exemplaires qu'elles ne sont adressées qu'aux recettes principales : elles ne parviennent presque jamais aux Receveurs particuliers ni aux Capitaines. Elles leur seraient pourtant d'une grande utilité.

LE devoir de ces agens secondaires se confond, en effet, avec celui des Receveurs principaux, avec lesquels ils règlent tous les mois de clerc-à-maître; sans être, comme ceux-ci, justiciables de la Cour des comptes, ils n'en sont pas moins tenus de donner à leurs écritures les formes obligées, d'apporter dans leurs opérations toute la lucidité et l'uniformité désirables.

GÉNÉRALEMENT, cependant, il n'en est pas ainsi.

ON remarque de temps en temps des erreurs, des omissions, des fausses marches : souvent on signale des irrégularités, ou dans l'établissement des comptes, ou dans la forme des quittances, ou dans le libellé des autres pièces : souvent aussi des états sont mal rédigés; ils sont quelquefois adressés après les délais prescrits, etc.; et, la plupart du temps, ces irrégularités ne sont commises que parce qu'on n'a pas sous la main un guide à consulter.

TEL qu'il est, mon Dictionnaire peut combler cette lacune :

si on le consulte souvent, on pourra, du moins je l'espère, y trouver les premières notions toujours indispensables à ceux qui débutent.

La Comptabilité, a dit M. Ch. de Gimel, n'est pas la science des finances; elle ne s'occupe ni d'accroître les ressources de l'État, ni de donner aux dépenses l'emploi le plus fructueux; elle se borne à constater les faits de la recette, à en centraliser les résultats, à assurer le service des paiements, et elle est complète lorsqu'elle a obtenu exactitude et régularité dans ces opérations.

Elle a pour base le budget général de l'État, lequel se divise en Budget des recettes et en Budget des dépenses. Le premier, en spécifiant les recettes d'après leur origine, assure à l'État l'intégralité de ses ressources ordinaires; le second, en spécifiant les dépenses d'après leur objet, empêche qu'aucun service public ne soit omis, qu'aucun service non reconnu ne s'installe au rang des services publics; que, dans le cercle même des travaux légitimes, nulle branche ne reçoive un développement exagéré ou trop faible. Préposée à l'accomplissement de ces deux ordres de faits, la Comptabilité saisit les deniers publics dès qu'ils sont recouvrés, les suit, les surveille, les dirige jusqu'à ce qu'ils soient dépensés : de là, deux parties principales dans ses fonctions, à savoir : la recette et la dépense.

La Recette comprend l'agence des recouvrements et leur centralisation. Dans la Dépense, on distingue la liquidation, l'ordonnancement et le paiement.

Les Recettes forment un budget unique : la présentation aux Chambres en appartient au Ministre des finances. Elles s'opèrent par des Comptables spéciaux qui, après avoir prélevé les frais d'administration, versent directement, entre les mains des Receveurs généraux des finances, le produit net des recettes, lorsqu'elles sont en deniers, ou entre les mains du Caissier central du Trésor, lorsqu'ils ont reçu les paiements en papier.

Les Dépenses forment un budget par Ministère : chaque budget est divisé en chapitres spéciaux; chaque chapitre ne contient que des services de même nature, et les sommes affectées à chacun de ces chapitres ne peuvent être appliquées à des chapitres différents. Les sommes allouées en dépense se nomment Crédits. Les crédits qui ont été ouverts par le budget s'appellent Ordinaires; si ces crédits ne suffisent pas, des lois ou des ordonnances ouvrent des Crédits supplémentaires; s'il se rencontre, après le vote des budgets, quelques besoins imprévus, des lois spéciales ou des ordonnances ouvrent des Crédits extraordinaires.

On ne règle les budgets qu'au bout de deux ans, et ce délai constitue un Exercice. Les crédits servent, pendant vingt-deux mois, à payer les dépenses effectuées pendant l'année qui donne son nom à l'exercice. Les crédits ouverts pour les dépenses de chaque exercice ne peuvent être employés aux dépenses d'un autre exercice.

Pour qu'une dépense ait lieu, pour qu'une créance soit payée, il faut que la Liquidation en ait été faite. Aucune créance ne peut être liquidée à la charge du Trésor que par le Ministre des finances ou par ses mandataires; les titres de chaque liquidation doivent offrir la preuve des droits acquis aux créanciers de l'État. Le liquidateur doit reconnaître la réalité de la créance, sa quotité, l'identité de la personne qui se présente comme créancier, et voir s'il n'y a pas quelque Déchéance à lui opposer.

Aucune dépense faite pour le compte de l'État ne peut être acquittée si elle n'a été préalablement Ordonnancée. L'ordonnancement consiste à vérifier l'exécution des marchés, l'accomplissement des services, à enjoindre au payeur d'acquitter les dettes reconnues, et à donner ainsi à la liquidation son nécessaire complément. L'ordonnancement se fait, soit par le Ministre, soit par les Ordonnateurs secondaires, en vertu de ses délégations; c'est pourquoi les ordonnances ministérielles sont de deux espèces : celles de Paiement et celles de Délégation. Les premières sont délivrées directement par le Ministre au profit des créanciers; les secondes sont celles par lesquelles le Ministre autorise les Ordonnateurs secondaires à disposer d'une partie de leur crédit par des Mandats de paiement. Pour être admise par le Ministre, toute ordonnance doit porter sur un crédit régulièrement ouvert, et se renfermer dans les limites des distributions mensuelles de fonds.

Le Paiement des dépenses publiques est confié à des Comptables spéciaux. Les fonctions du payeur ne sont pas celles d'un agent purement passif, appelé à solder les mandats qui lui sont remis : son devoir est de vérifier si ces mandats se renferment dans la limite des ordonnances de délégation qui autorisent leur délivrance; de constater la réalité des services et l'identité des porteurs de mandats. Aussi le paiement peut-il être refusé par un Payeur, lorsqu'il reconnaît qu'il y a omission ou irrégularité matérielle dans les pièces justificatives. Dans ce cas, le Payeur est tenu de remettre immédiatement la déclaration écrite et motivée de son refus au *porteur de l'ordonnance ou du mandat. Si, malgré cette déclaration, l'Ordonnateur requiert, par écrit et sous sa responsabilité, qu'il soit passé outre au paiement, le Payeur y procède sans autre délai ; il informe immédiatement le Ministre des finances.*

Les Ecritures *de comptabilité se tiennent selon le système de la tenue des livres en partie double : elles sont d'abord consignées, au fur et à mesure qu'elles se présentent, sur un livre qui prend le nom de* Journal, *puis reportées sur un autre livre que l'on appelle* Livre de dépouillement *ou* Sommier, *et qui, ainsi que le budget, est divisé par chapitres, par articles et par sections. Elles embrassent non-seulement les recettes et les dépenses de l'Etat : elles comprennent encore les recettes et les dépenses faites pour divers services particuliers : les opérations qui ont lieu sur ces services prennent le nom d'*Opérations de trésorerie. *Les dépenses sont payées par les Comptables à vue des* Ordres de paiement *délivrés par les Ordonnateurs secondaires.*

Les écritures sont réglées tous les mois : *elles sont définitivement arrêtées,* le 51 décembre de chaque année et à la fin de chaque gestion, *par un* procès-verbal de clôture *qui établit et constate la situation des valeurs en caisse et en portefeuille.*

Les opérations des Comptables et des Ordonnateurs secondaires sont contrôlées, tous les mois, *dans les bureaux de la* Comptabilité générale; à l'expiration de chaque année, *la* Comptabilité générale *vérifie également les comptes d'année et les transmet à la* Cour des comptes, *avec des résumés généraux par classe de Préposés et par nature de service, et la Cour, après une vérification approfondie des pièces, déclare que les comptes sont* exacts, *ou signale les* irrégularités *qu'elle y a remarquées.*

DICTIONNAIRE

DE LA

COMPTABILITÉ DES DOUANES.

ABSENCE.

1. L'absence des Employés en congé donne lieu à la retenue, au profit de la Caisse des retraites, de la moitié des appointements dont ils jouissent. Voir : *Congés.* — *Retenues proportionnelles.*

Dans le cas d'absence par congé avec demi-solde, la part des plombs est réduite à moitié ; l'autre moitié est reversée à la masse et répartie avec elle. (*Circulaire N° 1594*). Les Employés absents par changement de résidence conservent leur part entière de plombs tant qu'ils sont dans les délais qui leur ont été accordés pour joindre leur nouvelle destination. (*Circulaire N° 1212*).

2. L'absence des ayant-droit, soit à une part de saisie ou de prime, soit au partage des plombs, soit à des appointements, &., nécessite, lors de la formation des écritures, le non-paiement de la créance, et donne lieu à l'inscription de la somme due sur un registre spécial qui prend le nom de REGISTRE DES SOMMES NON PAYÉES A DÉFAUT D'ÉMARGEMENT. Voir : *Sommes non payées.*

Cependant si l'absence n'était que momentanée, et que la partie absente eût fourni quittance, la somme lui revenant serait mise en dépense, mais en même temps elle devrait être reprise au chapitre des *Fonds particuliers reçus de divers*, où elle serait tenue à sa disposition pendant une année. Voir : *Caisse des dépôts et consignations*, n° 2, et *Fonds particuliers reçus de divers*.

3. Quand une décision administrative ordonne le remboursement d'une somme reçue à titre d'amende ou de confiscation, ou d'une somme consignée pour assurer l'exécution d'une transaction, l'absence des ayant-droit autorise le versement desdites sommes à la Caisse des dépôts et consignations. Dans ce cas, les récépissés sont rapportés à l'appui de la dépense aux lieu et place de la quittance des ayant-droit. (*Comptabilité générale*, *28 décembre 1842*).

4. Il en est de même à l'égard de la portion remboursable des actifs de masse d'habillement des Préposés qui ont cessé d'être compris dans les cadres ; — des fonds particuliers de divers qui ne sont pas réclamés dans l'année ; — et des retenues pour dettes qui ne sont pas payées à la fin de l'année qui suit celle dans laquelle ces retenues ont atteint le chiffre des dettes qui les avaient motivées. (*Comptabilité générale*, *idem*).

5. L'absence des redevables du Trésor doit être constatée, — ou par des procès-verbaux de perquisition dressés par des huissiers, — ou par des certificats délivrés, sous leur responsabilité, par les maires ou adjoints de leur résidence ou de leur dernier domicile. (*Arrêté du 25 juin 1802*).

6. Dans toutes les affaires où, pour cause d'absence des prévenus, les condamnations pécuniaires ne peuvent être recouvrées, les certificats d'absence doivent être accompagnés d'une décision de l'Administration autorisant la surséance indéfinie des poursuites. (*Comptabilité générale*, *31 décembre 1838*).

Voir : *Caisse des dépôts et consignations. — Traitements*, N°s *1 et 3*.

ACCUSÉ DE CRÉDIT.

C'est la pièce par laquelle la Comptabilité générale accuse au Comptable la réception des pièces de dépenses qui accompagnent et qui appuient le bordereau N° 2.

L'accusé de crédit remplace les pièces de dépenses et sert au Comptable de décharge provisoire : il peut même être produit comme justification aux Agents appelés à vérifier les écritures. (*Circulaire N° 629 et Arrêté du 9 novembre 1820, article 6*).

Comme l'accusé de crédit détaille toutes les dépenses par nature, et qu'il récapitule le nombre des pièces produites à leur appui, on y a recours lors de la formation du compte de fin d'année : il convient donc de le conserver avec soin.

ACHAT ET ENTRETIEN DE POIDS, BALANCES, &.— Voir : *Matériel, § 2*.)

ACQUIT.

1. Tout acquit doit être donné par l'ayant-droit ou son fondé de

pouvoir; (Voir : *Procuration*). — relater la somme en toutes lettres, — et être daté. Voir : *Emargement*.

Les paiements faits à des parties illettrées doivent être certifiés par des actes notariés pour les sommes au-dessus de 150 francs; pour les sommes moindres, ils peuvent l'être par deux témoins dont on indique les noms, qualités et demeures. Ainsi :

Le sieur...., ne sachant signer, a fait sa marque ordinaire en présence des sieurs..., propriétaires demeurant à....., qui certifient lui avoir vu compter la somme ci-dessus.

    A.....   le...   18....

La signature des témoins doit être visée par le Maire : si ces témoins appartiennent aux Douanes, leur signature est légalisée par le chef du bureau. (Voir : *Quittances*).

2. Les acquits de primes à l'exportation, de remboursements de droits et des trois quarts des sommes consignées en garantie de la réexportation des voitures de voyageurs, peuvent être donnés sur la lettre d'avis ou sur la liquidation.

Quand les acquits font l'objet de quittances particulières, ces quittances doivent être établies sur papier timbré quand la somme payée dépasse 10 francs.

(Comptabilité générale, 30 décembre 1826).

3. Quand ils sont donnés pour des appointements, parts de saisie ou gratifications revenant à des employés sortis de la principalité où le paiement est assigné, ils doivent être visés par le Directeur, qui y relate l'autorisation en vertu de laquelle ont lieu les paiements. (*Comptabilité générale, 25 mars 1831*).

ACQUITTEMENT — DES DROITS DE DOUANES.

1. Les droits de douanes sont perçus en numéraire métallique. (*Loi du 23 novembre 1796, article 6*). Les pièces d'argent sont comptées : ceux qui les reçoivent sont tenus de s'assurer qu'elles ont cours en France. On ne reçoit la monnaie de cuivre et de billon que pour l'appoint d'une pièce de 5 francs. (*Décret du 18 août 1810, article 2*). Voir : *Appoint*.

2. Lorsque ces droits ne dépassent pas 600 francs, ils sont payés comptant et sans délai. (*Loi du 24 mars 1794, titre 3, article 11*).

Mais quand, dans une même journée, la remise en douane de plusieurs déclarations faites par la même personne donne ouverture à une perception de plus de 600 francs sur les droits d'entrée seulement, le redevable jouit, pour les droits qu'il acquitte au comptant, d'une remise qui lui est faite à raison de 4 p. % par an, qui est calculée pour quatre mois à partir du jour de la liquidation (*Arrêté du 11 janvier 1831*). (Voir : *Escompte*), et, pour les droits qu'il ne peut payer immédiatement, d'un crédit de quatre mois, qu'il garantit par des obligations valablement cautionnées. (*Loi du 24 avril 1806, article 53. — Circulaire N° 570.*) Voir : *Crédits.*

ACTE DE VENTE — DE TRANSACTION, — DE CLASSEMENT, &. Voir : *Procès-verbal*.

ACTIF DE MASSE. Voir : *Transfert*. — *Masses*.

ALTÉRATIONS — RATURES. — SURCHARGES.

1. Elles sont défendues sur le livre journal. (*Loi du 22 août 1791. Titre 13. Article 28*).

Les pièces de recettes ou de dépenses qui en sont entachées ne peuvent être admises : il faut que l'altération soit approuvée en marge au moyen d'un renvoi signé par celui qui a arrêté les états ou mémoires, par les souscripteurs des quittances, ou par l'Agent administratif qui a visé les pièces pour contrôle. (*Comptabilité générale, 26 décembre 1833*).

2. La Comptabilité n'admet aucun état dans lequel, par des surcharges et des grattages irréguliers, on aurait substitué les sommes revenant aux titulaires décédés ou absents, à celles pour lesquelles ils ont émargé. Pour régulariser un tel état, il faut justifier les déductions, ou les augmentations opérées, au moyen de certificats explicatifs (voir : *Certificats explicatifs*) fournis par l'agent chargé de toucher cet état, et qui mettent à même de juger de l'exactitude des déductions ou des augmentations : lorsque ces déductions s'opèrent par voie de reversement au Trésor, il faut produire le récépissé du Caissier central. (*Id*).

3. Les ratures doivent être approuvées dans la forme suivante :
APPROUVÉ LA RATURE DE… *(le nombre en toutes lettres)* MOTS A LA… LIGNE.

Les altérations de sommes, le sont ainsi :
BON POUR LA SOMME DE…. *(la répéter et la souligner)*.

Dans les autres cas, on met :
APPROUVÉ LES MOTS *(les écrire)* ALTÉRÉS OU SURCHARGÉS.
(*Comptabilité générale, 26 décembre 1833*).

AMENDES ET CONFISCATIONS.

1. Elles font l'objet du chapitre unique, article 4, des Contributions et revenus publics. Leur inscription à ce chapitre n'offre aucune difficulté : il faut seulement apporter assez d'attention pour ne pas confondre les amendes appartenant à l'exercice précédent avec celles de l'exercice courant. — Les confiscations appartiennent toujours à l'exercice courant : mais les amendes, ainsi que le décime additionnel, dont la réalisation n'a lieu que dans des délais plus ou moins rapprochés, doivent être portées à l'exercice auquel les droits ont été imputés. (Voir : *Exercice*.) Elles ne sont, du reste, portées à ce chapitre, qu'après que les jugements ou les arrangements ont été rendus définitifs par la sanction administrative, ministérielle ou royale, et seulement pour les sommes dont le paiement est exigé par les décisions ou ordonnances. (*Comptabilité générale, 31 décembre 1838*). Voir, pour l'inscription au journal, le mot *Opérations de Comptabilité N°s 8 et 30 de la Recette*.

2. Les sommes représentant les droits d'entrée sur les marchandises vendues, celles qui sont reçues par transaction à titre de remboursement des frais ou pour primes de capture, ne faisant point partie des amendes et confiscations, doivent être portées immédiatement aux chapitres auxquels elles appartiennent. (*Comptabilité générale, 15 décembre 1836*).

3. Pour s'assurer que les recouvrements sur amendes sont opérés avec exactitude, et que les Comptables n'ont négligé aucun des moyens propres à en assurer la prompte réalisation, le Ministre des finances a prescrit, le 20 mars 1834, la tenue d'un sommier spécial, série E, N° 71, A. C'est sur ce registre que l'on inscrit tous les droits acquis au Trésor, soit par jugements définitifs, soit par transactions dûment approuvées. Voir : *Droits constatés*.

4. Si, lors des recouvrements, la décision administrative n'était pas encore intervenue, la somme reçue serait portée provisoirement au chapitre des Consignations. Voir : *Consignations*, § 5. (*Comptabilité générale, 31 décembre 1838*).

Voir, pour l'inscription au journal, le mot *Opérations de Comptabilité*, N° 18 de la Recette.

ANTÉRIEUR.

1. C'est le total des recettes ou des dépenses des mois ou des journées qui précèdent le mois ou le jour pendant lequel ou pour lequel on opère.

A la fin de chaque journée, on arrête les recettes sur les registres de liquidation et de perception : on rapporte l'antérieur au-dessous, et l'on obtient ainsi le total général des recettes : on agit de même à la fin de chaque mois. (*Voir : Arrêté des Ecritures.*)

* 2. Quand des changements sont opérés aux antérieurs du mois précédent, il faut avoir soin de faire connaître, tant sur le journal que sur le bordereau N° 2, les causes pour lesquelles les sommes ont été modifiées.

Lorsque ces changements sont relatifs à la distribution des appointements, le Receveur indique à quel mois et à quel emploi ils se rapportent. Si les décomptes établis sur les rôles sont susceptibles de redressements, il aura soin que ces décomptes soient établis, pour chaque mois, par un état de rectification.

A l'égard des changements apportés aux recettes ou dépenses en virements de fonds, le Comptable devra toujours indiquer les numéros des bordereaux de recouvrements ou de paiements qui ont été augmentés ou réduits.

Voir : *Modifications — Redressements.*

3. Quand les changements ont lieu sur les antérieurs des journées du mois courant, ils s'opèrent simplement par voie d'addition ou de réduction, en indiquant seulement au journal la cause de ces changements.

APPLICATION.

C'est le transport que l'on fait d'une somme d'un chapitre où elle avait été portée provisoirement, dans un autre chapitre où elle doit être classée à titre définitif.

Les chapitres où existent les sommes dont l'application doit être faite, sont : les avances à régulariser — les amendes et confiscations — les consignations et les fonds de divers.

Ainsi on applique :

1° AUX TRAITEMENTS D'ACTIVITÉ, les sommes avancées aux Capitaines pour le paiement des appointements de leurs Préposés — ou pour les indemnités accordées aux femmes visiteuses. Cette application a lieu du 10 au 15 de chaque mois. Voir : *Traitements N° 2*.

2° AU REMBOURSEMENT DES FRAIS, le produit ou partie du produit d'une saisie qui a été préalablement inscrit aux amendes ou aux consignations. Voir : *Répartitions sur les amendes et confiscations N° 3 & 2*.

Quand la somme à appliquer aux frais figure aux amendes, la dépense est justifiée par un mandat de paiement et par un certificat d'application visé par l'Inspecteur. Voir : *Certificat d'Application*.

3° AUX RECETTES ACCESSOIRES, les sommes consignées pour assurer la réexportation des voitures de voyageurs, quand cette réexportation n'a pas eu lieu dans le délai de trois ans, augmenté d'un autre délai de six mois fixé pour le rapport de l'expédition. Voir : *Consignations.— Voitures de Voyageurs, N° 4*.

4° AUX DROITS DE DOUANES, les sommes consignées pour assurer le paiement des droits d'entrée ou de sortie des chevaux passant la frontière, quand l'expédition n'est pas rapportée dans les six mois qui suivent le délai fixé par le passavant de Consignation, — Voir : *Consignations pour Chevaux, N° 6*. — les sommes provenant de la vente des minuties, faite provisoirement pour cause de dépérissement, quand ces minuties sont définitivement acquises à l'Administration. Voir : *Ventes provisoires de Minuties*.

5° AUX DROITS DE DOUANES, les sommes consignées en garantie de droits sur des marchandises qu'on retire des Douanes avant que ces droits puissent être liquidés. Voir : *Consignations en garantie de droits*.

Cette opération est justifiée par la production de la reconnaissance même de consignation, que l'on récapitule sur la chemise N° 95, et qui doit être appuyée d'un ordre de remboursement.

6° AUX AMENDES ET CONFISCATIONS, les sommes consignées pour assurer l'exécution des transactions, quand la décision administrative est intervenue. Voir : *Consignations pour assurer l'exécution des Transactions, N° 1er de la dépense*.

7° Enfin, AUX CHAPITRES QU'ELLES CONCERNENT, les sommes reçues des Receveurs subordonnés, à compte de leur perception, ainsi que celles reçues pour le Comptable par ses collègues. Voir : *Virements*.

Toutes ces opérations se font sans mouvement de valeurs.

APPOINT.

C'est la monnaie que l'on ajoute à une somme pour faire le solde.

La monnaie de cuivre et de billon n'est employée dans les paiements, si ce n'est de gré à gré , que pour l'appoint de la pièce de 5 francs. (*Décret du 18 août 1810 , article 2*). Et comme il existe des monnaies d'argent qui sont des fractions de la pièce de 5 francs , on n'a la faculté d'acquitter ou de recevoir , avec la monnaie de cuivre ou de billon , que ce qui ne peut être payé avec les pièces de 2 francs , de 1 franc et de 50 centimes. (*Circulaire du 31 août 1810*).

APPOINTEMENTS. Voir : TRAITEMENTS D'ACTIVITÉ.

ARRÊTÉ — DES ÉCRITURES.

1. Le Comptable doit , chaque soir , à la clôture du bureau , mettre sur les registres courants des acquits à caution , acquits de paiement , passavants , &. , et au dos de la souche de l'expédition , un arrêté ainsi conçu :

Clos le...... à..... heures après-midi.

Il doit signer cet arrêté à côté duquel il fait la récapitulation des opérations de la journée. (*Circulaire du 19 novembre 1802*).

2. Les recettes et les dépenses doivent être exactement rapportées , jour par jour , sur le livre-journal. (*Délibération du 13 décembre 1791*). À la fin de chaque journée , on additionne les recettes et les dépenses , puis on en tire le solde qu'on rapporte à nouveau et qui fait le premier article de la journée suivante. (*Circulaire N° 230 et circulaire du 26 septembre 1821*).

À la fin du mois , on rapporte sur le sommier , sur le registre de liquidation , comme sur tous les livres de perception , le total des opérations des mois antérieurs , de manière à former , à la fin de chaque mois, un total général. (*Circulaire N° 230*).

Quelques Receveurs arrêtent leurs écritures du mois avant qu'il ne soit expiré , afin d'avoir plus de temps pour former leurs bordereaux : mais cette manière de procéder détruit l'harmonie qui doit exister entre les dates des perceptions , des acquits de paiements et celle des écritures , et doit être abandonnée comme contraire aux instructions de l'Administration , qui veulent que les bordereaux mensuels des Receveurs principaux comprennent les opérations faites matériellement jusqu'au dernier jour du mois. (*Circulaire N° 883*).

3. Tous les exercices sont séparés par des procès-verbaux de clôture (voir : *Clôture de Gestion)* et arrêtés par les Inspecteurs. En tête de la page qui suit le procès-verbal de clôture , on met en gros caractères , la désignation de l'exercice qui commence , et l'on rapporte cette désignation sur le dos du registre pour rendre les recherches faciles. (*Circulaire N° 349*).

4. Le jour où expire la gestion d'un Comptable , l'Inspecteur se transporte dans son bureau et , après vérification des écritures , il dresse un procès-verbal de clôture qu'il signe avec le Comptable. Voir : *Clôture de Gestion, Débets des Comptables, Valeurs en Caisse, Vérification des Caisses. (Arrêté du 9 novembre 1820 , article 2*).

ARRÊTS — DE LA COUR DES COMPTES.

Le Procureur général de la Cour des comptes transmet au Ministère, aussitôt après le prononcé des arrêts sur la gestion de chaque Comptable, un extrait de l'arrêt collectif par département, avec toutes les indications nécessaires sur les résultats des gestions individuelles et sur les charges imposées. Le Greffier en chef notifie les arrêts à chaque Comptable au moyen d'extraits individuels, rédigés par les Référendaires et signés de M. le premier Président et de lui : ces extraits sont distribués aux parties intéressées par les soins de la Comptabilité générale qui leur donne, en même temps, les explications et directions nécessaires pour l'accomplissement des charges résultant des arrêts. (*Circulaire N° 912*).

Quand le Comptable reçoit l'extrait d'arrêt qui le concerne, il doit immédiatement fournir à la Comptabilité générale, par l'intermédiaire de la Direction, un récépissé dont voici le modèle :

Douanes.   Récépissé d'extrait d'Arrêt de la Cour des Comptes.

Direction de...

Je soussigné, Receveur principal des Douanes à...
(ou bien la qualité de la personne qui, en cas d'absence ou de décès du Comptable, reçoit la notification), déclare avoir reçu, aujourd'hui, de M...
un extrait, en ce qui me concerne, de l'arrêt rendu par la Cour des Comptes, le.... sur le compte de gestion des Préposés de l'Administration des Douanes dans le département de..., pour l'année.... au moyen duquel extrait les dispositions dudit arrêt, relatives à ma gestion, me sont dûment notifiées.
A....   le....   18..

Les Directeurs réunissent tous les récépissés des Comptables sous leurs ordres, et les transmettent avec toute la diligence possible, à la Comptabilité générale avec l'état dont le modèle suit :

Douanes.   *Etat indicatif de la notification faite aux Receveurs des Douanes dans le départe-*
Direction de....   *ment de.... des extraits de l'arrêt rendu par la Cour des Comptes le.... sur les comp-*
Département de....   *tes de ces Receveurs, pour l'année....*

Désignation des Comptables et des lieux où ils exercent leurs fonctions.	NOMS des Comptables.	Date de la notification des extraits d'arrêts à chaque Comptable.

Il est accordé aux Comptables un délai de deux mois pour satisfaire aux charges et injonctions résultant des arrêts. Il est satisfait à ces charges et injonctions, soit par la production des justifications réclamées par la Cour, soit par l'explication des différences signalées par elle, soit, enfin, par des renseignements propres à l'éclairer sur les opérations qui auraient donné lieu à des observations de sa part.

Les Directeurs rendent compte au Ministère des renseignements demandés, soit par lettre accompagnant les récépissés de notification, soit par un rapport ultérieur qui, dans tous les cas, ne peut être retardé au-delà des quinze jours qui suivront l'expiration du délai de deux mois ci-dessus prescrit.

(*Comptabilité générale*, *30 juillet 1825*).

AVANCES — A RECOUVRER ET A RÉGULARISER.

1. Les avances à recouvrer ou à régulariser sont l'objet d'un compte de service classé dans les Opérations de trésorerie, chapitre 2.

A l'exception des sommes remises aux Capitaines pour solder les appointements des Préposés et les indemnités accordées aux femmes visiteuses, aucun paiement pour dépenses publiques ne doit figurer à ce chapitre. (*Comptabilité générale*, *1er décembre 1827 et 28 décembre 1842*).

2. On y porte :

1° Les traitements d'activité des employés des deux services, et les indemnités aux femmes visiteuses, qui sont assimilées aux traitements.

Ces paiements sont régularisés et portés à l'article des recouvrements quand les rôles reviennent de la Direction, appuyés d'un mandat de paiement. (Voir au mot : *Opérations de Comptabilité, le tableau des opérations Nos 9 et 18 de la dépense, et 22 et 23 de la recette.*)

2° Les pensions et provisions de retraites (*Circulaire N° 1159*). On régularise ces sortes d'avances lorsque l'on opère, dans la caisse du Receveur des finances, le versement des quittances. (Voir au mot : *Opérations de Comptabilité, le tableau des opérations Nos 8 et 24 de la dépense).*

3° Les sommes relatives au service d'habillement, de santé et de casernement.

On les régularise quand on reçoit les bordereaux de virements des Receveurs qui ont touché les versements. (Voir au mot : *Opérations de Comptabilité, le tableau des opérations N° 9 de la dépense).*

4° Les frais de saisie : ils sont recouvrés quand les prévenus paient le montant des transactions qu'ils ont souscrites, ou quand, tombés à la charge du Trésor, ils font l'objet d'une dépense administrative. (Voir au mot : *Opérations de Comptabilité, le tableau des opérations n° 13 de la dépense.*)

5° Les parts de saisie qui, dans des cas exceptionnels, et dans le mois de décembre, sont payées aux Préposés qui changent de résidence ou qui se trouvent dans le besoin. (*Comptabilité générale*, *1er septembre 1838.*) (Voir au mot : *Opération de Comptabilité, le tableau des opérations N° 12 de la dépense.*)

On les régularise quand on passe les répartitions en écriture.

6° Les primes de capture qui sont recouvrées quand on en fait dépense de l'état de prime. (Voir au mot : *Opérations de Comptabilité, le tableau des opérations N° 31 de la dépense*).

7° Les frais pour le plomblage et l'estampillage (achat de ficelle, de flans, &).

Ils sont portés aux recouvrements en même temps que l'on fait dépense du produit des plombs perçus dans le mois ; on peut aussi ne régulariser que la somme affectée au nombre de plombs employés. Voir : *Plombage*. (Voir au mot : *Opérations de Comptabilité, le tableau des opérations N° 25 de la dépense*).

8° Les fonds remis aux Receveurs subordonnés à titre de fonds de subvention.

Ils sont recouvrés, soit quand ces Receveurs font des versements de pièces de dépenses dans le courant du mois, soit quand le Comptable règle leurs comptes. (Voir au mot : *Opérations de Comptabilité, le tableau des opérations N° 13 de la dépense.*)

9° Les frais occasionnés par les préemptions exercées pour le compte des Employés. (*Décision administrative du 28 mai 1839*). (Voir : *Opérations de Comptabilité, N° 26 de la dépense*).

Ces avances doivent être recouvrées dans le délai de trois mois.

10° Enfin les avances imprévues : elles doivent être présentées sous des titres qui en fassent connaître la nature.

3. Les avances et dépenses à régulariser doivent être constatées aussitôt qu'elles sont effectuées ; il serait très-irrégulier de considérer comme valeurs en caisse les pièces justificatives de ces dépenses. (*Circulaire N° 230*).

Les avances faites aux Indicateurs sur les parts de saisies qu'ils ont à prétendre, doivent être autorisées par la Direction.

4. A la fin de la gestion du Comptable, les avances sont justifiées par l'état (N° 5. Voir : *Dépouillement N° 5.*)

AVIS — DES DÉCÈS DES PENSIONNAIRES. — Voir : *Retraites N° 9.*

AVIS — DES RECETTES.

Le 1er de chaque mois, et avant toute autre communication, on doit faire connaître, tant au Ministre des finances (*État N° 87, série F b*), qu'au Directeur général de l'Administration (*État N° 101 bis, série E*), le montant des recettes opérées, pendant le mois précédent, tant au bureau principal que dans les bureaux subordonnés (*Comptabilité générale, 15 décembre 1826*), sur les droits de douanes, de navigation, recettes accessoires, amendes et confiscations, plombage et estampillage, et taxe de consommation des sels.

A la fin de l'année, le 5 janvier, on fournit une seule lettre d'avis qui, indépendamment des recouvrements de novembre des bureaux subordonnés et de ceux de décembre de la recette principale, comprend les recettes qui ont été effectuées, pendant ce dernier mois, dans les bureaux subordonnés. Si, le 4 janvier, les documents des Receveurs subordonnés n'étaient pas parvenus à la Recette principale, les Comptables compléteraient leur état des recouvrements de l'année en suppléant aux lettres d'avis qui leur manqueraient par les recettes du mois de décembre de l'année précédente des mêmes Receveurs subordonnés, et en ayant soin d'indiquer, par une annotation au bas de leur état, les bureaux retardataires. (*Comptabilité générale, 3 décembre 1832, 12 décembre 1844, et 20 novembre 1846*).

Quand, dans le même mois, ou dans la même année, il y a eu mutation de Comptables, il faut cumuler les recettes appartenant à chaque gestion. (*Comptabilité générale, 24 décembre 1840 et 24 décembre 1841*).

AVIS — DES REMBOURSEMENTS DE DROITS. — Voir : *Lettres d'avis.*

AYANT-DROIT. — Voir : *Partie prenante. — Héritiers. — Absence.*

BAILLEUR — DE FONDS. — Voir : *Cautionnements, N° 5.*

BAUX.

Les baux, pour loyers des bureaux, établis sur papier libre, sont visés pour timbre et enregistrés gratis. (*Circulaire N° 820*). Voir, pour leur rédaction, la circulaire de l'Administration N° 1511.

Il est justifié, à la Cour des comptes, des titres en vertu desquels les loyers sont payés : à cet effet, les Receveurs indiquent, sur l'état N° 13, la nature de ces titres et la production qui en a été faite, soit en originaux, pour les certificats de locations verbales, soit en copies dûment certifiées pour les baux.

Les Comptables sont dispensés de renouveler annuellement la production des copies des baux : une seule suffit pour la production de chaque bail.

(*Comptabilité générale, 20 décembre 1841*).

Les baux doivent être autorisés par le Ministre ou par l'Administration : l'approbation du Ministre est toujours nécessaire pour les baux qui ont plus de neuf années de date.

(*Arrêté du 26 janvier 1846*).

BIENS — DES COMPTABLES.

1. Au moyen du privilége et de l'hypothèque, les biens des Comptables garantissent le Trésor des pertes que les Comptables pourraient lui faire éprouver par leur décès, leur fuite, ou leurs malversations.

2. Le privilége (1), à raison des droits du Trésor royal, et l'ordre dans lequel il s'exerce, sont réglés par les lois qui les concernent. Le Trésor royal ne peut cependant obtenir de privilége au préjudice des droits antérieurement acquis à des tiers. (*Code civil, article 2098*).

(1) Le privilége est un droit que la qualité de la créance donne, à un créancier, d'être préféré aux autres créanciers, même hypothécaires. (Code civil, article 2095).

Les droits et les créances auxquels l'hypothèque légale est attribuée sont... ceux de l'Etat... sur les biens des Receveurs et Administrateurs comptables. (*Code civil, article 2121*).

Les priviléges peuvent être sur les meubles ou sur les immeubles. (*Idem, article 2099*).

3. Le privilége et l'hypothèque, maintenus, par les articles 2098 et 2121 du Code civil, au profit du Trésor public, sur les biens meubles et immeubles de tous les Comptables chargés de la recette ou du paiement de ses deniers, sont réglés ainsi qu'il suit :

Le privilége du Trésor public a lieu sur tous les biens meubles des Comptables, même à l'égard des femmes séparées de biens, pour les meubles trouvés dans les maisons d'habitation du mari, à moins qu'elles ne justifient légalement que lesdits meubles leur sont échus de leur chef, ou que les deniers employés à l'acquisition leur appartiennent. Ce privilége ne s'exerce néanmoins qu'après les priviléges généraux et particuliers énoncés aux articles 2101 et 2102 du Code civil. (*Loi du 5 septembre 1807, article 1 et 2*).

Le privilége du Trésor public, sur les fonds de cautionnement des Comptables, continuera à être régi par les lois existantes (1). (*Idem, article 3*).

Le privilége du Trésor public a lieu :

1º Sur les immeubles acquis à titre onéreux par les Comptables, postérieurement à leur nomination ;

2º Sur ceux acquis au même titre, et depuis cette nomination, par leurs femmes, même séparées de biens. Sont exceptées néanmoins les acquisitions à titre onéreux faites par les femmes, lorsqu'il sera légalement justifié que les deniers employés à l'acquisition leur appartiennent. (*Idem, article 4*).

Le privilége du Trésor public, mentionné en l'article 4 ci-dessus, a lieu conformément aux articles 2106 et 2113 du Code civil, à la charge d'une inscription qui doit être faite dans les deux mois de l'enregistrement de l'acte translatif de propriété.

En aucun cas, il ne peut préjudicier :

1º Aux créanciers privilégiés désignés dans l'article 2103 du Code civil, lorsqu'ils ont rempli les conditions prescrites pour obtenir privilége ;

2º Aux créanciers désignés aux articles 2101, 2104 et 2105 du Code civil, dans les cas prévus par le dernier de ces articles ;

3º Aux créanciers du précédent propriétaire qui auraient, sur le bien acquis, des hypothèques légales, existantes indépendamment de l'inscription, ou tout autre hypothèque valablement inscrite. (*Idem, article 5*).

A l'égard des immeubles des Comptables qui leur appartenaient avant leur nomination, le Trésor public a une hypothèque légale, à la charge de l'inscription, conformément aux articles 2121 et 2134 du

______

(1) Ce privilége n'est soumis à aucune réserve.

Code civil. Le Trésor public a une hypothèque semblable, et à la même charge, sur les biens acquis par le Comptable autrement qu'à titre onéreux postérieurement à sa nomination. (*Idem, article 6*).

En cas d'aliénation, par tout Comptable, de biens affectés aux droits du Trésor public, par privilége ou par hypothèque, les Agents du Gouvernement poursuivront par voie de droit, le recouvrement des sommes dont le Comptable aura été constitué redevable. (*Idem, article 8*).

Dans le cas où le Comptable ne serait pas actuellement constitué redevable, le Trésor public sera tenu, dans trois mois, à compter de la notification qui lui sera faite aux termes de l'article 2183 du Code civil, de fournir et de déposer, au greffe du Tribunal de l'arrondissement des biens vendus, un certificat constatant la situation du Comptable ; à défaut de quoi, ledit délai expiré, la main-levée de l'inscription aura lieu de droit, et sans qu'il soit besoin de jugement. — La main-levée aura lieu également de droit dans le cas où le certificat constatera que le Comptable n'est pas débiteur envers le Trésor public. (*Idem, article 9*).

La prescription des droits du Trésor public, établie par l'article 2227 du Code civil, court, au profit des Comptables, du jour où leur gestion a cessé. (Idem, article 10).

Voir : *Débet des Comptables.*

BON DE MASSE.

Le bon de masse est l'excédant de l'actif sur le passif, constaté par le compte-rendu à l'expiration de chaque exercice : sa comptabilité n'est pas distincte de celle de la masse. (*Article 48 du règlement du 25 février 1815*).

Il se compose des prélèvements faits sur l'actif de masse des Préposés destitués ou démissionnaires, et des remises à plus-value, déduction faite des frais indiqués en l'article suivant. (*Idem, article 49*).

Le bon de masse est destiné à couvrir les frais de gestion, comme idemnité du Commis comptable, frais de transport, papiers, registres et impressions, et dépenses extraordinaires. (*Idem, article 50*).

L'indemnité annuelle accordée sur le bon de masse à l'Employé chargé des détails de l'équipement est calculée à raison de 100 francs pour chaque cent Préposés sujets à la retenue, sans néanmoins pouvoir être au-dessous de 600 francs ni au-dessus de 1,200 francs. (*Idem, article 51*).

Les dépenses extraordinaires et imprévues doivent être approuvées par le Directeur général : toutefois les Directeurs peuvent autoriser les dépenses de cette nature qui n'excèdent pas 50 francs. (*Idem, article 55*).

Dans le cas où le bon de masse se trouverait, à la fin de l'année, assez considérable pour qu'il pût en être employé une partie au profit des Préposés, le Conseil d'équipement peut en proposer l'emploi pour l'achat de capotes de factionnaires ou autres objets mobiliers utiles à tous les Préposés, lesquels objets demeurent communs et sont attachés aux corps-de-garde ou embarcations. — La délibération du Conseil est préalablement soumise à l'approbation de l'Administration. (*Id., article 56*).

Il ne doit être fait, aux dépens de la masse, aucune distribution gratuite d'effets d'habillement ou d'armement pour raison d'ancienneté de service ou autre motif. Les objets fournis sont à la charge de chaque Préposé. (*Idem*, *article 57*).

Voir : *Masses*. — *Secours aux Préposés blessés*.

BORDEREAU — DE SITUATION N° 2. RECETTES PRINCIPALES.

1. Ce bordereau, qui reproduit fidèlement le total de chacun des articles du sommier, tant pour la recette que pour la dépense, présente la situation du Comptable à la fin de chaque mois.

Le Receveur qui le forme doit avoir soin d'indiquer, sur chaque page, la principalité et le mois qu'il concerne; — de donner tous les renseignements demandés; — de faire connaître les motifs pour lesquels il est resté du numéraire en caisse ou des valeurs en portefeuille, — et de rappeler, quand il a fait des versements, la date et le numéro des récépissés qui lui ont été délivrés.

Quand il reconnaît la nécessité d'opérer des augmentations ou des diminutions sur les recettes ou sur les dépenses des mois antérieurs, il en explique le motif dans la partie du bordereau destinée à fournir ce renseignement, qui est indispensable.

2. Les bordereaux de situation de deux Receveurs, dont l'un succède à l'autre, doivent ensemble comprendre toutes les opérations qui ont eu lieu pendant la gestion annuelle. Ainsi, il ne suffit pas que, par suite d'opérations de redressement ou autres, constatées par supplément à la première gestion, la reprise des soldes soit modifiée sur les bordereaux des nouveaux Comptables; il faut encore que ces opérations soient régulièrement portées à la connaissance de la Comptabilité générale au moyen de bordereaux supplémentaires, quand même le résultat général n'aurait pas varié, et qu'il ne s'agirait que de simples changements d'imputation, ou seulement d'opérations qui se contrebalanceraient pour un même service : autrement, il y aurait, pour la Comptabilité générale, lacune et souvent défaut de liaison entre les deux gestions.

3. Les recettes des bureaux subordonnés ne pouvant être inscrites au livre-journal du Receveur principal qu'à la date du jour où ce dernier en a connaissance, ne figurent, par conséquent, que dans le bordereau formé pour le mois qui suit celui pendant lequel elles ont été réellement effectuées : ainsi les recettes de janvier des bureaux subordonnés sont portées sur le bordereau du bureau principal formé pour le mois de février : celles de février sur le bordereau de mars, et de même pour tous les autres mois, à l'exception des recettes de décembre, qui figurent sur un bordereau supplémentaire formé par le Receveur principal dans les premiers jours de janvier, et cela afin de rattacher au même exercice toutes les recettes de la même année. (*Circulaire N° 838.* Voir : *Droits sanitaires, N° 7*).

Si les recettes de décembre doivent faire l'objet d'un bordereau supplémentaire, il n'en est pas de même des dépenses : il n'est fait exception que pour les suivantes :

1° Dépenses faites en décembre, par virement de comptes, soit directement par le Comptable, soit par l'intermédiaire de ses collègues;

2° Dépenses pour les traitements d'activité des employés des deux services ;

3° Dépenses pour les indemnités payées aux femmes visiteuses, ces indemnités suivant le sort des traitements auxquels elles sont assimilées;

4° Et, enfin, les dépenses résultant des rectifications dont les écritures auraient été reconnues susceptibles.

D'après ce qui précède, le Receveur principal doit, en passant les écritures des Receveurs subordonnés, porter les recettes et les dépenses à la colonne du numéraire, parce qu'elles appartiennent à des exercices différents.

Il porte toutes les opérations de décembre sur le journal de l'année qui expire, et il les reporte pour mémoire sur le journal de l'année qui commence, afin de ne point dénaturer le solde en caisse.

4. Le bordereau N° 2 est fourni à la Comptabilité générale par l'intermédiaire de la Direction, dans les trois premiers jours du mois suivant : le Comptable joint à l'appui les pièces justificatives de ses opérations, et notamment celles qui se rapportent aux dépenses.

La transmission du bordereau à la Comptabilité générale doit être faite au plus tard le cinquième jour du mois qui suit celui pour lequel il est fourni : elle ne doit être différée, ni afin que les pièces justificatives des dépenses y soient jointes, ni parce qu'il serait susceptible de rectification. Il suffit, dans ce dernier cas, de lui signaler, soit les omissions ou lacunes, soit les irrégularités reconnues. (*Comptabilité générale, 1ᵉʳ janvier 1839*).

Dès que la Comptabilité a reçu le bordereau, elle procède de suite à la vérification des pièces de dépenses et opère immédiatement les modifications reconnues nécessaires, de sorte que, dans le courant de l'année, l'exactitude des écritures de chaque mois est, le plus prochainement possible, garantie par l'examen des pièces matérielles de justification. (*Arrêté du 9 novembre 1820, article 5*).

Au fur et à mesure de l'arrivée des pièces justificatives, la Direction en accuse la réception au Comptable au bas de l'inventaire qui les accompagne, et quand la Comptabilité a vérifié ces pièces et les a reconnues régulières, elle adresse à ce Comptable un accusé de crédit qui lui sert de décharge provisoire. Voir : *Accusé de crédit. — Inventaire.* (*Arrêté du 9 novembre 1820, article 6*).

5. Avant d'adresser les deux copies de son bordereau, le Comptable doit en vérifier toutes les parties avec le plus grand soin — et s'assurer que ces copies sont parfaitement conformes à la minute qu'il en conserve. — Voir : *Vérification du bordereau.*

BORDEREAU, N° 6, DES RECETTES EFFECTUÉES PAR LE RECEVEUR SUBORDONNÉ.

1. Ce bordereau est, ainsi que le bordereau N° 2, divisé en deux parties :

1° Contributions et revenus publics, ou recettes faites pour le compte du Trésor;

2° Opérations de trésorerie, ou recettes diverses opérées pour divers services particuliers.

La première de ces parties est divisée en deux exercices : l'un comprend l'année expirée, et l'autre l'année courante. C'est au premier, qui ne concerne, au surplus, que les amendes et confiscations, que les Receveurs particuliers portent les sommes reçues par suite de transactions devenues définitives et portant le millésime de l'année écoulée, car la date seule fixe l'exercice et détermine l'imputation des droits constatés. — C'est au second que l'on porte les recettes que l'on effectue à peu près tous les jours sur les droits de douanes, les recettes accessoires, &., parce que ces droits, se réalisant immédiatement, appartiennent toujours à l'exercice courant.

La seconde partie de ce bordereau ne présente qu'un exercice, parce que les recettes qu'elle comprend sont toujours imputées sur l'exercice pendant lequel elles sont effectuées.

2. Les articles DROITS DE DOUANES, DROITS DE NAVIGATION et RECETTES ACCESSOIRES, ne présentent aucune difficulté : seulement les droits perçus à l'importation, à l'exportation, à la réimportation des marchandises invendues à l'étranger et à la réexportation des entrepôts, sont inscrits cumulativement avec le décime.

L'article *amendes et confiscations* exige quelques explications :

Quand, après avoir passé un arrangement, le prévenu réalise le montant des sommes stipulées avant que la décision de l'Administration soit intervenue, il faut porter en recettes la totalité du paiement (amende et frais cumulés), à l'article des recettes diverses intitulé : CONSIGNATIONS POUR ASSURER L'EXÉCUTION DES TRANSACTIONS, &. Mais si ce même prévenu ne satisfait aux clauses de l'accommodement qu'après que l'Administration l'aura approuvé par une décision dûment notifiée, on inscrit aux AMENDES ET CONFISCATIONS les sommes destinées à tenir lieu de l'amende ou de la confiscation, et à l'article des recettes diverses, RECOUVREMENTS SUR FRAIS DE SAISIES, ETC., les frais qui auront été remboursés.

C'est toujours aux amendes et confiscations que doivent figurer les doubles et triples droits.

Le Receveur subordonné ne doit inscrire à l'article TAXE DE CONSOMMATION DES SELS que le produit de la vente des sels provenant de saisies, ou le produit de ceux remis par transaction : cette taxe est de 30 francs par 100 kilog. S'il s'agissait du produit de la vente provisoire de sels, de minuties, ce produit serait porté aux recettes diverses, à un article ouvert à la main sous le titre de FONDS PARTICULIERS DE DIVERS.

Dans le premier cas, c'est-à-dire en cas de vente ou de remise de sels régulièrement saisis, le Receveur doit en percevoir les droits de consommation : à cet effet, et à défaut d'un registre spécial, il peut se servir du registre de perception N° 6 (droits d'entrée). A la fin de la journée où il fera cette perception, il indiquera, par une note, que dans le total de cette journée se trouve comprise la somme de..., pour droits de consommation de.... kilog. de sel de salines provenant de telle saisie; puis, à la fin du mois, il reproduira cette annotation dans l'arrêté général.

Le chapitre des RECETTES DIVERSES, indépendamment des articles qu'il contient, est destiné à recevoir, dans le blanc qui y est ménagé, d'autres articles imprévus, tels que : FONDS PARTICULIERS DE DIVERS, où l'on inscrit, sur des lignes séparées, les sommes provenant de la vente provisoire des minutes, les premiers versements de masse des Préposés, &.

L'article AUTRES CONSIGNATIONS est disposé de manière à recevoir — les sommes consignées pour assurer l'entrée ou la sortie des chevaux et bêtes de somme passant la frontière, — celles consignées en garantie des droits de douanes, — et celles versées à titre de cautionnement pour assurer la destination des marchandises expédiées sous acquit-à-caution.

L'article FONDS REÇUS DU RECEVEUR PRINCIPAL POUR SUBVENIR AU REMBOURSEMENT DES CONSIGNATIONS ET AU PAIEMENT DES DÉPENSES, est arrangé pour recevoir, — et les sommes envoyées par le Receveur principal, — et celles versées par le Receveur dans sa caisse. Dans le blanc laissé après le dernier article RECOUVREMENTS SUR FRAIS, ETC., il faut toujours détailler ces espèces de fonds, afin de mettre le Receveur principal à même de pouvoir les régulariser :

Fonds reçus du Receveur principal le 1ᵉʳ du mois...... » » ⎫
Fonds versés par le Receveur pour (indiquer la cause). » » ⎭ » ⸱

Quand le Receveur principal veut disposer des fonds de subvention d'un Receveur subordonné, il le fait au moyen d'un mandat payable à vue qu'il tire sur lui :

Bon P. F.   »   »

A vue du présent, il plaira à M...., Receveur des douanes à....., payer à M...., Capitaine à...., la somme de...., de laquelle il lui sera tenu compte dans sa comptabilité du mois courant, en rapportant le présent dûment quittancé.

A......,   le.....   18...

Le Receveur principal.

Lorsque cette pièce lui est présentée, le Receveur s'en porte en dépense aux dépenses diverses, et la renvoie de suite à la Principalité, après y avoir inscrit le numéro du journal : le Comptable lui adresse, en échange, un récépissé qui met à couvert sa responsabilité.

Le cadre intitulé DÉTAIL DES VALEURS REÇUES ET DES VERSEMENTS QUI ONT ÉTÉ FAITS, doit être rempli avec soin : on y indique, sur une ligne séparée et en y réunissant, par une accolade, les sommes composant le montant des récépissés : 1° la date et le numéro des récépissés reçus dans le cours du mois, 2° et la date des versements effectués soit en numéraire, soit en acquits de dépenses, mais pour lesquels il n'y a pas encore de récépissés.

Les développements mis au dos du bordereau doivent être remplis avec exactitude et contenir toutes les indications qu'ils comportent.

Voir : *Compte-courant.*

BORDEREAU. — DÉBETS DES COMPTABLES. — Voir : *Débets des Comptables N° 1.*

BORDEREAU. — CRÉDITS DES DROITS. — Voir : *Crédits de droits N° 8.*

BREVETS — DE FRANCISATION.

Le coût de ces brevets est de 68 centimes : on le porte à l'article 3 des contributions et revenus publics, sous le titre de RECOUVREMENT DU PRIX DES BREVETS DE FRANCISATION DES NAVIRES. *(Comptabilité générale, 10 janvier 1833).*

CAISSE — DU COMPTABLE.

Les réglements de l'Administration des finances imposent à tout dépositaire des deniers de l'Etat l'obligation spéciale de n'avoir qu'une seule caisse pour tous les fonds qui lui sont versés, à quelque titre que ce soit, c'est-à-dire qu'il faut que ces fonds soient tenus constamment réunis, sinon dans le même coffre, ce qui n'est pas toujours possible, du moins dans une même pièce où ils puissent à chaque instant être complètement représentés aux Vérificateurs. *(Circulaire ministérielle, 26 septembre 1821).*

S'il arrivait qu'il manquât des fonds à la caisse au moment où la vérification en serait faite, le Comptable serait considéré comme étant réellement en déficit, bien qu'il eût représenté plus tard les fonds qui lui manquaient, et prouvé qu'il les avait tenus en réserve hors de sa caisse ou de son bureau. *(Même circulaire).*

Voir : *Deniers publics*, — *Fonds*, — *Solde en caisse*, — *Vérification des caisses*, — *Déficit*, — *Enlèvement de fonds.*

CAISSE — DES DÉPÔTS ET CONSIGNATIONS.

1. Sous cette dénomination, il est ouvert au sommier un article spécial qui fait partie des Opérations de trésorerie sous l'article 1er du chapitre 1er.

Ce compte a été créé pour offrir en dépense les fonds consignés, au nom de l'Administration, à la Caisse des dépôts et consignations, et, en recette, les remboursements faits par la même caisse.

2. On verse à la Caisse des dépôts et consignations par l'intermédiaire des Receveurs généraux ou particuliers des finances :

1° Toutes les sommes appartenant aux *fonds particuliers de divers* qui, dans le délai d'au moins une année, n'auraient pas été retirées par les ayant-droit;

2° Les sommes provenant de retenues au profit des créanciers qui n'auraient pas été réclamées à la fin de l'année qui suit celle dans laquelle elles ont atteint le chiffre des dettes qui les avaient motivées;

3° Les produits d'amendes et confiscations, ou les sommes consignées pour assurer l'exécution des transactions, quand le remboursement, qui est ordonné par l'Administration, n'est pas sollicité par l'ayant-droit avant la fin de l'année qui suit celle dans laquelle le remboursement aura été autorisé ;

4° La portion remboursable des actifs de masse d'habillement, quand les Préposés ne la réclament pas avant la fin de l'année qui suit celle dans laquelle ils ont été révoqués ou rayés des cadres d'activité, pourvu que l'autorisation de remboursement ou la radiation des contrôles soit antérieure au 1er décembre de l'année précédente. *(Circulaire N° 1952)*.

Dans les quatre cas ci-dessus, chaque versement doit être appuyé d'un bordereau indiquant l'origine des fonds, le nom et la résidence de l'ayant-droit, le nom et la résidence du Préposé qui a subi une retenue pour dettes, ceux de son créancier.

Des récépissés de ces divers versements sont délivrés par les Receveurs des finances ; ils sont conservés par les Comptables pour justifier de leur libération envers les ayant-droit. — Cependant, dans le cas d'un versement de produits d'amendes et confiscations ou de sommes consignées, le récépissé devant être produit à l'appui de la dépense aux lieu et place de la quittance de l'ayant-droit, il conviendra que le Receveur principal se fasse délivrer, en même temps que le récépissé, une déclaration de versement qui restera entre ses mains pour être jointe aux demandes ultérieures de remboursement.

(Comptabilité générale, 21 décembre 1835 et 28 décembre 1842).

5° La portion des traitements d'activité frappée d'opposition. *(Ordonnance du 16 septembre 1837, article 1er)*. Voir : *Saisie-arrêt.*

Les Comptables feront dépense de la partie du traitement payée et de la portion saisie dont ils auront effectué le versement : cette double dépense sera justifiée par la production de la quittance de l'ayant-droit et par le récépissé de versement.

Le versement s'effectue d'office et chaque mois.

6° Les créances grevées d'opposition, et qui n'auraient pas pour objet un traitement d'activité, savoir :

Lorsque le dépôt a été autorisé par une loi ;

Lorsqu'il a été prescrit par un jugement ou une ordonnance du Président du tribunal ;

Lorsqu'il a été autorisé par un acte passé entre l'Administration et ses créanciers, *(Arrêté du 24 octobre 1837, article 1er, § dernier)*.

Mais ce dépôt ne s'effectue que lorsqu'il est ordonné.

(Voir : Saisie-Arrêt).

Les Comptables rapporteront au soutien de cette dépense le récépissé de versement, outre le mandat de paiement et la liquidation appuyée des pièces justificatives, d'après lesquelles elle a été établie.

Dans les deux cas ci-dessus (N°s 5 et 6), le dépôt devra être accompagné d'un extrait certifié de chacune des oppositions et significations existantes et frappant les sommes déposées. Cet extrait contiendra : les noms, prénoms, qualités et demeures du saisissant et du saisi ; — l'indication du domicile élu par le saisissant ; — le nom et la demeure de l'Huissier ; — la date de l'exploit ; — le titre en vertu duquel la saisie est faite ; — la désignation de l'objet saisi ; — et la somme pour laquelle la saisie a été formée.

Les Receveurs auront soin de se faire délivrer, en même temps que le récépissé, un reçu constatant la remise des extraits d'opposition et signification joints au dépôt : ils conserveront ces deux pièces pour y avoir recours au besoin. (*Comptabilité générale, 21 décembre 1837*).

7° Le produit net de la vente

Des marchandises non retirées de l'entrepôt réel dans les délais fixés (un an ou trois ans, selon que les magasins sont ou non séparés les uns des autres), pour être remis au propriétaire s'il est réclamé dans l'année à partir du jour de la vente, ou, à défaut de réclamation, pour être définitivement acquis au Trésor (*Loi du 17 mai 1826, article 14*);

Des objets prohibés reçus en dépôt et non réexportés dans le délai de quatre mois ;

Des objets abandonnés en douane dans des circonstances non spécialement déterminées (*Loi du 22 août 1791, titre 9, article 5*) ;

Et les recouvrements sur les traites ou obligations de crédit en souffrance dont les ex-Receveurs responsables auraient été constitués en débet.

Ces divers produits sont inscrits en recette à l'article des RECOUVREMENTS POUR DES TIERS, puis versés immédiatement à la Caisse des dépôts et consignations pour y être tenus en réserve pendant un an à la disposition des ayant-droit. (*Comptabilité générale, 28 décembre 1842*).

Voir : *Ventes faites d'office et Recouvrements pour des tiers, N° 2.*

8° Les appointements, parts de saisies, &., revenant à des ex-Comptables constitués en débet soit pour déficits de Caisse, soit pour crédits de droits dont ils auraient été déclarés responsables. (*Comptabilité générale, 31 mai 1833*).

Les récépissés de ces versements tiennent lieu des quittances des créanciers. (*Idem*).

9° Et enfin les cautionnements *(capital et intérêts)* dont le remboursement n'a pas été demandé, dans le délai d'un an, à compter de la cessation de fonctions du titulaire, ou de la réception des fournitures ou travaux.

Les récépissés libèrent définitivement le Trésor public. (*Arrêté du 26 janvier 1846, article 86*).

CAPITAINES. — Voir : *Compte-courant — Compte-ouvert — Certificat.*

CASERNEMENT. — Voir : *Masses.*

CAUTIONNEMENTS.

1. VERSEMENT. Tous les Employés dénommés en la loi du 6 ventôse an VIII sont astreints à fournir un cautionnement en numéraire servant de garantie pour tous les faits des diverses fonctions dont ils peuvent être chargés. (*Loi du 6 ventôse an VIII, article 1er*). — Le montant de ce cautionnement est adressé, à Paris, au Trésor public, et, dans les départements, aux Receveurs généraux ou particuliers des finances. (*Arrêté du 18 ventôse an VIII et circulaire N° 938*). — L'Agent qui est assujetti au cautionnement ne peut prêter serment ni être installé s'il

ne justifie préalablement de la quittance de ce versement. (*Loi du 28 avril 1816*, *article 96. Circulaire N° 938*).

2. INTÉRÊTS. Les intérêts des cautionnements sont payés par le Trésor à raison de 3 pour 0/0, sans retenue, (loi du 4 août 1844, article 7) sur la demande préalable des Directeurs qui, à cet effet, font dresser, pour chacun des départements dont se compose leur direction, des états indiquant, par département, tous les Employés cautionnés en numéraire et inscrits au Trésor. Ces états, qui désignent les numéros, folios et volumes portés sur les certificats d'inscription, (voir : *États d'année*), doivent être envoyés le 1er octobre de chaque année, afin que l'ordonnancement des intérêts n'éprouve point de retard et que le paiement puisse en être opéré dans les premiers jours du mois de janvier sur la représentation, au Payeur, du certificat d'inscription.

S'il arrive que, dans l'intervalle de temps qui s'écoulera entre l'envoi des états précités et la mise en paiement des intérêts, le titulaire vienne à changer de résidence, il se prémunira contre le retard qui résulterait pour lui de cette circonstance, en laissant à un tiers le pouvoir de toucher, en son lieu et place, les intérêts qui lui reviendront, ou, encore, en demandant au Payeur une quittance qu'il signera à l'avance pour être remise à la personne par lui désignée dans le même objet. La somme touchée sera versée à la Recette principale de la résidence la plus voisine où elle sera prise en recette à l'article des FONDS PARTICULIERS DE DIVERS, pour être ensuite comptée à l'ayant-droit au moyen d'un bordereau de virement. Comme, dans ce cas, le certificat d'inscription ne pourra être présenté au Payeur, il y sera suppléé par un certificat du Directeur constatant que le titulaire a dû emporter son titre à sa nouvelle résidence afin de pouvoir être installé dans ses nouvelles fonctions. — Une semblable attestation devra être produite dans le cas où un titulaire aura envoyé un certificat d'inscription à Paris pour être échangé. (*Circulaire N° 1502*).

Les ordonnances d'intérêts sont exclusivement délivrées sur la Caisse du Payeur du département dans lequel le titulaire exerce ses fonctions. (*Ordonnance du 24 août 1841*).

Les intérêts de l'année échue au 1er janvier rentrent à la Caisse d'amortissement au 1er juillet suivant, s'ils n'ont pas été touchés. Mais alors on peut, dans le délai de cinq ans, les réclamer auprès de cette Caisse qui les fait payer chez le Receveur des finances que désigne l'ayant-droit. (*Circulaire N° 938*).

3. CERTIFICAT D'INSCRIPTION. L'inscription des cautionnements sur les livres du Trésor se fait sans indication de résidence, de sorte que la même garantie sert à l'Agent pour toutes les fonctions sujettes à cautionnement qui peuvent lui être confiées dans la même Administration et partout où il peut être appelé à les exercer. (*Ordonnance du 25 juin 1835*).

On obtient cette inscription en produisant au Ministère, par l'intermédiaire de la Direction, le récépissé du Receveur des finances constatant le versement du cautionnement. (*Circulaire N° 938*).

Les nom et prénoms du titulaire doivent être écrits sur son certificat d'inscription tels qu'ils le sont sur son acte de naissance : la plus grande régularité est recommandée à cet égard. (*Circulaire* N° *1502*).

4. CHANGEMENT DE FONCTIONS OU DE RÉSIDENCE. Quand un Agent astreint au cautionnement est appelé à de nouvelles fonctions ou à une nouvelle résidence, il ne peut entrer en exercice qu'après avoir présenté au chef de service chargé de l'installer :

1° Le certificat d'inscription de son dernier cautionnement ;

2° Le récépissé à talon constatant le versement du supplément auquel il aura pu être assujetti ;

3° Le certificat de non-opposition délivré, en exécution des lois des 15 janvier et 25 février 1805, par le Greffier du tribunal dans le ressort duquel il a exercé ses fonctions précédentes. (*Ordonnance du 25 juin 1835, article 3*). Voir le N° 7 ci-après.

4° Et le consentement du bailleur de fonds, s'il y en a un. Ce consentement est sujet à l'enregistrement et passible du droit fixe de deux francs. Il doit être conforme au modèle annexé à l'ordonnance du 25 septembre 1816.

Si le taux du cautionnement est resté le même, le titulaire conserve devers lui son certificat d'inscription, tandis que le certificat de non-opposition est déposé dans les archives de la Direction pour justifier que le cautionnement dont il s'agit est passé entièrement libre à une autre gestion.

Si, au contraire, le taux du cautionnement se trouve augmenté, des justifications produites sont adressées, par l'entremise du Directeur, à l'Administration qui se charge de réclamer, pour le titulaire, un certificat constatant l'inscription de l'intégralité du cautionnement.

Mais s'il arrivait que le cautionnement eût été frappé d'opposition à la dernière résidence, le titulaire serait tenu de fournir, avant son installation dans son nouvel emploi, une main-levée régulière de cette opposition, ou un récépissé constatant le versement d'un nouveau cautionnement. (*Circulaire* N° *1502*).

Si le cautionnement précédemment versé se trouve supérieur à celui qui est nouvellement exigé, le remboursement de l'excédant est accordé moyennant les justifications requises pour le remboursement total. (N° 9 ci-dessous).

5. BAILLEUR DE FONDS. Les déclarations à faire par les titulaires de cautionnements en faveur de leurs bailleurs de fonds, pour leur faire acquérir le privilége de deuxième ordre, seront passées devant notaires et légalisées par le Président du tribunal de l'arrondissement.

Voici un modèle :

Par-devant, &.,
fut présent M.... (nom, qualités et demeure) *lequel a, par ces présentes, déclaré que la somme de*....... *que le comparant a versée à la Caisse, pour la* (totalité ou partie) *du cautionnement auquel il est assujetti en sadite qualité, appartient en capital et intérêts à M*..... (nom, qualités et demeure) *ou à MM., savoir : à M*... *jusqu'à la concurrence de la somme de*... *et à M*..... *jusqu'à la concurrence de celle de*....., *pourquoi il requiert et consent que la présente déclaration soit inscrite sur les registres de l'Ad-*

ministration des cautionnements, afin que ledit..... (ou lesdits....) ait et acquière le privilége de second ordre sur ledit cautionnement conformément aux dispositions de la loi du 25 nivôse an XIII, et du décret du 28 août 1808.

Nota. Si le versement est antérieur de plus de huit jours, ajouter à la déclaration, conformément à l'article 2 du décret du 22 décembre 1812 :

A l'appui de la présente déclaration, le comparant nous a présenté un certificat du Greffier du tribunal de.... attestant qu'il n'existe au greffe aucune opposition sur son cautionnement; lequel certificat lui a été à l'instant rendu.

Fait à...... le......

Dans le cas où le versement serait antérieur de plus de huit jours à la date de ces déclarations, elles ne seront valables qu'autant qu'elles seront accompagnées du certificat de non-opposition délivré par le Greffier du tribunal du domicile des parties, dont il sera fait mention dans lesdites déclarations, lesquelles, au surplus, ne seront admissibles, s'il y a des oppositions au bureau des cautionnements, que sous la réserve de ces oppositions. *(Décret du 22 décembre 1812).*

Le droit d'enregistrement de ces déclarations est fixé à un franc. *(Idem article 3).*

Les prêteurs de fonds pour cautionnements qui n'auraient pas fait remplir, à l'époque de la prestation, les formalités exigées pour s'assurer de la jouissance du privilége de second ordre, pourront l'acquérir, à quelque époque que ce soit, en rapportant au bureau des oppositions établi à l'Administration des cautionnements, la preuve de leur qualité et main-levée des oppositions existantes sur le cautionnement, ou le certificat de non-opposition du tribunal de 1re instance. *(Décret du 28 août 1808, article 1er).*

Il sera délivré aux prêteurs de fonds inscrits sur les registres des oppositions et déclarations, et sur leur demande, un certificat ainsi conçu :

Je soussigné, chef du bureau des oppositions à l'Administration des cautionnements, certifie que M..... s'est conformé aux dispositions prescrites par les lois des 25 nivôse et 6 ventôse an XIII, pour acquérir le privilége de second ordre; qu'en conséquence il est inscrit sur le registre à ce destiné, comme bailleur de fonds du cautionnement du sieur..... pour la totalité (ou jusqu'à la concurrence de la somme de...... qu'il a prêtée audit..... pour acquitter partie de son cautionnement).

(Même décret, article 2).

Les prêteurs de fonds ne pourront exercer le privilége de second ordre qu'en représentant ce certificat, à moins cependant, que leur opposition ou la déclaration faite à leur profit ne soit consignée au registre des oppositions et déclarations de l'Administration des cautionnements, faute de quoi ils ne pourront exercer de recours contre la Caisse d'amortissement que comme les créanciers ordinaires, et en vertu des oppositions qu'ils auraient formées au greffe des tribunaux indiqués par la loi. *(Idem, article 3).*

6. PRIVILÉGES. Les cautionnements sont affectés par premier privilége à la garantie des condamnations qui pourraient être prononcées contre les titulaires par suite de l'exercice de leurs fonctions, et, par second privilége, au remboursement des fonds qui leur auraient été prêtés pour tout ou partie de leur cautionnement, et, subsidiairement au paiement, dans l'ordre ordinaire, des créances particulières qui seraient exigibles sur eux. *(Loi du 25 nivôse an XIII, article 1er).*

7. OPPOSITIONS. Les réclamants sont admis à faire, sur les cautionnements, des oppositions motivées aux greffes des tribunaux dans le ressort desquels les titulaires exercent leurs fonctions. *(Loi du 25 nivôse an XIII, article 2).*

L'original des oppositions faites sur les cautionnements aux greffes des tribunaux y reste déposé pendant 24 heures pour y être visé. *(Idem, article 3).*

La déclaration au profit des prêteurs de fonds de cautionnements, faite à la Caisse de l'Administration des cautionnements, tient lieu d'opposition pour leur assurer l'effet du privilége de second ordre, aux termes de l'article 1er, (voir le N° 6 même loi, article 4 et loi du 6 ventôse an XIII, articles 1 et 2 qui étendent les dispositions ci-dessus à tous les Comptables publics).

8. REMBOURSEMENT. Les Comptables, justiciables directs de la Cour des Comptes, qui cesseront leurs fonctions, pourront, avant l'apurement définitif de leur comptabilité, obtenir le remboursement des deux tiers du cautionnement fourni par eux en numéraire, lorsqu'ils auront remis au Ministère des finances le dernier compte de leur gestion, et que la vérification de ce compte et de leurs écritures n'aura fait reconnaître aucun débet à leur charge.

Le surplus du cautionnement pourra aussi être immédiatement remboursé, s'il est fourni, en remplacement de cette dernière partie, un cautionnement équivalent en immeubles ou en rentes sur l'Etat. *(Ordonnance du 22 mai 1825, article 1er).*

Les Comptables obtiendront la remise du cautionnement immobilier ci-dessus mentionné, ou le remboursement de la portion de leur cautionnement réservée par le Trésor, en produisant, avec l'arrêt de quitus rendu sur leur dernier compte de gestion, un certificat de libération définitive qui leur sera délivré par le Ministère des finances. *(Idem, article 3).*

Les Comptables qui ne sont pas soumis directement à la juridiction de la Cour des Comptes, pourront obtenir le remboursement intégral de leur cautionnement en produisant, à l'appui de leur demande, un certificat de quitus définitif dans les quatre mois qui suivront la cessation de leur service. *(Idem, article 4).*

Les pièces à produire pour obtenir le remboursement des cautionnements, sont :

POUR LES AGENTS DE TOUS GRADES. 1° Le certificat d'inscription délivré au nom du titulaire, et, à défaut, une déclaration de perte, faite sur papier timbré, dûment légalisée, et ainsi conçue :

Je soussigné..... déclare que le certificat d'ins-
cription sur le livre des cautionnements N°.....
folio.... registre.... qui m'a été délivré en ma qua-
lité de..... à..... se trouve adiré.

Je renonce à m'en prévaloir et m'engage à le
renvoyer au Ministère des finances dans le cas où
il viendrait à être retrouvé.

Fait à...... le.....

(Faire légaliser la signature par le maire, et celle du
Maire par le Préfet ou le Sous-Préfet).

S'il n'y a pas eu de certificat d'inscription, les
récépissés de versement.

2° Un certificat de non-opposition délivré par
le Greffier et visé par le Président du tribunal de
1re instance de l'arrondissement de la résidence
du titulaire, *(ordonnance du 25 juin 1835, arti-*
cle 3) certificat qui est délivré sans frais et
sans affiche, mais qui doit être enregistré.

POUR LES AGENTS DE TOUS GRADES

3° Un certificat de quitus délivré par l'Inspecteur;

4° Le consentement de l'Administration;

5° Le certificat du Directeur de
la Comptabilité générale constatant
que le dernier compte de gestion
appuyé de pièces et vérifié au
Ministère des finances, ne constitue pas le titulaire débiteur envers
le Trésor.

Afin d'obtenir le rembour-sement des deux tiers du cau-tionnement.

5° Le certificat ou une lettre de
l'Agent judiciaire du Trésor constatant que les immeubles ou rentes sur l'Etat sont affectés à la garantie de la gestion du titulaire.

Afin d'obtenir le rembourse-ment provisoire du dernier tiers avec remplacement

POUR LES COMPTABLES DE 1re CLASSE.

3° L'arrêt de quitus rendu sur
le dernier compte de gestion;

4° Le certificat de libération définitive délivré par le Directeur de
la Comptabilité générale;

5° Et de plus l'acte donné par
l'Agence judiciaire, si le cautionnement est en immeubles ou en
rentes sur l'Etat.

Afin d'obtenir le rem-boursement définitif du dernier tiers.

38   .   C

POUR LES COMPTABLES DE 2me CLASSE.	3° Le certificat de quitus définitif donné par le Comptable supérieur, visé par l'Inspecteur et le Directeur, et par la Comptabilité générale.	*Afin d'obtenir le remboursement en entier.*
POUR LES AGENTS NON-COMPTABLES.	3° Le consentement de l'Administration.	*Afin d'obtenir le remboursement en entier.*

POUR LES BAILLEURS DE FONDS.

3° Les certificats de priviléges de second ordre qui leur ont été délivrés, ou une déclaration de perte dont voici le modèle :

Je soussigné..... déclare que le certificat de privilége de second ordre qui m'a été délivré en ma qualité de bailleur de fonds du cautionnement de M..... pour la totalité (ou jusqu'à concurrence de la somme de..... que j'ai prêtée audit..... pour acquitter partie de son cautionnement), se trouve adiré.

Je renonce à m'en prévaloir et m'engage à le renvoyer au Ministère des finances dans le cas où il viendrait à être retrouvé.

Fait à....... le.....

(La signature doit être légalisée par le Maire, et celle du Maire par le Préfet ou le Sous-Préfet).

POUR LES HÉRITIERS OU AYANT-DROIT SI LES TITULAIRES SONT DÉCÉDÉS OU INTERDITS.

3° Un certificat ou un acte de notoriété contenant les noms, prénoms et domicile des héritiers et ayant-droit, — la qualité en laquelle ils procèdent et possèdent, — l'indication de leurs portions dans le cautionnement à rembourser, — et l'époque de leur jouissance.

Ce certificat, assujetti au simple droit d'enregistrement de un franc, légalisé par le Président du tribunal, et conforme aux modèles annexés au décret du 18 septembre 1806, devra être délivré :

Par le Notaire détenteur de la minute, lorsqu'il y aura eu inventaire ou partage par acte public, ou transmission gratuite à titre entre-vifs ou par testament;

Par le Juge-de-Paix du domicile du décédé, sur l'attestation de deux témoins, lorsqu'il n'existera aucun desdits actes en forme authentique;

Ou par le Greffier dépositaire de la minute si la propriété est constatée par jugement.

(Circulaire N° 938, du 9 septembre 1825).

9. APPLICATION DES CAUTIONNEMENTS AUX DÉBETS. Lorsqu'il y aura lieu d'appliquer les cautionnements des Comptables aux débets qu'ils auront contractés, cette application aura lieu en vertu des décisions spéciales du Ministre des finances. (*Ordonnance du 22 mai 1822, article 6*).

Ces décisions sont rendues, savoir :

A l'égard des Comptables de deniers, justiciables de la Cour des Comptes, sur la demande du Directeur de la Comptabilité générale des finances ;

A l'égard des autres Comptables, sur la demande des Comptables supérieurs, laquelle devra être revêtue du visa du Directeur de la Comptabilité générale. (*Arrêté ministériel du 7 juin 1825*).

Dans les cas ci-dessus, les sommes revenant aux ex-Comptables sont versées à la Caisse des dépôts et consignations, et les récépissés des versements tiennent lieu de leurs quittances. (*Comptabilité générale, 31 mai 1833*).

CENTIMES FRACTIONNÉS. — Voir : *Fractions de centime.*

CERTIFICATS.

1. **D'APPLICATION.** Toutes les fois que des produits de saisies sont appliqués au paiement des frais, le Receveur principal doit le certifier ainsi qu'il suit :

1° Si les frais égalent le produit :

Douanes.

COMPTABILITÉ.

Bureau de......

Saisie du....

..... Kilo. ..... Décag.

Prévenu : .....

Application du produit au rem—boursement des frais.

Direction de....

Principalité de......

Je soussigné, Receveur principal des Douanes à..... certifie que le produit de la saisie de...... constatée le...... au bureau de...... au préjudice du sieur...... lequel produit s'est élevé à..... pour (vente ou amende,) a été appliqué au paiement des frais montant à ladite somme. (Voir : Certificat de Recette, N° 18).

A........ le......

Vu et certifié :
L'Inspecteur,

40　　　　　　　　　　　C

2° Quand les frais excèdent le produit :

Douanes.

—

COMPTABILITÉ.

Bureau de......

—

Saisie du....

..... Kilo. .... Décag.

—

Prévenu : .....

Application du produit au rem-boursement des frais.

Direction de.....

Principalité de........

Je soussigné, Receveur principal des Douanes à....., certifie que le produit de la saisie de......, constatée le...... au bureau de....., au préjudice du sieur...... lequel produit s'est élevé à...... pour (vente ou amende), a été appliqué au paiement d'une partie des frais montant à.....; je certifie, en outre, que le surplus desdits frais s'élevant à....., tombé à la charge du Trésor, a été porté en dépense, le présent jour, suivant bordereau de Comptabilité du mois courant. (Voir : Certificat de Recette).

A....... le...... 18..

Dans les deux cas ci-dessus, le certificat, revêtu du visa de l'Inspecteur, est produit à la Comptabilité avec la chemise N° 36.

2. CERTIFICAT — DE CESSATION DE PAIEMENT. Voir : *Retraites, N° 10.*

3° CERTIFICAT — COPIES DES ACTES. Les copies ou extraits des actes produits par les Comptables comme pièces de justification, ne sont valables qu'autant qu'ils sont revêtus de la certification de l'Inspecteur ou du Directeur, sauf, cependant, les copies ou extraits de pièces dont les originaux auraient été précédemment produits et auxquels il serait renvoyé. (*Comptabilité générale, 31 décembre 1838*).

Voici la forme de ces certificats :

Vu et certifié :　　　　　　　　Vu et certifié :

L'Inspecteur ,　　　　　　　　*Le Directeur ,*

Ou bien :

L'original de..... a été produit à l'appui de..... Comptabilité du mois de.....

Le Receveur principal ,

4. CERTIFICAT — DETTES. Quand il s'agit d'appliquer au paiement des dettes des Préposés les appointements, actifs de masse, ou parts

de saisies revenant à ces derniers , les Capitaines ou les Inspecteurs doivent certifier le titre quittancé par le créancier :

Vu et certifié par le
Capitaine soussigné :   Vu et certifié :

A...... le.....   *L'Inspecteur,*

A défaut de titre , ils certifient l'exactitude des mémoires qui sont produits :

Vu par le Capitaine de brigades soussigné qui certifie que les fournitures comprises au présent mémoire ont été réellement faites au sieur......
A......... le......... 18..

Vu et certifié :
L'Inspecteur ,

5. CERTIFICAT — EXPLICATIF. Dans le cas où des états de traitements sont émargés d'avance , et où quelques-uns des signataires sont décédés avant d'avoir acquis des droits au traitement intégral auquel s'applique leur émargement, comme aussi dans celui où , par des surcharges et des grattages irréguliers , on aurait substitué les sommes réellement dues aux titulaires décédés à celles pour lesquelles ils ont émargé , il faut justifier des déductions opérées , par suite desquelles les états produits ne sont pas employés pour leur montant , au moyen de certificats explicatifs fournis par les Agents chargés de toucher ces états, et qui mettent à même de juger de l'exactitude des déductions. Si ces déductions s'opèrent par voie de reversement au Trésor , il faut produire , en outre , les récépissés du Caissier central. *(Comptabilité générale, 26 décembre 1833)*.
Voici une formule qui pourra servir de modèle :

Le Receveur principal des Douanes à..... (ou le Capitaine) certifie que l'état ci-joint qui s'élevait à la somme de..... ne doit plus être compris dans les comptes du mois de..... que pour la somme de..... par suite des déductions ci-après, savoir :

Le sieur..... figurait sur ledit état , pour un mois de traitement, pour la somme de   » »

Mais comme ledit..... est décédé le..... il n'avait plus droit qu'à..... jours d'appointemens , ci   » »
____
D'où il suit qu'il lui aurait été payé en trop, ci   » »
Il y a donc lieu de déduire cette dernière somme du montant de l'état , ce qui le ramène réellement à......
A...... le...... 18..

Vu et certifié :
L'Inspecteur ,

Les rôles et les divers états de distribution étant dispensés du timbre, le certificat ci-dessus doit être établi sur papier libre.

6. CERTIFICAT — D'IDENTITÉ. Quand il s'agit de payer aux veuves et aux enfants des Préposés de brigades le prorata des appointements revenant à ces Préposés, de simples quittances suffisent ; mais les Capitaines doivent certifier l'identité et la qualité des parties prenantes, c'est-à-dire celles de veuve, de fils ou de fille du défunt. (*Comptabilité générale, 12 novembre 1832*).

Vu par le **Capitaine** *soussigné qui certifie que dame..... est bien réellement la veuve du sieur........ Préposé à....... duquel elle est seule héritière.*

A........ le.......

Vu et certifié :

L'Inspecteur ,

7. CERTIFICAT — D'INSCRIPTION. Voir : *Cautionnements, N° 3.*

8. CERTIFICAT — D'INSTALLATION. La déclaration que fait le Comptable, sur la première page du compte d'année, du jour de son installation, doit être certifiée par le Directeur. (*Comptabilité générale, 12 novembre 1832*).

9. CERTIFICAT — MASSES — CASERNEMENT. Pour mettre à même les propriétaires de toucher le loyer des casernes, les Capitaines délivrent, à la fin de chaque trimestre, le certificat suivant :

Douanes.	**Direction de.....**
CASERNEMENT.	INSPECTION DE.....
... Trimestre 18..	*Capitainerie de.....*
Loyer annuel........	*Caserne de....*
Pour 3 mois..........	

Le **Capitaine** *des Douanes soussigné, certifie que la caserne de...... a été occupée par la brigade de cette résidence pendant les mois de..... et que M......, propriétaire de ladite caserne, demeurant à...... a droit au paiement du loyer montant, pour lesdits mois, à la somme de.....*

A...... le...... 18..

Vu et certifié par l'Inspecteur soussigné.
A...... le..... 18..

Ce certificat, établi sur papier timbré quand la somme à payer excède 10 francs, doit être revêtu de l'ordonnancement du Directeur, avant d'être compris dans les comptes.

10. CERTIFICAT — MASSES — SERVICE DE SANTÉ. Le traitement des médecins est payé sur la production du certificat ci-dessous, visé par l'Inspecteur et ordonnancé par le Directeur :

𝕯𝖔𝖚𝖆𝖓𝖊𝖘.   **Direction de.....**

SERVICE DE SANTÉ.   INSPECTION DE.....

Année 18..   Capitainerie de.....

Mois de...........

Traitement   *Le Capitaine de brigades des Douanes soussigné*
du Médecin..............   *certifie que M..... médecin de cette capitainerie,*
                                 a exercé ses fonctions pendant les mois de....... et
                                 qu'il a droit, pour lesdits mois, au paiement de
                                 son traitement montant à.....

Fait à...... le..... 18..

Vu et certifié par l'Inspecteur soussigné.

A....... le..... 18..

Ce certificat est établi sur papier timbré : le Médecin peut le revêtir de sa quittance.

11. CERTIFICAT — MATÉRIEL. Toutes les quittances pour des sommes concernant les dépenses du matériel, telles que *Transports de fonds, de registres, &.*, doivent être visées par l'Inspecteur :

Vu et certifié :

L'Inspecteur,

12. CERTIFICAT — DE MODIFICATION — Il doit être revêtu des mêmes visa que le rôle auquel il se rattache, et appuyé des décisions qui ont donné lieu aux modifications. *(Comptabilité générale, 26 décembre 1833).* Voir : *Modification aux rôles.*

13. CERTIFICAT — NÉGATIF. — Le certificat négatif doit remplacer les états de comptabilité qui sont à néant : il est fourni en autant d'expéditions que les états qu'il représente et dont il rappelle la série, le numéro et l'objet.

14. CERTIFICAT — DE NON-OPPOSITION. — Voir : *Cautionnement,* Nᵒ *4.*

15. CERTIFICAT — DE NON-PAIEMENT. Les sommes qui ne sont point réclamées au moment des dépenses peuvent être ultérieurement payées (Voir : *Sommes non payées*); mais les paiements doivent être appuyés de l'un des deux certificats d'autre part, suivant qu'ils concernent des dépenses appartenant aux DÉPENSES PUBLIQUES ou aux OPÉRATIONS DE TRÉSORERIE. *(Comptabilité générale, 25 août 1834).*

Pour les dépenses publiques :

DIRECTION DE......

————◦◊◦◦————

*Le Directeur des douanes soussigné certifie que le sieur.... figure, en
qualité de....,*

Sur {

*Le rôle d'appointements d'activité du mois de......, Principalité
de... (ou Capitainerie de.....), compris dans la Comptabilité
du mois de....*

*L'état arrêté le...., portant répartition du produit de la contra-
vention constatée le...., au Bureau de...., Principalité de....
et compris dans la comptabilité du mois de....*

*L'état des frais de loyer du... trimestre de l'année...., compris
dans la comptabilité du mois de....*

pour une somme de...., qui ne lui a pas encore été payée pour cause de....
(indiquer le motif).

A.....   le.....   18...

(Ce certificat doit toujours être appuyé d'un mandat de paiement et
de la quittance de la partie prenante).

Pour les dépenses sur les opérations de trésorerie :

DIRECTION DE....

————•◆•————

*Le Directeur des douanes soussigné certifie que le sieur.... figure en
qualité de.... à....,*

Sur {

*L'état de répartition de la prime d'arrestation de fraudeurs dans
la saisie du..., comprise dans la comptabilité du mois de....*

*L'état de la répartition du produit de la saisie de...., opérée
le...., au bureau de...., à la requête de l'Administration des
contributions indirectes, compris dans la comptabilité du mois
d....*

L'état , &.

pour une somme de...., qui ne lui a point encore été payée pour cause de...
(indiquer le motif).

*En conséquence, le Receveur principal à..... est autorisé à payer au
sieur.... ladite somme de...., qui sera allouée en compte audit Receveur
en rapportant le présent dûment quittancé.*

A....,   le....,   18....

(Ce certificat, qui prend le nom d'ORDRE DE REMBOURSEMENT, tient
lieu du mandat de paiement).

16. CERTIFICAT — DE PROPRIÉTÉ OU D'HÉRÉDITÉ. 1. A l'exception
de la veuve ou des enfants de l'Employé décédé, et seulement pour
les appointements du mois pendant lequel cet employé est décédé (Voir :
Héritiers. — Appointements N° 2), tous les héritiers doivent, pour
toucher la somme due, justifier de la qualité en laquelle ils procèdent

et possèdent. Cette justification ressort d'un certificat de propriété ou d'un acte de notoriété contenant leurs noms, prénoms et domiciles, et leur qualité d'héritiers.

Ce certificat doit être délivré par le notaire détenteur de la minute, lorsqu'il y a eu inventaire ou partage par acte public, ou transmission gratuite à titre entre-vifs ou par testament ;

Il est délivré par le juge de paix du domicile du décédé, sur l'attestation de deux témoins, lorsqu'il n'existe aucun desdits actes en forme authentique ;

Enfin, si la propriété est constatée par jugement, le greffier, dépositaire de la minute, délivre le certificat.

(Décret du 18 septembre 1806).

2. Ces certificats sont assujettis au simple droit d'enregistrement d'un franc : ils doivent être sur papier timbré, et légalisés par le Président du tribunal de première instance. *(Même décret).*

Modèle d'un certificat de propriété à délivrer par un Notaire.

Je soussigné.... notaire à...., arrondissement de...., département de...., *certifie, conformément aux dispositions du décret du 18 septembre 1806,* *que les sieurs....* (Noms, prénoms, qualités, résidence, arrondissement et département de tous les ayant-droit), *ont seuls droit de recevoir....,* *revenant au sieur....* (Nom, prénoms, qualité, résidence, arrondissement et département), *décédé à...., le....*

Nota. Il faudra aussi indiquer, lorsqu'il y aura plusieurs ayant-droit, la portion revenant à chacun, — à quel titre il en est propriétaire, soit comme héritier, donataire ou légataire, comme cessionnaire, soit, enfin, en vertu d'abandon fait par le partage de la succession du titulaire décédé ; il sera également nécessaire de relater les différents actes de transmission de propriété, tels que inventaire, partage, transport, donation et testament, soit olographe, soit devant notaire ; — s'il s'agit d'un testament olographe, on énoncera que le titulaire s'est fait envoyer en possession de son legs, et on relatera l'ordonnance rendue par le Président du tribunal à l'effet dudit envoi en possession. — Si le titulaire décédé a laissé une veuve commune ou non, le certificat en fera mention, ainsi que de son droit de propriété si elle est commune.

Si le titulaire est décédé célibataire, il en sera fait mention.

Si, dans le nombre des ayant-droit, il y a des tuteurs, soit naturels, soit judiciaires, il faudra les dénommer et énoncer leurs résidences, arrondissements et départements, ensemble les noms et titres des mineurs qu'ils représentent. — Il en sera de même des interdits.

Le Notaire terminera ainsi son certificat :

Le tout ainsi qu'il résulte des actes sus-énoncés, soit inventaire, soit *partage, transport, donation ou testament, le tout étant en ma posses-* *sion.*

Fait à...., le..... 18....

Modèle d'un certificat de propriété à délivrer par un Juge de paix.

Je soussigné...., juge de paix du canton de...., arrondissement de...., département de...., certifie, conformément au décret du *18 septembre 1806,* et sur l'attestation des nommés..... (noms, prénoms, qualités et résidence de deux témoins), *que le sieur....* (nom, prénoms et qualités du titulaire), *est décédé à....,* le*....,* ab intestat; *qu'après son décès, il n'a pas été fait d'inventaire, et que dame....,* sa veuve, demeurant à*....,* son héritière (ou que tels....., ses seuls héritiers), *est propriétaire de...,* qu'elle a le droit d'en recevoir le paiement.

Fait à..... le...., 18...

Nota. Le certificat doit énoncer la portion afférente à chacun des ayant-droit, et, s'il y a des mineurs, les noms des tuteurs qui ont droit de toucher pour eux.

Ces sortes de certificats ne doivent et ne peuvent être délivrés par un juge de paix qu'autant qu'il n'existe aucun acte de transmission de propriété passé devant notaire : s'il en existe, ils doivent être délivrés par les notaires détenteurs desdits actes.

Modèle d'un certificat de propriété à délivrer par un Greffier.

Je soussigné...., Greffier du tribunal de*....,* arrondissement de. .., *département de....,* certifie, conformément au décret du *18 septembre 1806, que les nommés.* .. (noms, prénoms, qualités et demeure) *ont été déclarés, par jugement du...,* propriétaires de*....,* revenant au sieur*....,* (nom, prénoms, qualités et demeure), *et que lesdits.... ont seuls droit d'en recevoir le paiement.*

Fait à...., le...., 18...

Nota. Ce certificat énoncera la portion afférente à chacun des ayant-droit, la qualité dans laquelle cette portion lui est dévolue, si c'est comme héritier, donataire, légataire ou créancier : il contiendra les noms des tuteurs et des mineurs s'il en existe.

17. CERTIFICAT — DE QUITUS. C'est le certificat de libération définitive que les Comptables supérieurs délivrent aux Comptables qui ne sont pas soumis directement à la juridiction de la Cour des Comptes. — Ce certificat, dont le modèle imprimé est fourni par l'Administration, doit être délivré dans les quatre mois qui suivent la cessation de service du titulaire : il est visé par l'Inspecteur et le Directeur des douanes et par le Directeur de la Comptabilité générale. (*Circulaire N° 938*).

18. CERTIFICAT — DE RECETTE AU PROFIT DU TRÉSOR. Les états de répartition doivent présenter en marge le certificat de l'Inspecteur, indiquant sous quelle date et sous quel numéro du journal il a été fait recette des sommes mises en répartition.

Un certificat semblable doit être fourni à l'appui des restitutions faites aux prévenus, et des produits appliqués au remboursement des frais. (*Comptabilité générale, 1er septembre 1838*).

Voici des modèles :

1. L'Inspecteur des douanes soussigné, certifie qu'il a été fait recette, au crédit du Trésor, de la somme de...., le*....,* sous le N°... du livre-journal.

2. *Je soussigné....., Receveur principal des douanes à....., certifie que le produit de la saisie de...., constatée le...., au bureau de...., au préjudice de...., lequel produit s'est élevé à...., pour vente desdites marchandises, a été porté en recette le.... sous le N°... du livre-journal.*
     A.....   le...   18....

        Vu et certifié :

               L'Inspecteur,

Ce dernier certificat se joint à la chemise N° 60 lors de la demande de répartition des produits.

19. CERTIFICAT. — REMBOURSEMENT DE DROITS. Voir : *Remboursement de droits.*

20. CERTIFICAT. — SAISIE-ARRÊT. — Voir : *Saisie-Arrêt, N° 3.*

21. CERTIFICAT — DE TRANSFERT. — MASSES. 1. Quand un Préposé passe d'une direction dans une autre, le Comptable appose, au pied de l'ordre de remboursement délivré par le Directeur, le certificat suivant :

Le Receveur principal des douanes soussigné certifie avoir fait dépense, aux FONDS DE MASSE, *le présent jour, sous le N°.... et reprise, aux* VIREMENTS DE FONDS, *sous le N°...., pour le compte de son collègue à...., de la somme de...., montant de l'actif de masse du sieur...., Préposé, passant de...., Direction de...., au poste de...., Direction de...., à dater du....*
     A.....,   le.....,   18...

      Vu par l'Inspecteur soussigné, qui certifie que les opérations relatées ci-dessus ont réellement été faites.
        A....,   le....,   18...

2. Le Receveur principal dans l'arrondissement duquel arrive le Préposé changé, fait recette de son actif de masse au chapitre des *Masses,* et certifie l'opération de la manière suivante :

Douanes.	**Direction de.....**
COMPTABILITÉ.	*Principalité de........*
Masses.	
N°... d'enregistrement au Journal.	*Extrait du livre-journal de caisse et de portefeuille tenu au bureau principal de.....*

            Du.... N°.... (Donner la copie littérale de l'article de recette).
              Certifié véritable à.... le.... 18...

                  Vu et certifié :

                     L'Inspecteur,

Ce certificat est adressé ensuite, par l'intermédiaire de la Direction, au Receveur principal qui a délivré le bordereau de virement.

22. CERTIFICAT — DE VIE. — RETRAITES. Il ne doit être fait aucun paiement de pension sans un certificat délivré par les Chefs des Douanes ou le Maire de la résidence du pensionnaire, constatant l'existence de ce dernier à la date même de sa quittance. Ce certificat, dont la date, sans rature ni surcharge, ne doit pas être antérieure au premier jour du mois qui suit la durée de ce temps, doit énoncer, relativement aux veuves, qu'elles ne se sont pas remariées : lorsqu'il y a lieu, cette énonciation est faite en ces termes, au pied du certificat, immédiatement après le chiffre 700 francs : *Ni s'être remariée depuis la promulgation de l'ordonnance du 12 janvier 1825.*

Aux termes de la loi du 15 mai et de l'ordonnance du 8 juillet 1818, le certificat de vie doit porter la déclaration que le pensionnaire ne jouit d'aucun traitement à la charge de l'Etat, qui, réuni à sa pension, excéderait 700 francs. Dans le cas d'excédant, il faut énoncer la nature et la quotité du traitement. *(Circulaire N° 1159. — Douanes).*

CESSION — D'OBJETS RÉFORMÉS. Voir : *Objets réformés.*

CHANGEMENTS — DANS LES ÉCRITURES.

Ils doivent être motivés avec le plus grand soin : le Comptable doit expliquer s'ils ont pour objet de rétablir des sommes omises en recette ou en dépense, — de réduire des recettes ou des dépenses, — ou enfin de contrebalancer des sommes portées de trop en recette ou en dépense. Voir : *Antérieurs. — Ecritures. — Modifications. — Redressements.*

CHANGEMENT — DE RÉSIDENCE DES PENSIONNAIRES. Voir : *Retraites, N° 8.*

CHANGEMENT — DE RÉSIDENCE DES TITULAIRES DE CAUTIONNNEMENTS. Voir : *Cautionnements, N° 4.*

CHARGEMENT — EN RECETTE. Voir : *Enregistrement de recettes.*

CHAUFFAGE — ET ÉCLAIRAGE. Voir : *Dépenses fixes et Loyers, N° 2.*

CHEMISES.

1. Pour établir l'uniformité dans l'indication des pièces justificatives produites par les Comptables au soutien de leurs comptes et faciliter, en même temps, la vérification du nombre de ces pièces, les chemises renfermant les pièces produites mensuellement à l'appui des dépenses, et le compte annuel, doivent énoncer distinctement :

1° Le nombre de mandats de paiement ou ordres de dépenses;

2° Le nombre, — soit d'états d'appointements, — de gratification, — de frais de loyer et de chauffage, — de répartition des amendes et confiscations, — de primes de capture, — soit d'arrêts de liquidation de dépenses variables du matériel, — de frais de saisies tombés à la charge du Trésor, — de remboursements de droits, de primes d'exportation, etc.

5° Le nombre de quittances et autres pièces de toute nature annexées aux ordres de dépenses, aux états d'appointements et aux divers arrêtés de liquidation. (*Comptabilité générale, 31 janvier 1832*).

2. Ces chemises, qui sont destinées à renfermer les pièces de dépenses qui y sont fixées au moyen d'un fil, et à en récapituler le montant, doivent porter les numéros des chapitres et articles du compte annuel. Quand on se sert d'anciens modèles restés en usage, il faut avoir soin de faire concorder les indications dont il s'agit avec la division du compte telle que la présentent les bordereaux N° 2. (*Comptabilité générale, 12 décembre 1837 et 30 octobre 1838*).

3. Une chemise spéciale doit être formée pour chaque paiement imputé sur des exercices différents.

4. Voici le tableau des chemises récapitulatives qui, toutes, appartiennent à la série F. b.

N^{os}	OBJETS.	OBSERVATIONS.
18	Traitements d'activité.................	Une chemise par exercice.
19	Indemnités et gratific.ˢ sur le fonds spécial	dito.
20	Loyers, chauffage, passage d'eau, etc....	dito.
21	Dépenses du Matériel	dito.
22	Dépenses administratives, indemnités, etc.	dito.
24	Primes à l'exportation	Résumé.
25	Primes à l'exportation...............	Une par espèce de march.
26	Remboursements de droits...........	Une pour chacun des différents droits dont on indique la nature. (Voir Chemise N° 103).
28	Escompte sur les sels................	
51	Versements sur recouvrements faits pour des tiers.......................	
53	Remb.ᵗ de droits qui n'ont pu être réalisés.	
54	Répartitions d'amendes et confiscations..	Elle ne comprend, pour les affaires improductives, que celles qui ont donné lieu à une inscription au sommier des droits constatés.—Si l'on établissait une chemise spéciale pour les paiements ultérieurs, il faudrait en reprendre le montant sur l'état des répartitions payées dans le mois.—Quand il s'agit d'une répartition principale, on ne mentionne que la somme même mise en répartition, et les remises ou non-valeurs ne sont rappelées que lors de la répartition supplémentair.

Nos	OBJETS.	OBSERVATIONS.
36	Application de produits de saisies au remboursement des frais..........	
37	Restitution de produits d'amendes et confiscations................	
38	Répartition de primes de capture.......	Les états de répartition de primes doivent être inscrits par ordre de date des saisies, et de manière que celui qui est enregistré le premier soit aussi le premier en tête de la liasse.
39	Restitution de primes de capture........	
40	Restitution de consignations (*voitures de Voyageurs*).................	
41	Restitutions de consignation (*chevaux,— argenterie*)....................	Voir : Consignations. — Observations communes aux 3 § précédents.
42	Versements aux Receveurs des finances — et envois directs au Caissier central de traites et obligations..........	
43	Versement à la Régie du droit de garantie sur l'argenterie importée...	
44	Fonds de subvention fournis..........	
45	Virements de comptes...............	
93	Escompte. — Droits de Douane	Les quittances doivent être inscrites par ordre de dates et de numéros.
95	Application aux droits — et restitutions de sommes consignées en garantie de droits...................	
96	Restitution de sommes consignées à titre de cautionnement pour assurer la destination des marchandises expédiées par acquit-à-caution.........	
98	Répartition des produits de plombage ..	
104	Dépenses des exercices clos........	
105	Remboursements de droits	Résumé des —.
106	Paiements sur les fonds réservés ...	(Loi du 18 avril 1816, T. 6).
113	Sous-répartitions des sommes afférentes .	
114	Restitution des sommes consignées pour assurer l'exécution des transactions. .	

5. C'est à vue des chemises que l'on forme l'inventaire (Voir ce mot), sur lequel elles sont récapitulées.

6. Indépendamment des chemises désignées ci-dessus, il en est encore deux autres, savoir :

1° La chemise N° 45, qui est destinée à renfermer les récépissés que le Caissier central délivre à la décharge des Receveurs des douanes pour leurs envois de traites et obligations : elle doit énoncer le montant des récépissés relatifs aux envois du mois lors même que, pour certaines localités éloignées, les récépissés du 3e envoi ne pourraient être joints à l'inventaire, sauf, dans ce cas, à le faire ultérieurement parvenir à la

Comptabilité par des envois séparés. (*Comptabilité générale, 10 septembre 1833*).

2° Et la chemise N° 60 pour les dossiers des saisies dont on demande, soit la répartition des produits, soit la liquidation des frais.

Cette chemise doit donner : — la nature de l'infraction et l'indication de la loi à laquelle il a été contrevenu ; — le dénombrement des objets saisis ; — la destination donnée à ces objets et la date de cette destination. Si une partie des marchandises a été vendue et l'autre partie versée à la Régie des contributions indirectes, il faut récapituler le montant de l'acte de vente et du procès-verbal de classement, ainsi :

Détail du produit de la vente des marchandises :

Acte de vente du........ *ci*....   » *fr.* » *c.*
Acte de classement du.... *ci*....   »   »

                        Total......   »   »

Si les objets saisis et vendus ont été réexportés, le numéro de l'acquit-à-caution de réexportation doit être indiqué : s'ils ont été livrés à la consommation, il faut désigner le N° de l'acquit de paiement des droits d'entrée.

Elle doit indiquer aussi : — le chiffre de toutes les amendes encourues, surtout lorsque la quotité en est déterminée d'après la valeur des marchandises ; — le chiffre des double, triple et quadruple droit, non compris le simple droit revenant au Trésor ; — la date de l'exercice pendant lequel les droits ont été constatés. (*Comptabilité générale, 25 juin 1835.*) ; — Enfin, la date des jugements ayant acquis force de chose jugée, ou des transactions devenues exécutoires, — celle des engagements de se soumettre à ce qu'exigera l'Administration, ou des transactions approuvées par l'autorité compétente, — et celle des décisions qui autorisent l'exécution des jugements, des contraintes ou des transactions, et qui terminent les affaires. (*Comptabilité générale, 24 décembre 1841*).

En marge de la chemise N° 60, sont, au reste, toutes les indications nécessaires pour l'établir convenablement.

CIRCULAIRES — IMPRIMÉES.

Elles sont la propriété des places et non des Employés : chaque titulaire doit en conserver la collection avec soin, pour la transmettre complète et reliée à son successeur.

Le prix du recueil est fixé à 60 centimes par année : les Receveurs principaux recueillent le prix des abonnements dans leur principalité, et en portent le montant au chapitre des FONDS PARTICULIERS DE DIVERS. Cette recette est ensuite transportée, en une seule fois, au moyen des virements, dans la caisse du Receveur du chef-lieu de chaque Direction ; ce dernier opère de la même manière, tant pour les souscriptions qu'il a recueillies directement que pour les fonds qui lui sont transmis par ses collègues, afin de transporter le tout, avant le 15 juin, dans la comptabilité du Receveur de la douane de Paris, qui fait l'avance des frais d'impression. (*Circulaire N° 1252, du 12 mars 1831*).

CLASSEMENT — DES ÉCRITURES.

Avant d'inscrire au journal les recettes et les dépenses, il faut se bien pénétrer de leur nature et rechercher à quel chapitre du sommier elles appartiennent.

Ainsi, on appelle DROITS DE DOUANES, les droits perçus sur les marchandises présentées à l'entrée ou à la sortie; — DROITS DE NAVIGATION, les droits de francisation des navires, d'expédition des navires; — DE TONNAGE, les acquits, permis et certificats relatifs aux cargaisons des navires et les taxes locales.

Par RECETTES ACCESSOIRES, on entend : — le quart et les trois quarts des consignations reçues en garantie de la réexportation des voitures de voyageurs; — les droits perçus à la réexportation des entrepôts; — les droits à la réimportation des marchandises invendues à l'étranger; — les droits de timbre des expéditions et des commissions d'emploi; — les indemnités reçues des fabricants de soude pour subvenir aux frais d'exercice des fabriques; — le recouvrement du prix des brevets de francisation; — la valeur des objets réformés et repris en paiement par les fournisseurs; — les droits de sortie des colonies françaises, perçus en France; — les droits de magasinage et de dépôt, — et les recettes accidentelles.

Sous la dénomination d'AMENDES ET CONFISCATIONS, on comprend : — la vente des marchandises et moyens de transport saisis, — et les sommes recouvrées en vertu de condamnations pécuniaires, ou par suite de transactions devenues définitives.

Au PLOMBAGE ET ESTAMPILLAGE, on range : — le produit des taxes fixées pour le plombage — et le produit de la vente des vieux plombs.

L'article SERVICE DES RETRAITES comprend tous les prélèvements effectués, au profit de la Caisse des retraites, soit sur les indemnités et gratifications, soit sur les traitemements d'activité, soit, enfin, sur les produits d'amendes et confiscations.

Les SOMMES AFFÉRENTES AUX DOUANES sont celles que la Douane reçoit d'autres Administrations pour les affaires qu'elle a constatées à leur requête.

On classe aux RECOUVREMENTS POUR DES TIERS tous les droits que l'on perçoit pour d'autres Administrations.

Les FONDS PARTICULIERS DE DIVERS embrassent — les appointements, les parts de saisies, les parts de primes de capture, et généralement toutes les sommes pour lesquelles il y a émargement ou quittance, mais qui sont laissées entre les mains des Comptables; — les sommes versées pour dettes; — celles provenant de la vente provisoire des minuties, — et les sommes versées par les Receveurs subordonnés à-compte de leurs perceptions.

Quand les voyageurs entrent en France avec des voitures neuves ou de l'argenterie; quand ils sortent ou qu'ils entrent avec des chevaux attelés ou sellés, ils doivent, pour mettre les intérêts du Trésor à couvert, déposer entre les mains du Receveur, soit les trois quarts du tiers de la valeur des voitures importées, soit les droits de sortie ou d'entrée de leurs chevaux, et ce dépôt prend le nom de CONSIGNATION.

On appelle aussi CONSIGNATIONS les sommes reçues des prévenus pour assurer l'exécution des transactions qui ne sont pas encore rendues définitives par la sanction administrative.

Les sommes reçues ou payées par un Comptable pour le compte de son collègue sont classées au chapitre des VIREMENTS.

Les frais de construction, d'entretien ou de réparation des bureaux, corps-de-garde et embarcations, — ceux d'achat et d'entretien des ustensiles de bureau, — ceux de transport de fonds, de paquets, ballots et échantillons, composent, avec quelques autres dépenses imprévues, le chapitre des DÉPENSES DU MATÉRIEL.

On nomme DÉPENSES FIXES ABONNÉES celles qui concernent les loyers des bureaux et des corps-de-garde, les passages d'eau, et le chauffage et l'éclairage.

Les DÉPENSES ADMINISTRATIVES se composent : — des diverses indemnités accordées par l'Administration, soit pour frais de tournées des Inspecteurs ou de résidence des Préposés dans les grandes villes, soit pour secours aux Employés blessés, aux veuves et orphelins, soit pour concours aux visites faites dans les bureaux, — et de tous les frais, condamations et primes de capture, qui restent à la charge de l'Etat.

Tout classement inexact entraînerait des erreurs difficiles à retrouver, et détruirait l'harmonie parfaite qui doit exister entre le sommier, le livre-journal et la nature même des opérations.

Pour faciliter les classements, on rappelle, au mot SOMMIER, tous les chapitres qu'il comprend, et on y indique toutes les opérations qui doivent y être rangées.

CLOTURE — DE GESTION.

A la fin de chaque gestion, l'existence des valeurs en caisse et en portefeuille est constatée par un procès-verbal dressé par les Agents qui surveillent la gestion des Comptables. (*Arrêté du 9 novembre 1820, article 2*).

Les procès-verbaux de valeurs ne peuvent être dressés que par les employés supérieurs; ils sont établis par les Directeurs pour la douane de leur résidence, et, pour les autres douanes, par les Inspecteurs, et, en cas d'insuffisance ou d'empêchement, par des employés spécialement délégués. (*Circulaire N° 623*).

Ces procès-verbaux, dont le modèle est imprimé sous le N° 4 de la série F. b., se dressent en trois expéditions dont l'envoi se fait en même temps que les bordereaux de décembre ou du mois qui termine la gestion. La Comptabilité générale y annote elle-même les changements nécessités par les bordereaux supplémentaires, et elle en donne connaissance au Comptable, qui les transcrit sur la minute. (*Comptabilité générale, 1er janvier 1839*).

Si la gestion s'arrête dans le cours de l'année, le Comptable doit établir les mêmes états que ceux exigés pour les fins d'année.

Il est indispensable que les procès-verbaux de clôture, ainsi que les comptes, N° 1er, soient signés par le Comptable : les bordereaux et les états de développement peuvent être signés par son successeur ou par l'intérimaire. (*Lettre de la Comptabilité générale du 18 avril 1842*).

Voir : *Comptes. — Fin d'année. — Gestion. — Mutation de Comptables*.

COMMISSIONS — D'EMPLOI.

Elles portent un timbre particulier dont le droit est fixé à 75 c. (*Loi du 28 avril 1816, article 19*).

L'Administration des douanes fait elle-même appliquer ce timbre et elle compte de son produit. (*Idem*).

Chaque Receveur principal, au moyen d'états nominatifs qui lui sont remis mensuellement par le Directeur, qui les arrête et les certifie, fait le recouvrement du timbre des commissions des Employés de tous grades dont il paie les appointements, et en comprend le montant dans ses écritures courantes, au chapitre des RECETTES ACCESSOIRES, sur la même ligne que les timbres des expéditions. Ces états nominatifs servent à contrôler les recettes de l'espèce, et sont joints, à la fin de chaque gestion, avec un bordereau qui en récapitule le montant par mois, aux relevés des droits liquidés produits à la Cour des comptes.

Pour assurer la rentrée du prix des timbres à l'égard des sujets nouvellement admis, les Directeurs peuvent, lorsqu'ils le jugent nécessaire, charger les Receveurs de leur résidence de faire le recouvrement de ces timbres au moment même de l'admission. (*Comptabilité générale, 25 août 1834 et 15 décembre 1836*).

Lors du paiement qui leur est fait des appointements de leurs Préposés, les Capitaines doivent verser, entre les mains du Receveur principal, le montant du prix des timbres de commission des Employés nouvellement admis. Dans ce cas, ces timbres sont pris en recette sans mouvement de valeurs, et cette opération est balancée, à la dépense, par le paiement des sommes dues aux Préposés. (Voir : *Opérations de Comptabilité, N° 11 du tableau, Recette*).

COMPTABILITÉ. (Voir : *l'Introduction*).

C'est la manière de tenir les comptes, tant pour la recette que pour la dépense, et de les présenter à la Cour.

Voir : *Écritures. — Opérations de Comptabilité. — Comptes. — Gestion. — Mutation de Comptables.*

COMPTABILITÉ — GÉNÉRALE.

Elle est chargée de recueillir les bordereaux mensuels des Receveurs, leurs comptes d'année, et les pièces justificatives de toutes leurs opérations de recettes et de dépenses ; elle leur fait part des résultats de sa vérification, et leur transmet les directions qui leur sont nécessaires pour la tenue de leurs écritures ou pour l'ordre de leur comptabilité.

C'est par l'intermédiaire de la Direction que les bordereaux et les comptes des Receveurs lui sont adressés.

(*Comptabilité générale, 30 novembre et 15 décembre 1824*).

COMPTABLES.

Ce sont les Receveurs principaux : ils reçoivent de la Comptabilité générale toutes les instructions qui leur sont nécesssaires : ils correspondent avec elle par l'intermédiaire de la Direction.

Les Comptables sont directement justiciables de la Cour des comptes ;

ils présentent le compte de leur gestion en leur nom et sous leur responsabilité personnelle. (*Ordonnance du 8 novembre 1820, article 2*), et ils ne sont responsables que des actes de leur gestion. (*Idem, article 4*).

Les Receveurs subordonnés ne sont pas justiciables de la Cour des comptes : ils gèrent seulement sous la responsabilité des Receveurs principaux, qui reçoivent leurs comptes tous les mois et leur en donnent une décharge provisoire, jusqu'au jugement définitif de la Cour, au moyen d'un récépissé détaché du registre N° 57. — Les pièces de dépenses qu'ils produisent doivent, en conséquence, mentionner que les paiements ont été effectués pour le compte des Receveurs principaux.

Indépendamment des registres de perception, tous les Receveurs tiennent un livre-journal de caisse et de portefeuille, sur lequel les recettes et les dépenses sont additionnées à la fin de chaque journée, ce qui fait connaître les valeurs restées chaque jour en caisse et en portefeuille. (*Arrêté du 9 novembre 1820, article 4*).

Ils doivent s'assurer très-fréquemment, et surtout à la fin du mois, qu'ils ont en caisse et en portefeuille les valeurs qui doivent s'y trouver d'après l'arrêté du journal, afin d'opérer, s'il y a lieu, le redressement (voir ce mot) des erreurs que cette vérification matérielle leur ferait reconnaître. (*Circulaire N° 230*).

Ils ne doivent opérer aucun mouvement de fonds sans en faire écriture. (*Comptabilité générale, 25 août 1834*).

Les fonds qu'ils reçoivent doivent être tenus constamment réunis, sinon dans le même coffre, du moins dans une même pièce. (*Circulaire ministérielle, 26 septembre 1821 et Circulaire N° 678*). Voir : *Fonds*. — S'il arrivait qu'un vol fût commis dans leur caisse, ils n'en obtiendraient la décharge qu'en justifiant qu'ils ont pris toutes les précautions possibles pour l'empêcher, et que ce vol est l'effet d'une force majeure. (*Arrêté du 8 floréal an X*).

Quand ils ont des fonds à transporter, ils peuvent requérir l'escorte de la gendarmerie en s'adressant à l'autorité locale, c'est-à-dire aux Préfets, Sous-Préfets, et même aux Maires, mais ils ne doivent le faire que dans le cas où cette escorte doit être regardée comme une précaution que la prudence réclame, et que le service ordinaire des brigades ne peut suppléer. (*Circulaire N° 918*).

Les biens des Comptables (voir : *Biens des —*) et les cautionnements qu'ils fournissent répondent de leur gestion.

Un débet constaté à leur charge entraîne leur destitution, et donne lieu, à leur égard, à la contrainte par corps. (Voir : *Débets, N° 1*).

Lorsqu'ils sont destitués, ils doivent immédiatement rendre leurs comptes, sous peine d'y être contraints. (Voir : *Débets, N° 3*).

Quand ils s'absentent par congé, ils présentent un suppléant qui doit être agréé par l'Administration, et qui gère sous leur responsabilité : dans ce cas, ils conservent leurs droits aux émoluments. (*Circulaire N° 963*).

Quand ils entrent en fonctions dans le cours de l'année, ils doivent indiquer sur leurs bordereaux l'époque à laquelle ont été arrêtés le solde des valeurs en caisse et en portefeuille et les autres soldes provenant de la gestion précédente.

Quand ils passent à une autre place, ou lorsqu'ils sont admis à la retraite, l'Inspecteur arrête leurs registres (Voir : *Clôture de gestion. — Fin d'année*), et constate leur situation par un bordereau qu'il signe conjointement avec eux. S'il ne résulte aucun débet de ce bordereau, l'Inspecteur se borne à exiger que les deniers en caisse et les pièces de dépenses reconnues admissibles soient remis, sur inventaire et décharge valable, au successeur, qui sera tenu de rendre lui-même le compte de sa gestion jusqu'à l'instant où il aura été remplacé, aux termes de l'article 4 de l'ordonnance du 8 novembre 1820.

Voir : *Déclaration des Comptables. — Gestion. — Mutation de Comptables.*

COMPTES.

Les comptes des Receveurs principaux se règlent par mois et par année. (*Arrêté du 9 novembre 1820, article 4, § dernier*).

Les comptes de mois s'établissent sur le modèle N° 2 de la série F b, qui prend le nom de *Bordereau de situation*. Ce bordereau présente les recettes et les dépenses effectuées pendant le mois, et il est appuyé de toutes les pièces justificatives de dépenses. (Voir : *Bordereau*).

Les comptes d'année ou de gestion s'établissent sur le modèle N° 1er de la série F. b, qui prend le nom de *Compte*. Le compte comprend toutes les recettes et les dépenses de l'année, quelle que soit leur nature et à quelques services publics ou particuliers qu'elles se rapportent, en conservant, toutefois, la distinction des exercices auxquels les opérations se rattachent.

En cas de mutation de Comptables, le compte est divisé suivant la durée de la gestion des différents titulaires, et chacun d'eux rend compte des opérations qui le concernent. (*Ordonnance du 8 novembre 1820, articles 3 et 4*).

Le compte est, ainsi que le bordereau, divisé en deux parties : la première est uniquement destinée à présenter les recettes appartenant au Trésor, sous le titre de *Contributions et revenus publics*, et les dépenses acquittées par imputation sur les crédits législatifs, sous celui de *Dépenses publiques;* la deuxième partie, sous le titre de *Opérations de Trésorerie*, comprend toutes les autres recettes et dépenses. (*Comptabilité générale, 26 décembre 1825*).

Les Receveurs ne doivent rédiger le compte qu'après qu'ils ont été informés que les résultats de leur Comptabilité sont définitivement arrêtés, et cela pour éviter de réexpédier ce compte à cause des diverses opérations supplémentaires qui doivent y être comprises. (*Comptabilité générale, 5 décembre 1828*).

Les recettes et les dépenses qui y sont présentées doivent, sous peine de rejet, être justifiées à la Cour des Comptes. (*Comptabilité générale, 30 décembre 1826*). Ces justifications ressortent des états de développement dont la nomenclature est indiquée au mot *États* (Voir : *Justifications*).

Les comptes sont établis en triple expédition. (Voir : *Envoi des*

*pièces. — Clôture de Gestion. — Gestion. — Fin d'année. — Mutation
de Comptables.*

COMPTE-COURANT — AVEC LES CAPITAINES.

Les Capitaines sont chargés de préparer les états d'appointements
et de les faire émarger dans les derniers jours de chaque mois : ils font
également émarger les états de répartitions, les états de primes de capture, et généralement tous les états de distribution. Ils prennent note
des sommes qui figurent sur ces divers états, et, dans les premiers
jours du mois suivant, ils les récapitulent sur un bordereau dont le
Receveur principal leur compte le montant, après s'être assuré de son
exactitude. (*Circulaire N° 1049*).

Ce bordereau, qui prend le nom de compte-courant, peut être fait
d'après le modèle qui suit :

Douanes.

—

Mois
de........ 18...

Direction de.....

Principalité de........

Capitainerie de.....

Compte-courant entre le Capitaine de brigades à.... et le

Receveur principal de..... pour le mois de.....

SAVOIR :

1. Appointements bruts des brigades   » »

	Retenues du 5 p. °/°	»	»		
	Premier mois et pre-mier douzième des aug-mentations	»	»		
Résultat du rôle d'appointements.	Retenues pour congés	»	»	»	»
	Traitements bruts des emplois vacants	»	»		
	Sommes non-payées à défaut d'émargement	»	»		

Montant net du pied de rôle   » » ci » »

C

Report, ci » »

2. RÉPARTITIONS.

BUREAUX.	DATES des SAISIES.	NOMS des AYANT-DROIT.	PARTS payées.

} » »

3. MASSES. Remboursement des ordres ci-après ,

Savoir :

Nº.... Au sieur..... pour » » }
Nº.... Au sieur..... pour » » } » »

4. FONDS DE DIVERS.
Payé au sieur.... à la décharge de » » }
Payé à.... pour ses appointements de » » } » »
Payé à.... pour part de prime dans la saisie du » » }

5. MATÉRIEL.
Payé au sieur..... pour transport de 4 ballots
impressions, depuis..... à..... » » }
Au sieur..... pour réparation de la barque de » »
la brigade de..... suivant mémoire du.... » » }

6. AVANCES.
Fonds { A M..... Receveur à..... » » }
de { A M..... Receveur à..... » » } » »
subvention. { A M..... Receveur à..... » » }

Total des sommes dues au Capitaine » »

Sommes à déduire :

1. MASSES. { Habillement » » }
{ Service de santé » » } » »
{ Casernement » » }

A reporter » » » »

Report   »   »   »   »

2. FONDS DE DIVERS.

Dettes. { Au sieur..... Préposé à..... pour le sieur.... marchand à.... »   »   Au sieur...... Préposé à.... pour le sieur..... né-gociant à..... »   » } »   »

Appointements du mois de...... au Préposé.... passé à... capitainerie de.... »   »

3. RECETTES ACCESSOIRES.

Timbre des commissions des sieurs..... »   »

»   » ci   »   »

Reste à payer   »   »

DÉTAIL DU PAIEMENT.
—

Mandat N°.... sur M.... »   »
Mandat N°.... sur M.... »   »
Numéraire...... »   »

Egalité   »   »

Le Capitaine de brigades à......
soussigné, reconnait avoir reçu de
M..... Receveur principal à...... la
somme de..... pour solde du présent
compte, sauf erreur ou omission.

A...... le..... 18..

COMPTE-COURANT — AVEC LES RECEVEURS SUBORDONNÉS.

Les Receveurs subordonnés, n'étant pas justiciables directs de la Cour des Comptes, gèrent sous la responsabilité de leur Receveur principal avec lequel ils comptent de clerc à maître à la fin de chaque mois.

Ils détaillent leurs recettes sur le bordereau imprimé N° 6.

Ils établissent leur dépenses par un bordereau particulier qui n'est, en quelque sorte, que la copie de leur journal.

Voici un modèle :

C

COMPTABILITÉ.

Mois
de...... 18...

Direction de.....

Principalité de......

—

BUREAU DE.....

Relevé du Compte-courant entre le Receveur à..... et le Receveur principal à.... pendant le mois de.....

DÉSIGNATION des DÉPENSES.	DÉPENSES POUR LESQUELLES		OBSERVATIONS.
	Il y a des récépissés.	Il faut des récépissés.	
Total	»	»	
D'après le bordereau N° 6, les recettes sont de	»	»	
A verser (*ou à toucher*) Fonds de subvention pour faire face aux dépenses du mois de...	»	»	
	»	»	
Total à toucher	»	»	

Fait à....... le...... 18..

Le Receveur,

Au dos de ce compte, les Receveurs subordonnés rapportent le détail de toutes les opérations susceptibles d'être développées, telles que : le paiement des Pensions de retraite, le remboursement des Consignations, &.

Toutes les pièces de dépenses sont réunies en liasses et produites à son appui : il n'y a guère que les rôles, les états de répartitions, de loyer et de chauffage et les états de frais de saisies qui soient adressés à la principalité dans le courant du mois.

Les recettes devant toujours être balancées par les dépenses, les écritures au journal se font sans mouvement de valeurs. (Voir au mot : *Opérations de Comptabilité*, le tableau des opérations N°s 15, 16 et suivants de la recette, et N°s 13 à 16 de la dépense).

COMPTE-OUVERT — DES BRIGADES.

Il existe dans chaque brigade un registre spécial où le Capitaine doit inscrire — la totalité des sommes qu'il paie à chaque Préposé, pour et pendant le cours du mois, à quelque titre que ce soit, — et le montant des retenues à lui faites, soit pour faire face à ses dettes, soit pour tout autre motif.

Une fois le décompte établi, le Préposé reconnaît, par son émargement, le paiement des sommes qu'il a réellement touchées : par ce moyen, l'Inspecteur peut toujours s'assurer que chaque Préposé a été payé régulièrement, et qu'il a supporté les retenues ordonnées. (*Circulaire N° 1049*).

Les Capitaines ne peuvent se dispenser de faire figurer sur ce registre toutes les sommes retenues par eux qu'autant qu'une partie de ces sommes serait comptée, au moment même du paiement des appointements, aux créanciers des Préposés; mais, dans ce cas, les quittances de ces créanciers doivent être remises de suite aux Préposés débiteurs, qui certifient cette remise par une annotation signée d'eux, et apposée dans la colonne d'observations de ce registre. (*Même circulaire*).

Voir : *Dettes*.

COMPTE-OUVERT — DES CRÉDITS. Voir : *Crédits N° 7*.

COMPTE-OUVERT — TIERS SAISI. Voir : *Saisie-Arrêt, N° 4*.

CONCUSSIONS.

Il est défendu aux Comptables de percevoir d'autres et plus forts droits que ceux fixés par la loi, à peine de concussion. (*Loi du 22 août 1791, titre 13, article 29*).

Tous fonctionnaires qui se seront rendus coupables du crime de concussion... seront punis, savoir : les fonctionnaires ou les officiers publics, de la peine de la réclusion, et les Commis ou Préposés d'un emprisonnement de deux ans au moins et de cinq ans au plus. Les coupables seront, de plus, condamnés à une amende dont le maximum sera le quart des restitutions et des dommages-intérêts, et le minimum le douzième. (*Code pénal, article 174*).

CONDAMNATIONS — A LA CHARGE DE L'ÉTAT. (Voir : *Dépenses administratives, 6e section*).

CONFISCATIONS. Voir : *Amendes*.

Les colonnes ouvertes au sommier confondent les sommes versées pour tenir lieu de la valeur des marchandises saisies avec celles payées pour amendes : mais, en établissant la chemise N° 34 et les états de répartition, il faut avoir soin de les distinguer. — Les sommes provenant de confiscations ne subissent jamais le prélèvement du décime. (*Circulaire N° 1357*).

CONGÉS.

1. Les congés régulièrement obtenus entraînent, au profit de la caisse des retraites, la retenue de la moitié du traitement des Agents auxquels ils sont délivrés pour tout le temps de leur durée. (*Arrêté ministériel du 10 avril 1829, article 2, et circulaire N° 1171.*)

Cette retenue n'a cependant pas lieu pour les congés de moins de dix jours accordés, par les Directeurs, aux Employés de brigade commissionnés par eux. (*Circulaire N° 1196*).

Voir : *Retenues proportionnelles*, N°s *4 et 8*.

Dans le cas d'absence par congé avec demi-solde, la part des plombs est réduite à moitié; l'autre moitié est reversée à la masse et répartie avec elle. (*Circulaire N° 1594*).

2. Chaque mois, quel que soit le nombre de jours dont il se compose, compte pour trente jours : cette règle étant applicable aux Employés en congé, il en résulte que les jours excédants ou manquants dans le mois ne comptent ni pour l'Employé ni pour la caisse des retraites : le jour du retour n'entre pas dans la durée du congé.

Ainsi, l'Employé qui part le 1er d'un mois de 31 jours et rentre le 16, a quinze jours d'absence et quinze jours de présence. Il en est de même de celui qui part le 16 et rentre le 1er du mois suivant. — Celui qui part le 10 d'un mois de février ayant une durée de vingt-huit jours, et rentre le 1er du mois suivant, compte neuf jours de présence et est réputé avoir été absent pendant vingt et un jours, bien que son absence réelle n'ait duré que dix-neuf jours. Par contre, s'il part le 16 janvier et rentre le 16 février, il ne subit de retenue que pour un mois, quoiqu'absent pendant trente et un jours. (*Circulaire N° 1336*).

3. L'effet du congé cesse à dater du jour où l'Employé reçoit sa nomination à un autre emploi.

4. Lorsqu'un Employé en congé obtient une augmentation d'appointements, la retenue pour absence doit s'exercer la première, et concuremment avec celle du premier douzième, laquelle se complète dans les mois suivants. (*Administration, 27 juillet 1844*).

5. La retenue est toujours calculée sur ce qui reviendrait *net* à l'Employé s'il était présent à son poste le mois entier. (*Comptabilité générale, 25 février 1840*). Voir : *Fraction de centime*.

6. Dans les premiers jours de chaque mois, et à l'appui des rôles d'appointements, on fournit à l'Administration l'état des congés délivrés pendant le mois précédent. (*Circulaire N° 599*). Cet état doit rappeler avec la plus scrupuleuse exactitude la date du départ et du retour de chaque Employé, ainsi que le montant net des retenues qu'il aura subies. (*Circulaire N° 1171*).

On ne doit jamais omettre de consigner, dans la colonne des observations, les remarques ci-après, selon les cas d'application :

Prolongation de.... jours, accordée le...

Il n'a pas été fait usage du congé.

La demande de permission n'a pas encore eu de réponse, &. (Circulaire N° 599).

Si aucun congé n'a été délivré, soit dans le mois, soit dans les mois précédents, l'état dont il s'agit doit être remplacé par un certificat négatif.

CONSIGNATIONS.

Les consignations rentrent dans les Opérations de trésorerie, où elles figurent, pour la recette, sous l'article 6 du chapitre 1er, et, pour la dépense, sous l'article 5 du chapitre 1er.

On les divise en cinq sections, savoir :

1° Consignations pour assurer la réexportation des voitures de voyageurs ;

2° Consignations pour assurer les droits sur les chevaux et autres bêtes de somme qui passent la frontière et l'argenterie des voyageurs ;

3° Consignations en garantie de droits ;

4° Consignations à titre de cautionnement pour assurer la destination des marchandises expédiées sous acquit-à-caution ;

5° Et Consignations pour assurer l'exécution des transactions dans les affaires résultant d'infractions.

§ 1er.

Consignations pour assurer la réexportation des voitures de voyageurs.

RECETTE.

Les voitures prohibées par la loi du 10 brumaire an V ne sont admises qu'à charge par les voyageurs d'en garantir le renvoi à l'étranger, dans le délai de trois ans, en consignant le tiers de leur valeur réelle : la condition du renvoi étant remplie, les trois quarts de la somme consignée sont remboursés. *(Loi du 27 juillet 1822, article 18).*

Voici comment le Comptable passe écriture du tiers de la valeur des voitures :

Il porte les trois quarts de ce tiers aux *Consignations*, pour être restitués au consignataire lors de la réexportation, et aux *recettes accessoires* le quatrième quart, qui, dans tous les cas, appartient au Trésor. *(Circulaire du 4 juillet 1803).*

On ne prélève pas de décime. *(Circulaire N° 350).*

S'il arrivait que des étrangers se trouvassent dans l'impossibilité de réaliser le montant de la consignation, le Comptable pourrait recevoir une obligation, suffisamment cautionnée, de compter la somme en espèce dans un délai de deux mois au plus : mais ce cas doit être très-rare. *(Circulaire N° 780).*

DÉPENSE.

1. Le remboursement des trois quarts du tiers consigné est soumis aux règles suivantes :

1° Les 3/4 du tiers de la valeur des voitures sont remboursés par les Receveurs des bureaux frontières au moment même de la sortie des voitures, sauf aux Comptables qui auront ainsi fait des paiements pour leurs collègues, à se couvrir de leurs avances par la voie du virement.

2° Les réexportations devant être effectuées dans les trois années de la date de l'exportation des voitures, c'est seulement durant cette période que la restitution des sommes consignées peut être opérée, et lorsque, d'ailleurs, les reconnaissances de consignation ont été revêtues, par les Employés, de certificats constatant, d'une part, que les voitures représentées sont identiques à celles introduites et décrites dans les expéditions, de l'autre, que le passage à l'étranger a été effectué. Les Receveurs qui s'écarteraient de ces dispositions s'exposeraient à voir laisser à leur charge les sommes qu'ils auraient indûment payées.

3° Les quittances doivent toujours être données par les consignataires mêmes, et à défaut, par des fondés de pouvoir légalement constitués, ou par toute autre personne à laquelle ils auraient fait cession de leurs droits au moyen d'un passé à l'ordre inscrit en forme d'endossement sur la reconnaissance de consignation, à l'instar de ce qui se pratique pour les effets de commerce, ainsi que cela a été prescrit par l'instruction ministérielle du 30 décembre 1829, N° 9.

4° Si, au lieu de l'original de la reconnaissance de consignation, on présentait, au bureau de sortie, un duplicata de cette expédition, le remboursement ne devrait être fait qu'à la charge par le réclamataire de fournir caution solidaire de la somme qui lui aurait été remboursée, s'il arrivait que, dans l'espace de deux années de la date de l'acquit, le porteur de l'acquit original de paiement réclamât le remboursement des droits portés audit acquit. — En cas de difficultés à cet égard, on suspendrait le paiement réclamé et on prendrait les ordres de l'Administration, comme on devrait également le faire s'il s'élevait des doutes sur l'identité des voitures présentées ou la régularité des pièces produites. (*Circulaire N° 1331*). Voir : *Quittances-remboursements de droits*, N° 2.

2. Les restitutions doivent être régularisées par des ordres de remboursement délivrés par le Directeur (*Circulaire N° 780*), et appuyés, indépendamment de la quittance des parties, des expéditions de douanes revêtues du certificat de réexportation. (*Comptabilité générale, 20 mai 1826*).

A la fin du mois, ces dépenses sont récapitulées sur la chemise N° 40, qui accompagne l'inventaire et le bordereau N° 2.

3. Tous les mois, les Directeurs adressent à l'Administration l'état des voitures de voyageurs réexportées par les bureaux de leur Direction : cet état s'établit conformément au modèle donné par la circulaire N° 350. (*Circulaire N° 1331*).

4. APPLICATION AUX DROITS. Si la réexportation n'a pas lieu dans les délais prescrits, ou s'il n'y a pas de réclamation de la somme consignée, le Comptable porte cette somme en recette six mois après le délai fixé par l'expédition pour la décharge. (*Comptabilité générale, 20 mai 1826*).

Cette opération se fait sans mouvement de valeurs : la somme à appliquer est dépensée au chapitre des CONSIGNATIONS, et reprise en même temps au chapitre des RECETTES ACCESSOIRES. (*Circulaire N° 1326*).

§ II.

Consignations pour chevaux, bêtes de somme, etc.

RECETTE.

Les chevaux et bêtes de somme qui servent de monture ou d'attelage aux voyageurs et voituriers qui passent la frontière, sont dispensés de payer les droits, si l'entrée ou la sortie n'est pas définitive, et si, pour assurer le retour dans un délai déterminé, on fournit des garanties suffisantes.

Ces garanties sont : — ou une soumission cautionnée, — ou le dépôt en argent d'une somme égale aux droits du tarif.

Dans le premier cas, on délivre un acquit-à-caution qu'on détache du N° 18 : dans le second, on délivre un passavant de consignation détaché du registre N° 23 B.

Les sommes reçues à titre de consignation sont portées immédiatement en recette, et l'expédition rappelle le numéro sous lequel la somme consignée a été inscrite au journal. (*Circulaire N° 974*).

Voir au mot : *Opérations de Comptabilité*, le tableau des opérations N° 5 de la recette.

DÉPENSE.

1. Lorsque la réimportation ou la réexportation se fait dans le délai déterminé, par quelque bureau que ce soit de la frontière, le Receveur restitue immédiatement les sommes consignées, si, d'ailleurs, la parfaite identité des animaux et des voitures est reconnue, et si leur passage est constaté par un certificat. (*Circulaire N° 1038*)

Ici, deux cas se présentent :

Ou le passavant de consignation appartient au bureau qui a remboursé les droits, — ou à un autre bureau situé dans la même principalité, — ou bien il émane d'un bureau étranger à cette principalité.

Dans le premier cas, la dépense est inscrite au chapitre des *Consignations;* dans le second, elle est inscrite au chapitre des *Virements*, pour être transportée ensuite, au moyen d'un bordereau N° 78 (Voir : *Virements N° 2*), dans la caisse du Receveur principal dont dépend le bureau qui a délivré l'expédition. Celui-ci, en recevant le bordereau, en prend le montant en recette sous le titre de *Virements*, et balance cette recette par un article de dépense aux *Consignations*.

2. Si le délai porté sur l'expédition était périmé, il n'en serait pas moins procédé à la reconnaissance des animaux et des voitures, mais le remboursement ne devrait être effectué que sur l'autorisation de l'Administration.

Si les animaux décrits sur le passavant étaient représentés sans vie, la somme consignée serait acquise au Trésor, et le consignataire ne pourrait se prévaloir des certificats de perte délivrés par les autorités locales. (*Circulaire N° 1000*).

3. Le remboursement doit être justifié par une quittance. — Il ne peut être fait en d'autres mains qu'en celles du consignataire réel, c'est-à-dire la personne au nom de laquelle la consignation a eu lieu. — Ce

consignataire ne peut être remplacé dans son droit pour recevoir la somme déposée, à moins d'une procuration en due forme ou d'un passé à l'ordre qui peut être donné sur la consignation même, par forme d'endossement, à l'instar des effets de commerce. (*Circulaire N° 1331*).

Si le consignataire ne savait pas écrire, la quittance devrait être signée par deux témoins, et formulée ainsi qu'il suit :

Le sieur...., ne sachant signer, a reçu la somme ci-dessus en présence des sieurs.... (noms, qualités et demeure), *qui certifient la lui avoir vu compter.*

A........ le........ 18.....

Si les deux témoins appartiennent aux douanes, leur signature doit être légalisée par l'Inspecteur ou le Sous-Inspecteur; s'ils sont étrangers, leur signature est légalisée par le Maire. (*Circulaire N° 968, § 9*).

Dans aucun cas, le Receveur qui paie ne peut signer comme témoin.

4. Il pourrait arriver qu'au lieu de représenter l'original de la consignation, le consignataire ne représentât qu'un duplicata de cette expédition : alors le remboursement ne devrait être effectué qu'à charge par lui de fournir caution solidaire de la somme à rembourser s'il arrivait que, dans l'espace de deux années de la date de l'acquit, le porteur de l'acquit original réclamât le paiement des droits portés audit acquit. (*Circulaire du 29 octobre 1691, et Circulaire N° 1331*). Voir : *Quittances-remboursements de droits, N° 2.*

5. Les restitutions des sommes consignées doivent être justifiées par des ordonnances de remboursement délivrées par le Directeur, et appuyées, indépendamment de la quittance des parties, des expéditions de douanes revêtues de certificats de réexportation ou de réimportation. (*Comptabilité générale, 20 mai 1826*).

Elles sont, à la fin du mois, récapitulées sur la chemise N° 41, qui accompagne l'inventaire.

6. APPLICATION AUX DROITS. Si les animaux qui font l'objet des consignations ne sont pas représentés en temps utile, ou s'ils sont représentés sans vie, la somme consignée reste acquise au Trésor, et, alors, par une opération de sans mouvement de valeurs, on la retire du chapitre des *Consignations* pour l'appliquer aux *Droits de douanes*. Mais cette application ne peut être faite que six mois après le délai fixé par l'expédition pour la représentation. (*Circulaire N° 1255*).

Consignations pour l'argenterie des voyageurs.

RECETTE.

Les étrangers qui viennent en France peuvent introduire l'argenterie qui est uniquement destinée pour leur usage; mais ils doivent, par une consignation, assurer, en cas de non-réexportation, le recouvrement des droits de douanes et de garantie.

Le montant de la somme consignée est porté en recette comme s'il s'agissait de chevaux.

DÉPENSE.

1. Les règles qui concernent les remboursements de sommes con-

signées pour les chevaux sont, en tout point, applicables au remboursement des consignations pour l'argenterie.

La dépense est justifiée par les ordonnances de remboursements délivrées par le Directeur et appuyées, indépendamment de la quittance des parties, des expéditions de douanes revêtues du certificat de réexportation.

Le versement à l'Administration des contributions indirectes du droit de garantie est justifié par les récépissés des Agents de cette Administration.

(Comptabilité générale, 20 mai 1826).

2. APPLICATION AUX DROITS. Quand il y a lieu d'appliquer aux droits et produits les sommes consignées, l'opération se fait de la manière suivante :

On dépense la somme entière du chapitre des *Consignations*, en ayant soin, toutefois, de faire la distinction de la partie de la somme qui doit être appliquée aux droits de douanes et de celle qui doit être versée à la Régie : on porte la première partie à la colonne des sans mouvements de valeurs et on la balance à la recette par l'article *Droits de douanes*, et on inscrit la seconde à la colonne du numéraire.

3. La dépense pour restitution des sommes consignées est récapitulée sur la chemise N° 41 : celle faite pour versement à la Caisse de la Régie l'est sur la chemise N° 43. Ces deux chemises, rappelées sur l'inventaire, accompagnent le bordereau N° 2.

§ III.

Consignations en garantie de droits.

RECETTE.

Quand les propriétaires demandent à retirer des douanes les marchandises qu'ils se proposent d'acquitter, mais dont les droits ne peuvent être réglés de suite, — ou quand ils élèvent des réclamations relatives à l'application du tarif, on peut les admettre à consigner le montant des droits présumés. *(Comptabilité générale, 20 mai 1826).*

Des reconnaissances sont détachées du registre série M, N° 22 *ter.*, et remises aux consignataires. *(Circulaire N° 1363).* Voir au mot : *Opérations de Comptabilité, le tableau des opérations N° 34 de la recette.*

DÉPENSE.

Les reconnaissances sont échangées, soit contre des quittances définitives des droits, en dépensant, sans mouvement de valeurs, aux *Consignations*, les sommes qui y figurent, et en les reprenant en recette aux *Droits de douanes*, — soit contre la restitution des valeurs consignées, restitution qui est justifiée par un état certifié de la dépense, et par un ordre de remboursement appuyé de la quittance du consignataire. *(Comptabilité générale, 12 novembre 1832).* Voir : le § 2. *Dépense.*

Ces sortes de dépenses sont récapitulées sur la chemise N° 95, qui, à la fin du mois, est annexée à l'inventaire.

Observations communes aux trois paragraphes précédents.

1. Au fur et à mesure que les reconnaissances de consignations rentrent à la principalité, le Comptable vérifie si elles sont régulières : en cas d'inexactitude, il les renvoie au bureau d'où elles émanent pour être rectifiées. — Vers la fin du mois, il les classe par bureau et par ordre de numéros, et les détaille sur deux états dont l'un présente l'entrée et l'autre la sortie. Voici un modèle :

Douanes.   **Direction de....**

Consignation à { l'entrée.
                la sortie.

Mois
de........ 18..

                              Etat des remboursements de Consigna-tions effectués à l'entrée (ou à la sortie) *dans les bureaux de la Principalité, pendant le mois de...... 18...*

BUREAUX.	NUMÉROS ET DATES des passavants.	SOMMES restituées.	OBSERVATIONS.
Total			

Certifié véritable : A...... le...... 18..

Le Receveur principal,

Ces états, auxquels sont annexées les reconnaissances, doivent être en harmonie parfaite avec les écritures tenues au sommier : ils sont adressés à la Direction, qui, après vérification, délivre les ordres de restitution.

2. Pour avoir la certitude que tous les passavants de consignations sont rentrés, comme aussi pour connaître les époques auxquelles doivent être faites les applications, chaque Receveur principal doit ouvrir un

registre où il inscrit, par numéros, dates, objets et sommes, toutes les reconnaissances délivrées, dans le mois, dans les bureaux de son arrondissement; dans d'autres colonnes, il indique le délai accordé pour la représentation; il rappelle la date précise de l'expiration du délai de six mois, et il fait connaître l'époque de la restitution ou de l'application. *(Circulaire N° 1255).*

Les règles tracées dans l'un ou l'autre des trois paragraphes dont il s'agit sont applicables à chacun d'eux, ainsi qu'au paragraphe suivant :

§ IV.

Consignations à titre de cautionnement.

RECETTE.

La destination des marchandises expédiées sous acquit-à-caution, soit pour la circulation sur la ligne, le cabotage, le transit, ou des animaux envoyés au pacage, peut être assurée par une consignation faite à titre de cautionnement. *(Comptabilité générale, 20 mai 1826).*

DÉPENSE.

La restitution de cette consignation est justifiée par un ordre de paiement, appuyé de l'acquit-à-caution revêtu d'un certificat de décharge et de la quittance du consignataire. *(Comptabilité générale, 12 novembre 1832).* Elle est détaillée sur la chemise N° 96, qui est annexée à l'inventaire.

L'APPLICATION aux droits se fait en dépensant la somme consignée, et en la reprenant en recette aux droits de douanes.

§ V.

Consignations pour assurer l'exécution des transactions.

RECETTES.

Si les sommes stipulées dans une transaction sont, immédiatement après la passation de cet acte, versées entre les mains du Receveur, il en est fait recette au chapitre des *Consignations.* On agirait de même si le recouvrement avait lieu avant la notification de la décision administrative.

Les frais remboursés sont portés à ce même chapitre cumulativement avec les sommes applicables aux autres condamnations.

(Comptabilité générale, 31 décembre 1838).

DÉPENSES.

1. APPLICATION. Quand l'autorité compétente a statué sur les arrangements et que sa décision est notifiée au Comptable, celui-ci retire des consignations les sommes qu'il a reçues provisoirement, et il les applique, soit aux amendes, soit aux confiscations, soit aux frais.

Voir au mot : *Opérations de Comptabilité, le tableau des opérations,* N° 32 de la dépense et 39 et 41 de la recette. *(Comptabilité générale, 31 décembre 1838).*

2. RESTITUTION. La décharge du compte de ces espèces de consignations, en ce qui touche les restitutions faites aux prévenus, est justifiée par des ordres de dépense auxquels sont annexées les décisions qui les ont autorisées, et par les quittances des parties prenantes, ou, en cas d'absence de celles-ci, par les récépissés de versements à la Caisse des dépôts et consignations, conformément aux dispositions de la circulaire de la Comptabilité générale du 21 décembre 1835. Voir : *Caisse des dépôts et consignations*, N° 2. *(Comptabilité générale, 31 décembre 1838)*.

Les sommes restituées sont, à la fin du mois, détaillées sur la chemise N° 114 qui accompagne l'inventaire.

CONSIGNATION — DES ALIMENTS.

Il n'est fait aucune consignation particulière pour la nourriture des débiteurs de l'Administration : ceux-ci sont traités comme les prisonniers à la requête du ministère public. *(Décret du 4 mars 1808, et Circulaire du 6 septembre 1833)*.

CONSIGNATION — D'AMENDE EN CAS D'APPEL.

L'Administration des douanes en est dispensée. *(Décision ministérielle du 18 floréal an IX, et Code d'instruction criminelle, article 420)*.

CONSTRUCTION — DES BUREAUX. Voir : *Matériel, § 1er*.

CONTRIBUTIONS — ET REVENUS PUBLICS.

Cette dénomination embrasse toutes les recettes qui appartiennent au Trésor. Ce sont : les droits de douanes et de navigation, — les recettes accessoires, — les amendes et confiscations, — les taxes de plombage et de consommation des sels, — les droits sanitaires et les reversements pour rejet de dépenses.

Les contributions et revenus publics forment la première partie du compte des Receveurs sous le titre de DROITS ET PRODUITS.

Voir : *Sommier*.

CONVERSION — DES VALEURS.

C'est l'échange du numéraire contre des effets, — ou d'effets contre du numéraire. *(Comptabilité générale, 15 août 1816)*.

Voir : *Crédits, N° 11*.

COPIES — DES ACTES.

Lorsque les originaux des actes ne peuvent être rapportés, il doit y être suppléé par des copies ou extraits dûment certifiés. — Les Comptables ne pouvant eux-mêmes se créer des titres de justification, ces copies ou extraits ne deviennent valables que par la certification de l'Inspecteur ou du Directeur, sauf les copies ou extraits dont les originaux auraient été précédemment produits, et auxquels il serait renvoyé. *(Comptabilité générale, 31 décembre 1838)*.

CORRESPONDANTS — DU TRÉSOR.

C'est le chapitre 1er des Opérations de trésorerie.

Sous cette dénomination, on a réuni les opérations concernant :

1° La Caisse des dépôts et consignations;

2° Le service des retraites;

3° Les fonds de retenues pour l'habillement, le service de santé et le casernement des Préposés de brigades;

4° Les primes de capture;

5° Les sommes afférentes aux Préposés des douanes dans le produit des contraventions constatées à la requête des autres administrations;

6° Les consignations;

7° Les recouvrements pour des tiers;

8° Les fonds particuliers de divers et les recettes à classer;

9° Enfin les fonds particuliers des Comptables.

COUR — DES COMPTES.

Voir : *Comptabilité générale. — Comptables. — Comptes. — Injonctions. — Arrêts de la Cour des Comptes.*

CRÉANCES — SUR L'ÉTAT.

Toute créance sur l'Etat qui n'a pas été liquidée, ordonnancée et payée dans un délai de cinq ans, après l'ouverture de l'exercice auquel elle se rapporte, est frappée de déchéance. *(Loi du 9 janvier 1831, art. 9).*

Voir : *Absence. — Caisse des dépôts et consignations. — Crédits, N° 11. — Exercice-clos. — Prescriptions. — Sommes non-payées à défaut d'émargement.*

Ces dispositions s'appliquent aux parts de saisies, de primes, et de taxes de plombage; car ces parts sont assujetties aux règles établies pour dépenses des exercices-clos, et se trouvent, comme celles-ci, sous le coup de la déchéance quinquennale. Il est du devoir des Comptables d'éviter que, faute d'avoir été avertis, les ayant-droit soient atteints par cette déchéance. *(Circulaire N° 1721).*

CRÉDITS — DE DROITS.

1. Quand les redevables présentent en douane une ou plusieurs déclarations s'élevant à plus de 600 francs, soit pour les droits de douanes à l'entrée seulement, soit pour la taxe de consommation des sels, le Receveur peut recevoir en paiement des obligations cautionnées, des traites ou des lettres de change commerciales. *(Loi du 22 ventôse an XII. — Circulaire N°s 171, 570 et 1778).*

2. Les crédits ne sont autorisés que dans les grands ports et dans quelques douanes de second ordre.

Pour ces dernières, le Directeur général arrête le tableau des bureaux dans lesquels, à raison de la nature des opérations commerciales, ou de la moindre importance des taxes qui s'y perçoivent, les crédits individuels peuvent, sans inconvénient, être prévus et limités à l'avance.

— Dans ces bureaux, les Receveurs forment, tous les trois mois, et soumettent aux Inspecteurs et Directeurs dont ils dépendent, la liste des redevables qu'ils croient pouvoir être admis au crédit, et de leurs cautions, avec l'indication des sommes auxquelles ils estiment que le crédit peut s'élever, pour chacun d'eux, d'après ses facultés notoirement connues. Le Directeur, d'après les observations de l'Inspecteur et ses propres notions, statue sur les propositions du Receveur, soit quant à l'admissibilité des redevables et des cautions au crédit, soit quant à la quotité des crédits qu'il juge pouvoir être accordés. — Le Receveur est toujours libre d'accorder ou de refuser les crédits, même ainsi autorisés, mais il ne peut faire d'autres crédits que ceux approuvés, ni pour de plus fortes sommes que celles qui sont limitées par le Directeur, sous peine d'encourir, par ce seul fait, la responsabilité absolue. — Les listes indiquées ci-dessus n'excluent pas les propositions que, dans l'intervalle de leur approbation, le Receveur pourrait avoir à faire pour être autorisé à admettre au crédit des redevables non encore portés sur ces listes, sauf, pour lesdites propositions, à procéder, soit par le Receveur, soit par l'Inspecteur et le Directeur, comme il vient d'être réglé. (*Arrêté ministériel du 9 décembre 1822, article 5, et Circulaire N° 771*).

Les Receveurs subordonnés, autorisés, par leurs Receveurs principaux, qui sont seuls responsables, à faire des crédits, sont tenus de leur soumettre préalablement les effets qui leur sont présentés en garantie. (*Circulaire N° 570*).

3. Tout Receveur qui fait crédit des droits doit tenir un registre des crédits dans lequel il inscrit, par ordre alphabétique, tous les individus obligés envers sa Caisse en vertu des effets qu'il les aura admis à souscrire en leur nom ou comme cautions. Pour chacun d'eux, les obligations nouvelles sont, chaque mois, balancées avec les extinctions, et la situation réelle, à la fin du mois, est établie dans un tableau qui est remis au plus tard le 3 du mois suivant à l'Inspecteur, qui, après l'avoir vérifié, le transmet au Directeur avec ses observations : ce chef y inscrit, à son tour, les notes qu'il juge convenable, et l'envoie à l'Administration en même temps que les bordereaux. (*Circulaire N° 570*).

4. Les crédits sont de quatre sortes, et comportent autant de délais distincts :

L'un de quatre mois, pour la généralité des marchandises présentées à l'acquittement ;

Un autre, également de quatre mois, pour les sucres bruts envoyés directement aux raffineries. (*Circulaire N° 893*);

Un troisième de six mois, pour le plomb expédié sur les fabriques dans lesquelles il doit recevoir une décomposition chimique ;

Enfin un quatrième, moitié à trois mois, moitié à six mois, pour la perception de la taxe du sel. (*Circulaire N° 2189*).

La durée de ces crédits part de la date de la liquidation des droits. (*Circulaire N° 1675*).

5. Les effets ou papiers de crédits admissibles au paiement des droits sont de deux sortes : les uns consistent en des obligations causées pour droits dus à terme, et créées spécialement par les redevables eux-mêmes ; les autres sont des traites ou lettres de change commerciales.

Les premières sont souscrites par le principal obligé, qui est le redevable du droit crédité, et par une ou plusieurs cautions.

Les secondes doivent offrir les signatures du tireur, d'un ou plusieurs endosseurs, et être, de plus, acceptées.

Toutes doivent être :

— Libellées sur papier timbré;

— Sans fraction de centime;

— A terme fixe et toujours renfermé dans les limites des réglements;

— Transmissibles par la voie de l'endossement;

— Enfin, payables dans le lieu de la résidence du Receveur général ou particulier des finances, soit à son domicile, soit à celui qu'il plaît au débiteur de fixer dans le même lieu, en indiquant positivement, dans le corps des effets ou par une note marginale, que le choix du domicile de ces Receveurs n'entraîne ni frais ni commission de la part du débiteur. (*Circulaire N°s 570 et 621.*)

Voici un modèle d'obligation :

A....., le....., 18....   *Bon pour... » fr. » c.*

Le.. .. 18...., nous soussignés.... (nom et prénoms du principal obligé), *négociant demeurant à....., principal obligé, et.....* (nom et prénoms de la caution), *négociant demeurant à....., caution dudit....* (rappeler les nom et prénoms du principal obligé), *demeurant à...., paierons solidairement à M...., Receveur des douanes à...., ou à son ordre, dans le lieu de la résidence du Receveur* (général ou particulier) *des finances à...., au domicile de.....* (soit le domicile du débiteur ou celui de tout autre, s'il réside dans le lieu de la recette générale ou particulière, soit le domicile des Receveurs des finances), *la somme de...., valeur en droits de douanes* (ou de consommation des sels), *suivant les déclarations de l'un de nous faites en ce bureau le..., sous les numéros....*

Toute traite doit être limitée, pour son échéance, à la durée légale du crédit du droit qu'elle garantit : elle doit d'ailleurs être acceptée lorsque le Receveur la reçoit en paiement.

Trois personnes concourent à assurer le paiement d'une traite : le tiers-porteur qui, redevable du droit, la passe en paiement à l'ordre du Receveur, — l'accepteur — et l'endosseur. Le tiers-porteur est, comme débiteur du droit crédité, le premier obligé; l'accepteur et l'endosseur sont les cautions.

Le tiers-porteur, l'accepteur et l'endosseur d'une traite habitent ou non la résidence du Receveur, et la traite est payable, ou dans cette résidence, ou à Paris.

Si le tiers-porteur, redevable du droit, habite la résidence du Receveur, un seul endosseur, pris aussi dans la même résidence, suffit, lors même que l'accepteur habiterait Paris, où la traite devrait être payée.

Si le tiers-porteur a son domicile hors du lieu où le Receveur exerce ses fonctions, celui-ci doit faire endosser la traite par deux personnes solvables et prises dans sa résidence : un seul endosseur suffit néanmoins, dans ce dernier cas, si l'accepteur, première caution, habite également la résidence du Receveur, et s'il est lui-même d'une solvabilité notoire. (*Circulaire N° 570*).

Les billets à ordre doivent être libellés d'après les articles 187 et 188 du Code de commerce : le redevable qui les donne en paiement doit ajouter, après le passé à l'ordre, ces mots : *Valeurs en droits de douanes* (ou de consommation des sels). (*Circulaire N° 570*).

6. Le Receveur étant responsable des obligations et des traites qu'il reçoit, doit exiger, outre la signature du principal soumissionnaire des droits crédités, celle d'une caution parfaitement solvable et habitant le lieu de sa propre résidence, qui s'oblige aux mêmes termes que le premier redevable.

Il doit prendre une seconde caution d'une solvabilité non moins certaine, si la première caution ou si le premier redevable n'habite pas dans sa propre résidence.

Il ne doit jamais admettre pour caution des personnes dont la fortune serait commune avec celle du principal obligé ou d'une première caution, c'est-à-dire des associés, s'il s'agit de négociants, ou des parents communs en biens, si ce sont des personnes étrangères au commerce.

Pour ces dernières, si leur fortune consiste en biens-fonds, le Receveur, avant de les admettre, soit comme principaux obligés, soit comme cautions, doit s'assurer que leurs biens sont libres de toute hypothèque pour une somme notablement supérieure au montant des droits dont ils garantissent le crédit, et prendre inscription sur ces mêmes biens aussitôt qu'il est possible de le faire légalement, s'il arrive que les effets de crédits soient protestés à l'échéance à défaut de paiement. (*Circulaire N° 570*).

Quand le Receveur accorde des délais pour les paiements, les nouvelles garanties obtenues des débiteurs, ou la substitution de nouveaux engagements aux anciens, ne peuvent changer l'origine ni la nature des créances ; elles doivent continuer de figurer dans l'actif comme droits non réalisés. Le Comptable se borne à annoter, au compte de la créance, les changements survenus dans les engagements, et les garanties qui doivent en assurer le recouvrement : il fait d'ailleurs mention, sur son bordereau de situation N° 2, du mois pendant lequel les changements ont eu lieu, et, de son côté, le Directeur en informe immédiatement la Comptabilité générale par lettre spéciale. (*Comptabilité générale, 15 février 1840, et Circulaire N° 1758*).

7. Les obligations cautionnées, traites, lettres de change, et généralement tous les effets de crédits que les Receveurs sont autorisés à recevoir, sont enregistrés et décrits d'abord par ordre de date sur un sommier, puis sur un registre de compte-ouvert pour chaque redevable. (*Arrêté ministériel du 9 décembre 1822, article 1ᵉʳ*).

Il est tenu, dans les bureaux de l'Administration centrale, un grand-livre des crédits sur lequel sont reportés et tenus constamment au courant les comptes ouverts dans tous les bureaux de douanes à chacun des redevables admis au crédit ; de sorte qu'à toute époque l'Administration peut donner au Trésor le tableau exact de la situation de chacun de ses Comptables pour chaque crédit, tant en ce qui concerne le principal obligé que ses cautions. (*Même arrêté, article 2*).

8. Tous les dix jours, savoir : les 1ᵉʳ, 11 et 21 de chaque mois, les Receveurs principaux adressent au Caissier général du Trésor, *par paquets chargés*, les traites et obligations de crédits reçues dans leur

principalité. Ces traites et obligations sont accompagnées d'un borde-reau descriptif, établi en double expédition, dont l'une est transmise par le Caissier du Trésor, après qu'il l'a vérifiée et certifiée, à l'Admi-nistration, afin de servir à la tenue du grand-livre des crédits. *(Même arrêté, article 3 et Circulaire N° 719).*

Une expédition de ce bordereau est transmise à l'Administration en même temps que celles adressées au Caissier du Trésor ; une autre expé-dition reste entre les mains du Comptable pour justifier sa dépense dans le cas où sa comptabilité serait vérifiée. *(Circulaire N° 723)*

Mode d'envoi des traites et obligations.

Ainsi que je viens de le dire, les 1er, 11 et 21 de chaque mois, les obligations et autres effets se trouvant en portefeuille sont relevés sur le bordereau récapitulatif série E, N° 63 bis ; ils y sont annexés la plus jeune échéance en dessus, puis ils sont adressés au Caissier central après avoir été endossés de la formule suivante :

Payez à l'ordre de M. le Caissier central du Trésor public à Paris,
VALEURS EN VERSEMENTS DE DROITS DE DOUANES (ou de sels).

A....., le....., 18...

Le Receveur principal,

L'envoi est annoncé par la lettre qui suit :

Douanes.

—

CRÉDITS.

A..... le..... 18...

*A Monsieur le Caissier du Trésor public
à Paris.*

Monsieur,

J'ai l'honneur de vous adresser, avec la pré-sente, en double expédition, un bordereau de ver-sement accompagné de.... (le nombre) effets, va-leurs en droits de douanes, payables à...., et s'éle-vant ensemble à....., somme pour laquelle je vous prie de faire délivrer un récépissé à mon profit.
J'ai, &.

Le Receveur principal,

En même temps, on donne avis de cet envoi au Directeur du mou-vement général des fonds par la lettre suivante :

C

DÉPARTEMENT
de
∽∽∽∽
Recette principale
DES DOUANES
à.......

A...... le...... 18...

A Monsieur le Directeur du mouvement général
des fonds, à Paris.

Monsieur,

J'ai l'honneur de vous annoncer que j'adresse
aujourd'hui, à M. le Caissier du Trésor public....
(le nombre) effets, valeurs en droits de douanes,
payables à....., et s'élevant ensemble à la somme
de.....
   J'ai, &.

Le Receveur principal,

Chacune des deux lettres ci-dessus est mise sous bandes croisées sur lesquelles on fait l'inscription ci-après :

𝕯ouanes.
—
CRÉDITS.
═
Principalité de.......
Département de.....

Monsieur

Monsieur le Caissier central du Trésor public,
à Paris.

𝕯ouanes.
—
CRÉDITS.
═
Principalité de.......
Département de.....

Monsieur

Monsieur le Directeur du mouvement général
des fonds du Trésor public,
à Paris.

Ensuite chaque paquet est mis sous enveloppe séparée et adressé au Ministre des finances : l'un porte au coin droit ces mots : CAISSE DU TRÉSOR PUBLIC; l'autre porte ceux-ci : DIRECTION DU MOUVEMENT GÉNÉ-RAL DES FONDS.

Ces paquets doivent être revêtus chacun de trois cachets à la cire; ils sont alors mis à la poste chargés. On retire un récépissé de leur remise à la poste, lequel est annexé à la quatrième expédition du bordereau des traites qui reste entre les mains du Receveur principal.

Pour faire charger les paquets, on remet à la poste, pour chaque paquet, un bulletin ainsi conçu :

𝕯ouanes.
∽∽∽∽
Principalité de....

Le soussigné certifie que le paquet chargé qu'il
adresse aujourd'hui à M...., renferme.....
   A....., le......

Le Receveur principal,

9. Les Receveurs qui se croiraient obligés de refuser, à un redevable du droit sur les sels, le crédit de trois, six ou neuf mois, par suite d'inquiétude sur sa solvabilité éventuelle, auront la faculté, au lieu de refuser absolument le crédit, d'admettre, pour le montant des droits, des obligations ou traites à trois mois pour la moitié, et à six mois pour l'autre moitié, en bonifiant audit redevable l'escompte à raison de 6. pour % par an, sur la portion du crédit qui aurait pu être portée jusqu'à neuf mois, et à laquelle ledit redevable aurait ainsi renoncé. Voir : *Escompte*, N° 3. (*Arrêté ministériel du 9 décembre 1822*).

10. En cas de protêt des traites et obligations non acquittées à l'échéance, le renvoi en est fait par le Caissier du Trésor, dans les délais de rigueur, au Receveur général du département d'où elles sont provenues, lequel en fournit récépissé au Caissier général, et est chargé d'en réclamer le remboursement immédiat auprès du Receveur du bureau principal où elles ont été admises. — Le remboursement se fait par les Receveurs principaux sur la représentation du protêt : ces Comptables font les poursuites nécessaires contre les souscripteurs, endosseurs et accepteurs, pour assurer les droits du Trésor et en recouvrer le montant. (*Circulaire N° 719*).

Lorsque le Receveur aura fait crédit des droits, il sera, en cas de refus ou de retard de la part des redevables, autorisé à décerner contrainte, en fournissant, en tête de cette contrainte, extrait du registre qui contiendra la soumission des redevables. (*Loi du 22 août 1791, titre 13, article 31*).

En conséquence, lorsque les contraintes auront pour objet des effets de crédits protestés à l'échéance, le Receveur commencera par donner, en tête, une copie exacte de la déclaration en paiement des droits à recouvrer, telle qu'elle aura été signée sur le registre par le redevable, et il transcrira à la suite les traites ou obligations qu'il aura admises pour garantir le crédit de ces droits. (*Circulaire N° 251*).

Dans le corps de la contrainte, le Receveur devra conclure non-seulement au paiement de la somme due, mais encore à celui des intérêts. (*Circulaire du 15 octobre 1808, et Comptabilité générale, 26 décembre 1833*).

Les poursuites sont faites au nom de l'Agence du Trésor, et le domicile est élu dans les hôtels de Préfecture ou de Sous-Préfecture. (*Circulaire N° 894*).

Voir : *Faillites. — Débiteurs des droits de douanes.*

11. Lorsqu'une créance résultant de traites en souffrance est soldée en entier par un seul paiement, en principal, frais et intérêts, le débiteur reçoit en échange les titres de la créance, et il suffit de constater cette conversion de valeurs au livre-journal : mais lorsque les paiements ont lieu partiellement, et qu'une partie de la créance peut tomber en non-valeurs, il convient de soumettre ces recouvrements à un contrôle régulier. En conséquence, et en conformité des dispositions de l'article 8 de l'ordonnance du 8 décembre 1832, les récépissés de sommes reçues à compte des traites et obligations de crédits non acquittées à leur échéance seront détachés d'un registre à souche. (*Comptabilité générale, 26 décembre 1833*).

Au moment du réglement de compte avec les débiteurs de traites et obligations en souffrance, les intérêts dus par suite du retard des paiements seront ajoutés au compte de la créance, et on en créditera en même temps le Trésor sous le titre de RECETTES ACCIDENTELLES, en indiquant l'affaire à laquelle ils se rapportent. Le premier bordereau de situation N° 2, qui présentera l'extinction de la créance, devra être accompagné du décompte des intérêts, en double expédition, et d'une copie de la décision qui en aura fait remise.

Dans le cas où l'on ne pourrait recouvrer qu'une partie des intérêts, elle sera seule ajoutée à la créance et portée en recette au compte du Trésor : cette circonstance sera mentionnée au pied du décompte qui devra être appuyé d'actes de carence justifiant du non-recouvrement de la totalité des intérêts.

Enfin, lorsque la créance n'aura pu être recouvrée totalement en principal et frais, et qu'une partie tombera en non-valeur pour le Trésor, on dressera un état de situation de la créance présentant distinctement le principal et les frais, ainsi que la date, la provenance et le montant des recouvrements. Cet état, auquel seront annexées les pièces justificatives des frais, sera certifié par le Comptable, et visé, après vérification, par l'Inspecteur et le Directeur.

(*Comptabilité générale, 26 décembre 1833*).

12. Pour dédommager les Receveurs principaux de la responsabilité qui pèse sur eux (voir : *Responsabilité*), en raison des crédits qu'ils sont autorisés à accorder au commerce, il leur est alloué une remise d'un tiers pour cent. *(Ordonnance du 30 décembre 1829, article 1er)*.

Cett remise ne doit jamais être excédée : toute extension serait une concussion matérielle qui, outre les peines de droit, entraînerait immédiatement la destitution du Receveur qui s'en rendrait coupable. *(Circulaires N°s 174 et 570)*.

CRÉDITS — LÉGISLATIFS.

1. Les crédits nécessaires aux dépenses présumées sont ouverts, pour chaque exercice, par la loi annuelle portant fixation du budget général des dépenses de l'Etat.

Le budget comprend, pour les douanes :

Les frais de régie, de perception et d'exploitation des impôts et revenus publics;

Et les remboursements et restitutions, non-valeurs, primes et escomptes.

(Arrêté du Ministre du 26 janvier 1846, article 1er).

Les crédits ouverts pour les dépenses d'un exercice ne peuvent être employés aux dépenses d'un autre exercice. — Sont seuls considérés comme appartenant à un exercice, les services faits pour le compte de l'Etat et les droits acquis à ses créanciers pendant l'année qui donne sa dénomination audit exercice. *(Idem, article 3)*.

2. Le principe de la spécialité des crédits par exercice s'applique, d'après les règles suivantes, aux diverses dépenses :

1° Les répartitions de produits d'amendes et confiscations, de produits de plombage et d'estampillage, doivent être rattachées au budget de l'année courante au moment où elles sont autorisées. — Il en est de même des remboursements de droits indûment perçus sur produits indirects et divers,

2° Les indemnités de réforme et les secours annuels sont déterminés par les époques d'échéances ;

3° Les secours temporaires s'imputent d'après la date des décisions qui les accordent ;

4° Les indemnités diverses se rapportent à l'année du service qui donne lieu à leur allocation ;

5° Les frais de tournées se rapportent au temps même de leur durée ;

6° Les frais de poursuites et d'instances et autres frais judiciaires appartiennent à l'année pendant laquelle le paiement en est ordonnancé ;

Pour les condamnations à la charge de l'Etat, l'exercice est déterminé par la date des jugements ou arrêts définitifs ;

7° Les retenues temporaires de garantie exercées sur le prix de travaux de construction et d'autres services, affectent l'exercice portant la dénomination de l'année pendant laquelle lesdits travaux et services ont été faits ;

8° Les acquisitions d'immeubles s'imputent d'après les époques de paiement stipulées aux contrats ou acquisitions ;

9° A l'égard des indemnités de dépossessions de terrains ou maisons pour cause d'utilité publique, elles concernent l'année où, la dernière des formalités voulues ayant reçu son accomplissement, le certificat pour paiement peut être délivré, quelle que soit d'ailleurs l'époque de la prise de possession ;

10° Toutes les autres dépenses non spécifiées ci-dessus, telles que traitements, remises, salaires, travaux, etc., appartiennent à l'exercice de l'année pendant laquelle les services ont été effectués. (*Idem, article 4*).

3. La durée de la période pendant laquelle doivent se consommer tous les faits de dépense de chaque exercice se prolonge :

1° Jusqu'au 1er mars de la seconde année, pour achever, dans la limite des crédits ouverts, les services du matériel dont l'exécution n'aurait pu, d'après une déclaration de l'ordonnateur, énonçant les motifs de ces cas spéciaux, être terminée avant le 31 décembre ;

2° Jusqu'au 31 octobre de cette seconde année, pour compléter les opérations relatives à la liquidation, à l'ordonnancement et au paiement des dépenses.

La déclaration de l'ordonnateur, énonçant les motifs qui ont empêché de constater la dépense au 31 décembre, ne doit se rapporter qu'à des circonstances tout-à-fait exceptionnelles. Cette déclaration motivée est produite à l'appui de la dépense. (*Idem, article 5.*)

4. Le budget des dépenses est divisé en chapitres spéciaux qui, selon les cas, se subdivisent en articles, mais ne contiennent que des services corrélatifs ou de même nature.

Les sommes affectées par la loi à chacun de ces chapitres ne peuvent être appliquées à des chapitres différents. (*Idem, article 6).*

Les chefs sont tenus, sous leur propre responsabilité, de se renfermer, quant aux dépenses, dans la limite des autorisations résultant des
règlements ou de décisions spéciales.

(Idem, article 8).

5. Les suppléments de crédits reconnus nécessaires, pendant l'intervalle des sessions législatives, pour subvenir à l'insuffisance dûment
justifiée des fonds affectés à un service porté au budget, doivent être
provisoirement autorisés par des ordonnances du Roi rendues sur l'avis
du Conseil des Ministres.

(Idem, articles 11 et 12).

6. Avant de faire aucune disposition sur les crédits ouverts pour
chaque exercice, le Ministre répartit, s'il y a lieu, entre les divers
articles du budget, les crédits législatifs qui ont été alloués par chapitre.

A cet effet, les chefs de service proposent au Ministre les bases de
la répartition dont les crédits peuvent être susceptibles.

7. Les crédits délégués à chaque ordonnateur secondaire, pour le
même exercice et le même service, sont successivement ajoutés les uns
aux autres, et forment, ainsi cumulés, un crédit unique, par chapitre,
article ou paragraphe, selon le mode d'après lequel ils ont été ouverts.

8. Tout crédit de délégation ouvert pour servir à l'acquittement des
dépenses d'un exercice est valable, quelle que soit sa date, et sauf annulation expresse, jusqu'au dernier jour inclus du neuvième mois de l'année qui suit cet exercice (30 septembre). A l'expiration de ce délai, les
crédits ou portions de crédits annulés qui n'ont point été employés par
des mandats cessent d'être à la disposition des ordonnateurs secondaires, et rentrent au crédit du service.

9. Si, par l'effet de quelque circonstance imprévue, il ne doit être
fait aucun emploi de tout ou partie d'un crédit de délégation, l'ordonnateur secondaire, sans attendre l'époque de la clôture de la Comptabilité de l'exercice, adresse au ministre une déclaration spéciale de crédit
sans emploi; mais il s'abstient de constater l'annulation de ce crédit
dans sa comptabilité, jusqu'à ce qu'il ait reçu des instructions.

(Règlement du 26 janvier 1846).

DATE.

1. Tous les acquits et quittances délivrés par les parties prenantes doivent être datés. *(Comptabilité générale, 30 décembre 1826)*.

2. Tous les mémoires ou quittances qui concernent le matériel doivent indiquer distinctement la date des services faits. Si cette date était effacée ou altérée par des surcharges ou des grattages non approuvés, elle motiverait le rejet de la part de la Comptabilité générale. *(Comptabilité générale, 26 décembre 1826)*. — Elle est d'autant plus essentielle que, d'après l'article 1er de l'ordonnance du 14 septembre 1822, elle détermine l'exercice sur lequel les dépenses doivent être ordonnancées. *(Idem)*.

La date à indiquer dans ces mémoires, est celle du commencement des travaux : mais comme on ne peut considérer comme appartenant à un exercice que les dépenses résultant d'un service fait dans l'année qui donne son nom à l'exercice, il faut, autant que possible, que les travaux et fournitures soient terminés dans l'année où ils ont commencé. Dans le cas contraire, il faut, pour que la dépense puisse être payée sur un même exercice, que la majeure partie des travaux et fournitures soit achevée dans l'année, et que le surplus soit terminé dans un bref délai. *(Circulaire Nº 1436)*.

3. Tous les droits constatés, au profit du Trésor, du 1er janvier au 31 décembre de chaque année, appartiennent à l'exercice désigné par le millésime de cette année : les recouvrements effectués sur ces droits pendant le cours de cette période et pendant les neuf premiers mois de l'année suivante, doivent être appliqués au même exercice, parce que, pour les Administrations financières, la clôture des exercices est fixée au 30 septembre de la deuxième année. Voir : *Droits constatés*.

4. La date déterminant l'exercice, il faut, pour pouvoir comprendre dans le mois de décembre les dépenses du matériel, les répartitions du plombage, etc., donner aux états de distribution et aux quittances la date du 31 décembre, attendu que ces dépenses appartiennent à la gestion pendant laquelle elles ont été effectuées, quand bien même elles ne seraient payées que dans les premiers jours de janvier. *(Lettre de la Comptabilité générale du 7 février 1835)*.

5. Les Comptables doivent indiquer, sur la 1re page de leur compte

de gestion, la date — de leur nomination, — de leur prestation de
serment, — de leur installation — et du versement de leur cautionnement. (*Comptabilité générale, 12 novembre 1832*). Voir : *Déclaration
à faire par les Comptables*.

DÉBETS — DES COMPTABLES.

1. Lorsqu'un Comptable sera en fuite ou décédé, le scellé sera immédiatement apposé par le juge de paix sur tous ses papiers et effets,
à la requête du Directeur, afin d'empêcher que les héritiers, les parents, ou toute autre personne, ne détournent des deniers ou effets au
préjudice de ce qui sera reconnu être dû au Trésor ou aux services
particuliers. Cette formalité aura lieu en présence de l'Inspecteur : il
n'en fera excepter que les registres courants, qui, après avoir été arrêtés par lui et paraphés par le même juge, seront remis au successeur
du Comptable ou à l'Employé chargé de l'intérim. (*Circulaire N° 639,
et loi du 23 août 1791, titre 13, article 21*).

Lorsque les scellés seront levés, les héritiers du décédé ou les parents du fugitif seront appelés : leur refus d'y assister, ou leur absence,
sera constaté régulièrement.

Ce préambule rempli, le premier soin de l'Inspecteur sera d'établir la
situation du Comptable décédé ou fugitif, d'après le journal, le sommier, les registres de recettes et les différentes pièces de dépenses. Il
rédigera un procès-verbal constatant le résultat de cette vérification,
qui devra être faite avec toute la célérité possible. Il joindra à ce procès-verbal un bordereau offrant séparément la nature de chacune des
recettes dont le Receveur avait à rendre compte à l'époque de son décès ou de sa fuite : les dépenses acquittées jusqu'à la même époque y
seront classées dans un ordre semblable; il y sera fait mention des
fonds qui existaient en caisse.

Si le résumé de ce bordereau présente un débet, et s'il s'agit d'un
Receveur décédé, ses héritiers qui auront pris qualité, et à qui on devra faire signer, à ce titre, le procès-verbal établissant ce débet, afin
qu'ils ne puissent le contester, seront sommés de l'acquitter. S'ils ne
font pas sur-le-champ les dispositions nécessaires pour y satisfaire, une
contrainte en tête de laquelle on transcrira le procès-verbal, sera décernée, et les poursuites dirigées contre eux en vertu de cet acte.

Dans le cas où ces héritiers déclareront ne vouloir agir que comme
bénéficiaires, on exigera qu'ils donnent caution bonne et solvable de la
valeur du mobilier compris dans l'inventaire, et de la portion du prix
des immeubles non délégués à des créanciers hypothécaires, conformément à l'article 107 du Code civil.

S'il est question d'un Comptable fugitif, on cherchera à découvrir le
lieu de sa retraite, afin de s'assurer de sa personne en employant les
voies de droit, c'est-à-dire en décernant une contrainte par corps dont
l'exécution ne devra éprouver d'autres délais que ceux fixés par la loi.

Si le Receveur contre lequel il y aura lieu à prendre ces mesures a
des immeubles, il sera fait de suite des inscriptions sur ses biens, et
on procèdera à leur expropriation au profit du Trésor (*Circulaire N°
639*), poursuites et diligences de l'Agent judiciaire ayant son bureau
au ministère des finances, avec élection de domicile en l'hôtel de Pré-

fecture ou de Sous-Préfecture, et non ailleurs. (*Circulaire N° 894*).
Voir : *Biens des Comptables. — Versements sur débets d'ex-Comptables.*

Quant aux effets mobiliers, on en dressera un inventaire à l'instant où on lèvera les scellés ; la saisie en sera déclarée, et la vente en sera faite juridiquement. (*Circulaire N° 639*).

2. Les rapports contenant les demandes en allocation de non-valeur des sommes non-recouvrables sur les débets des Comptables indiqueront l'origine et les causes de ces débets, les mesures qui auront été prises au moment où le débet aura été reconnu, tant pour la conservation des droits du Trésor que pour s'assurer de la personne et des biens du Comptable : ils relateront la date de ces divers actes, et désigneront les Agents supérieurs chargés de la surveillance des Comptables lorsque le débet a éclaté, ainsi que la nature de la responsabilité qui pourrait les atteindre. (*Arrêté du 29 janvier 1821, article 1er, et Circulaire N° 639*).

A ces rapports seront jointes les copies des procès-verbaux et de tout autre document constatant les débets, les divers degrés de poursuites et de l'insolvabilité des Comptables, ainsi que toutes pièces propres à éclairer sur la marche et la conduite de chaque affaire en particulier. (*Même arrêté, article 2*).

Les Administrations remettront chaque mois, au Ministre, un état des contraintes qui auront été décernées contre les Comptables en débet pendant le cours du mois précédent. (*Même arrêté, article 7*).

3. Tout ce qui vient d'être dit est applicable, en partie, à un Receveur auquel on sera obligé de fermer les mains par suite d'un déficit reconnu lors de la vérification de sa caisse, c'est-à-dire qu'on aura — à établir de même sa situation par un procès-verbal et un bordereau régulier, — à faire apposer les scellés sur ses effets mobiliers, — à prendre inscription sur ses immeubles, — et à délivrer une contrainte qui sera mise à exécution par corps si ce Comptable ne satisfait pas immédiatement au débet constaté à sa charge. (*Circulaire N° 639*). — Voir : *Déficit en caisse*).

DÉBITEURS — DES DROITS DE DOUANES.

Lorsque le Receveur aura fait crédit des droits, il sera, en cas de refus ou de retard de la part des redevables, autorisé à décerner contrainte, en fournissant, en tête, extrait du registre qui contiendra la soumission des redevables. (*Loi du 22 août 1791, titre 13, article 31*).
Voir : *Crédits de droits, N° 10.*

Les contraintes sont visées sans frais par le Juge de paix, et exécutées, par toutes voies, même par corps, sous le cautionnement de la Douane. Les juges ne peuvent, sous quelque prétexte que ce soit, refuser leur visa, sous peine d'être, en leur propre et privé nom, responsables des objets pour lesquels les contraintes sont décernées. (*Mêmes loi et titre, article 32*).

L'exécution des contraintes ne peut être suspendue par aucune opposition ou autre acte. (*Idem, article 33*).

DÉBITEURS — EN FAILLITE. Voir : *Faillites.*

DÉCÈS — DES COMPTABLES. Voir : *Biens des Comptables.* — *Débets.*

DÉCÈS — DES PENSIONNAIRES. Voir : *Retraites*, N° *9.*

DÉCHARGE — DES DROITS CONSTATÉS. Voir : *Droits constatés.*

DÉCHÉANCE. Voir : *Prescriptions.*

DÉCIME.

1. SUR LES AMENDES. On prélève, au profit du Trésor, un décime par franc sur toutes les sommes payées, par suite de transactions, pour tenir lieu soit des amendes, soit des double et triple droits encourus. Le décime est perçu en même temps que le principal, avec lequel il est confondu. (*Loi du 6 prairial an VII, articles 1 et 2*).

Comme il doit être prélevé *en sus* des amendes, les sommes payées par transactions sont fictivement divisées en onze parties, dont dix sont mises en répartition et la onzième est attribuée au Trésor. (*Circulaire N° 1343*). Mais le prélèvement de cette dernière ne se fait que lors de la mise en répartition des produits. (*Comptabilité générale, 15 décembre 1836*).

Ne sont point assujetties au prélèvement du décime :

1° Les sommes tenant lieu de la valeur des objets confisqués;

2° Celles provenant de la vente des moyens de transport abandonnés en nature, — ou de la consignation faite par les prévenus pour en obtenir la remise provisoire. (*Circulaires N° 1357 et 1586*).

2. SUR LES DROITS DE DOUANES. Il est perçu, au profit du Trésor, à titre de subvention extraordinaire de guerre, un décime par franc *en sus* des droits de douanes à l'importation, à l'exportation et sur la navigation. (*Loi du 6 prairial an VII, article 1ᵉʳ*).

Ce décime est perçu en même temps que le principal, sans donner lieu à aucune retenue; il en est compté par un article séparé. (*Même loi, article 2*).

Le décime sur les droits de douanes se trouve confondu avec le droit principal, tant sur le journal et le sommier que dans le bordereau mensuel : lorsque les Receveurs sont obligés de l'indiquer séparément dans les états de développement, tel que celui qu'ils fournissent sous le N° 8 de la série F. b., ils le trouvent sur le registre de liquidation.

Ne sont pas soumis au décime :

1° Les droits de magasinage et de garde;

2° Les droits de timbre sur les expéditions et les commissions d'emploi;

3° Le montant des consignations effectuées pour assurer le renvoi à l'étranger des voitures de voyageurs;

4° Les droits d'entrée sur les provisions de tabacs de santé ou d'habitude perçus pour le compte de la Régie;

5° Le droit de tonnage de 5 francs par tonneau, exigible sur les navires des États-Unis d'après la convention du 24 juin 1822;

6° Enfin, la taxe de consommation des sels.

(*Tarif officiel*).

DÉCISIONS.

Doivent être appuyés de décisions régulières :

1º Tous paiements effectués sur les fonds du Trésor, pour secours aux veuves, indemnités, &. (*Comptabilité générale, 12 novembre 1832*);

2º Les paiements effectués, sur le boni des masses, pour indemniser des préposés blessés ou chargés de famille, etc.;

3º Les états de primes de capture payées par les prévenus;

4º Le bordereau de situation Nº 2, qui présente l'extinction de la créance remise aux débiteurs de traites ou obligations de crédits en souffrance (*Comptabilité générale, 26 décembre 1833.*);

5º Les restitutions aux prévenus des sommes ou de partie des sommes par eux consignées (*Comptabilité générale, 31 décembre 1838.*);

6º Les restitutions sur les amendes et confiscations (*Comptabilité générale, 15 décembre 1836.*);

7º Tous les dossiers concernant les affaires dans lesquelles il y a eu des droits constatés (*Comptabilité générale, 31 décembre 1838*); ces décisions doivent énoncer le montant des frais;

8º Enfin, toutes les affaires où, pour cause d'absence ou d'insolvabilité des prévenus, les condamnations pécuniaires n'auront pu être recouvrées. (*Comptabilité générale, 31 décembre 1838*).

Pour les droits constatés, c'est la date de la décision qui détermine l'exercice sur lequel doit être imputé le recouvrement des amendes.

DÉCLARATIONS — A FAIRE PAR LES COMPTABLES.

1. Les comptes annuels doivent porter en marge de la 1re page :

1º La date de la nomination des Comptables;

2º La date de leur prestation de serment et de leur installation;

3º Le montant de leur cautionnement et le jour de leur réalisation.

L'installation doit être certifiée par le visa des Directeurs. (*Comptabilité générale, 12 novembre 1832*).

Les comptes des Receveurs sortis de fonctions dans le cours de la gestion annuelle, doivent être accompagnés d'une déclaration du Comptable portant :

Soit qu'il n'a pas concédé de crédits pendant la période pour laquelle le compte est rendu;

Soit qu'il ne restait à réaliser, à l'époque où ont cessé ses fonctions, aucun crédit de droits concédés par lui;

Soit, enfin, que les traites ou obligations de crédits qu'il a admises en paiement des droits, et non encore échues à cette même époque, s'élevaient :

Pour droits de douanes, à.......

Pour taxe de consommation des sels, à.......

Avec indication de la dernière échéance de chacune de ces deux sortes de crédits.

Cette déclaration est revêtue du visa du Directeur après que l'Inspecteur en a certifié l'exactitude. (*Comptabilité générale, 24 décembre 1841*).

2. En cas de refus de paiement par le Comptable, ce Comptable doit remettre immédiatement la déclaration écrite et motivée de ce refus à la partie intéressée, et il en adresse, sous la même date, copie à la Comptabilité générale. Voir : *Paiements, Nº 8*.

DÉCLARATIONS — A FAIRE PAR LES HÉRITIERS D'UN COMPTABLE DÉCÉDÉ. Voir : *Héritiers.* — *Comptables.*

DÉCLARATIONS — A FAIRE PAR LES PENSIONNAIRES.

Aux termes de la loi du 15 mai et de l'ordonnance du 8 juillet 1818, les pensionnaires doivent faire la déclaration, sur la quittance qu'ils produisent, qu'ils ne jouissent pas d'un traitement d'activité qui, réuni à leur pension, excéderait 700 francs. Cette déclaration doit toujours être rappelée au pied du certificat de vie : en cas d'excédant, on énonce la nature et la quotité du traitement. Si, pour cause d'absence ou toute autre, un pensionnaire différait plus d'une année de toucher les arrérages de sa pension, les termes de la déclaration devraient s'étendre au temps pendant lequel il ne se serait pas présenté.

Les veuves doivent justifier qu'elles ne se sont pas remariées : à cet égard, leur déclaration est faite dans les termes suivants, dans le corps du certificat de vie, après les mots 700 francs : *ni s'être remariée depuis la promulgation de l'ordonnance du 12 janvier 1825.*

(*Circulaire N° 1159*).

Quand un Employé est admis à la retraite, il doit faire connaître, par une déclaration écrite, le lieu où il doit se retirer.

DÉCOMPTES.

1. Les décomptes consistent à établir, sur un même état, la situation des recettes et des dépenses pour arriver à une somme nette, soit à toucher, soit à verser.

2. Le décompte de chaque Préposé est établi sur un registre spécial tenu dans chaque brigade. (*Circulaire N° 1049*). Voir : *Compte-ouvert des brigades.*

3. Quand un décompte a pour objet les appointements d'un Employé décédé, et que le mandat est délivré au nom d'héritiers (voir : *Héritiers*), outre cette pièce et la quittance, il faut, pour justifier le paiement, produire l'acte de décès et les titres d'hérédité, à moins que l'ordonnateur n'ait dispensé la partie prenante de remplir cette formalité et motivé cette dispense. — Néanmoins, le dernier mois d'appointements d'un Préposé de brigades décédé peut être payé à sa veuve ou à ses enfants, sur leur simple quittance certifiée par le Capitaine de brigades (voir : *Certificats d'identité*), et visée par le Directeur. (*Comptabilité générale, 30 décembre 1826*).

4. Lorsqu'il s'est glissé une erreur dans le décompte des appointements, cette erreur donne lieu à des modifications qui s'opèrent par voie d'addition ou de soustraction sur les résultats du rôle. Voir : *Modification aux rôles.* (*Comptabilité générale, 26 décembre 1833*).

5. Dans les décomptes individuels des traitements d'activité, chacun des divers prélèvements pour la Caisse des retraites, lorsqu'ils sont fractionnaires (voir : *Fractions de centime*), est forcé de ce qui manque à la fraction pour compléter un centime. (*Comptabilité générale, 15 février 1840*).

MODÈLE DE DÉCOMPTE.

DÉCOMPTES.	TRAITEMENTS bruts alloués suivant l'état des frais de régie		PRÉLÈVEMENTS EFFECTUÉS — au profit du Trésor. Traitements bruts des emplois vacans		au profit de la Caisse des retraites. Retenue de 5 p. 0/0 sur les traitements des emplois non vacans.	1er mois et 1er 12me des augmentations, déduction faite de la retenue de 5 p. 0/0.	Retenues sur les traitements des Employés en congé.		Traitemen net revenant à chaque employé	OBSERVATIONS.
	par année.	par mois.	nombre de jours	montant des vacances			nombre de jours	montant des retenues		
N° 1.	2,000 »	166.66	»	»	5.34	»	»	»	158.52	(1) 12e du traitement brut annuel 100. » À retranch. pour 22 jours d'activité 73.33 Reste pour la vacance .. 26.67
N° 2. (1er 12me d'une augmentation de 200 fr.)	1,000 »	85.33	»	»	4.17	15.34	»	»	63.52	
N° 3. (Congé)	700 »	55.55	»	»	2.92	»	17	13.70	59.84	(2) 12e du traitement brut annuel 166.66 À retranch. pour 19 jours d'activité 105.55 Reste pour la vacance .. 61.11
N° 4. (Vacance)	1,200 »	100. »	8	(1) 26.67	5.67	»	»	»	69.66	
N° 5. (1er 12me d'une augmentation de 200 fr. et congé)	1,200 »	100. »	»	»	5. »	7.92	50	47.30	59.58	(3) 12e du traitement brut annuel 66.66 À retranch. pour 24 jours d'activité 53.33 Reste pour la vacance... 13.33
N° 6. (Vacance et 1er 12me d'une augmentation de 200 fr.). . . .	2,000 »	166.66	11	(2) 61.11	5.28	10.05	»	»	90.24	
N° 7. Vacance et congé	800 »	66.66	6	(3) 13.33	2.67	»	24	23.33	25.33	(4) 12e du traitement brut annuel 83.33 À retranch. pour 15 jours d'activité 41.66 Reste pour la vacance .. 41.67
N° 8. Vacance. (1er 12me d'une augmentation de 100 fr. — et congé.)	1,000 »	83.33	15	(4) 41.67	2.09	1.98	15	19.79	17.80	

Nota. Les sommes à payer par le Trésor pour l'activité, en cas de vacance pendant une partie du mois, sont calculées sur le douzième exact du traitement brut annuel.

Les prélèvements du premier 12ᵉ net d'augmentation de traitement, lorsque l'augmentation porte sur une partie du mois seulement, doivent être calculés d'après la formule Nᵒ 6.

La retenue pour congé doit être calculée sur ce qui reviendrait net à l'Employé s'il était présent à son poste le mois entier, suivant décompte, fractions supprimées.

Quant à la retenue de 5 p. 0/0 ou du 20ᵉ, il est indifférent qu'elle soit calculée sur le traitement brut, avec ou sans fraction de centime, attendu que la plus grande différence qui peut résulter de ces deux modes est inférieure à 1/20ᵉ de centime, et qu'elle ne peut dès—lors avoir d'influence sur le prélèvement à effectuer.

Lorsqu'un Employé en congé obtient une augmentation de traitement, la retenue pour absence doit être basée sur le traitement attribué à l'emploi dont il est titulaire durant son absence : mais comme il ne doit pas toucher moins qu'il ne lui serait revenu s'il n'avait pas eu d'augmentation, la retenue du premier 12ᵉ n'a lieu qu'en proportion du traitement dont il conserve la jouissance, sauf à la compléter sur les mois suivants si l'Employé demeure en activité. (*Décomptes*, *Nᵒˢ 5 et 8*).

(*Comptabilité générale*, *15 février* 1840.)

DÉFICIT — EN CAISSE.

Si, lors de la vérification de la caisse d'un Comptable, l'Agent vérificateur reconnaît un déficit, il doit sur-le-champ — lui fermer les mains, — établir sa situation par un procès-verbal et un bordereau régulier, — faire apposer les scellés sur ses effets mobiliers, — prendre inscription sur ses immeubles, — et délivrer une contrainte qui sera mise à exécution par corps, si ce Comptable ne satisfait pas immédiatement au débet constaté à sa charge. (*Circulaire Nᵒ 639*). Voir : *Débets*. — *Deniers publics.*

Le moyen de prévenir ces déficits est de faire des vérifications fréquentes de la situation des Comptables, et à des époques qu'ils ne puissent prévoir. (*Circulaire Nᵒ 639*). — Voir : *Vérification des caisses.*

On doit donner immédiatement avis à la Comptabilité générale des déficits reconnus, et lui transmettre sans retard deux copies des procès-verbaux qui les constatent, avec tous les détails nécessaires à leur appréciation. (*Comptabilité générale*, *26 décembre 1833*).

Tout Comptable qui aura soustrait des fonds de sa caisse doit être, sur-le-champ, suspendu de fonctions, et l'intérim de sa place provisoirement confié, par l'Inspecteur, à l'Employé de sa division qu'il juge le plus capable de la remplir. (*Circulaire Nᵒ 586*).

DENIERS PUBLICS.

Toute disposition et emploi de deniers publics contraires aux règles de la comptabilité sont et restent à la charge de ceux qui les ont provoqués et des Comptables qui y ont concouru, jusqu'à ce que le Ministre les ait régularisés par des ordonnances. (*Décret du 27 avril 1815, article 1ᵉʳ*).

Tout prélèvement de fonds publics, à quelque titre qu'il ait lieu, quand il n'est pas préalablement autorisé, est réputé violation de caisse : ceux qui y prennent part en sont responsables, et demeurent passibles des poursuites encourues pour l'emploi irrégulier et le détournement des deniers de l'État. (*Même décret, article 2, et Circulaire Nᵒ 20*).

Voir : *Caisse. — Déficit. — Détournement de fonds. — Vol de fonds.*

DÉPÊCHES — DE COMPTABILITÉ.

Tout Comptable est tenu de faire charger à la poste les lettres ou paquets contenant des pièces justificatives de recettes ou de dépenses adressées à la Comptabilité générale des finances. *(Comptabilité générale, 24 décembre 1841)*.

Pour faire charger les lettres ou paquets, on remet au bureau de la poste un bulletin ainsi conçu :

Douanes.

Principalité de....

Le soussigné certifie que le paquet chargé qu'il adresse aujourd'hui à M.... renferme.......

A..... le..... 18...

Le Receveur principal des douanes,

DÉPENSES.

1. Les dépenses se divisent en deux parties :

Dépenses publiques,

Et *Dépenses des services particuliers, ou sur les Opérations de trésorerie.*

Les premières, concernant spécialement le Trésor, se prélèvent sur les fonds accordés chaque année par les Chambres, et sont toujours appuyées d'un mandat de paiement.

Les secondes se prennent sur les fonds versés par des tiers, et sont appuyées d'un simple ordre de remboursement.

2. Les dépenses publiques sont classées en trois chapitres.

Le premier, sous le titre de : *Frais de Régie, de perception et d'exploitation des impôts et revenus publics,* comprend six articles, savoir :

Art. 1er. Traitements d'activité ;

Art. 2. Indemnités et gratifications;

Art. 3. Dépenses du matériel;

Art. 4. Dépenses fixes abonnées ;

Art. 5. Dépenses administratives;

Art. 6. Dépenses sur crédits extraordinaires.

Le second, *Remboursements et restitutions, non-valeurs, primes et escompte,* comprend également six articles :

Art. 1er. Remboursements sur produits indirects et divers ;

Art. 2. Répartition des produits de plombage et d'estampillage;

Art. 3. Remboursements, prélèvements et répartitions sur les amendes et confiscations;

Art. 4. Primes à l'exportation ;

Art. 5. Escompte sur la taxe de consommation des sels;

Art. 6. Escompte sur les droits de douanes à l'importation.

Le troisième, *Dépenses des anciens exercices,* se compose de deux articles seulement :

Art. 1er. Dépenses des exercices clos;

Art. 2. Dépenses des exercices périmés, non frappés de déchéance.

3. Les dépenses faites sur les Opérations de trésorerie sont réparties en quatre chapitres :

Le premier, sous le titre de *Correspondants du Trésor*, comprend les huit articles suivants :

Art. 1er. Caisse des dépôts et consignations; sommes versées à titre de consignations;

Art. 2. Paiements sur les fonds de retenues pour l'habillement, le service de santé et le casernement;

Art. 3. Primes de capture;

Art. 4. Sous-répartition des sommes afférentes aux Préposés des douanes dans le produit des contraventions constatées à la requête des autres Administrations;

Art. 5. Consignations;

Art. 6. Versements sur recouvrements faits pour des tiers;

Art. 7. Dépenses sur les fonds particuliers de divers et sur les recettes à classer;

Art. 8. Fonds particuliers des Comptables.

Le chapitre 2 concerne les *Avances à recouvrer et à régulariser.*

Le chapitre 3 comprend les *Débets à la charge d'ex-Receveurs.*

Enfin, le chapitre 4, sous le titre de *Mouvements de fonds entre les Comptables des finances*, est divisé en cinq articles :

Art. 1er. Versements aux Comptables des finances;

Art. 2. Fonds de subvention fournis aux Directeurs des postes;

Art. 3. Fonds de subvention fournis aux Receveurs des douanes;

Art. 4. Valeurs remises par le Comptable à son successeur;

Art. 5. Virements de comptes.

4. Aucune dépense ne peut et ne doit être faite, suivant les cas, qu'en vertu :

1° D'un crédit ouvert par le Corps législatif;

2° D'une décision ministérielle;

3° Ou d'une autorisation administrative.

Tout paiement fait contrairement à cette règle entraîne la responsabilité du Comptable. (*Circulaire du 3 janvier 1799*).

5. Tous les paiements faits doivent être justifiés à la Cour des Comptes. On trouvera, au mot *Justifications*, l'indication de toutes les pièces qui doivent être produites. On trouvera également, au mot *Crédits législatifs, N° 2*, l'indication de l'exercice sur lequel chaque dépense publique doit être imputée.

6. On fait dépense définitive de tous les paiements pour dépenses publiques, avec l'imputation qui leur appartient, soit que ces dépenses aient été ordonnancées, soit qu'elles n'aient pas encore été précédées d'un ordonnancement. (*Comptabilité générale, 1er décembre 1827*).

7. Il est du devoir des Comptables de prendre des mesures pour que les dépenses de chaque exercice soient soldées avant sa clôture, attendu qu'elles sont toutes, et sans exception, frappées par la déchéance quinquennale, et qu'après les cinq ans elles ne peuvent plus être payées qu'en vertu d'un ordonnancement ministériel. (*Circulaire N° 1721*). Voir : *Exercice. — Exercice-clos.*

8. Le paiement du prorata revenant à des Préposés décédés, pour le

mois pendant lequel le décès a eu lieu, s'opère sur les simples quittances des veuves et des enfants, sans aucune production de titres d'hérédité; mais ces quittances doivent énoncer la qualité des parties prenantes, c'est-à-dire celle de veuve, de fils ou de fille du défunt, et relater le fait du décès, avec sa date; ces quittances sont toujours revêtues de certificats des Capitaines de brigades portant expressément sur l'exactitude de ces déclarations. (*Comptabilité générale, 12 novembre 1832*).

Tous autres paiements faits à des héritiers doivent être justifiés par la quittance des ayant-droit, appuyée des titres de propriété et de l'acte de décès du défunt. (Voir : *Héritiers. — Justifications. — Certificats, N° 6*).

9. Le soin d'exiger, selon les cas, la production des pièces constatant le droit des représentants d'un titulaire de créance, est en général laissé aux Comptables du Trésor sous leur responsabilité.

10. Les pièces justificatives produites à l'appui d'une ordonnance ou d'un mandat doivent être revêtues du visa de l'Ordonnateur : mais lorsqu'elles sont l'objet d'un bordereau énumératif, ce bordereau seul doit être visé par l'Ordonnateur, et il suffit, quant aux pièces, qu'elles soient arrêtées par l'Agent du service que la dépense concerne.

11. Lorsqu'il est ordonnancé ou mandaté des à-compte sur une dépense, la première ordonnance ou le premier mandat doit être appuyé des pièces qui constatent le droit du créancier au paiement de cet à-compte; pour les à-compte subséquents, les ordonnances ou mandats rappellent au besoin les justifications déjà produites, et relatent les ordonnances ou mandats d'à-compte précédemment délivrés.

12. Les titres produits en justification des dépenses doivent toujours indiquer la date précise, soit de l'exécution ou de la livraison des travaux ou fournitures, soit de l'exécution de tout service qu'il s'agit de payer.

13. A défaut de la minute ou de l'original de toute pièce justificative à produire aux Comptables du Trésor, il peut y être suppléé au moyen de copies ou d'extraits dûment certifiés par les Agents compétents. Les extraits doivent énoncer les motifs qui établissent les droits des créanciers, et relater en général toutes les conditions de l'exécution du service et de la régularité du paiement, ainsi que l'accomplissement de l'enregistrement et des autres formalités voulues. Dans le cas où un extrait ne serait pas suffisamment développé, le Comptable chargé d'acquitter la dépense est autorisé à en exiger un plus complet.

14. La partie prenante dénommée dans une ordonnance ou dans un mandat de paiement, doit toujours être le créancier réel, c'est-à-dire la personne qui a fait le service, effectué les fournitures ou travaux, et qui a un droit à exercer contre le Trésor.

15. Les ordonnances ou mandats délivrés, après le décès d'un créancier de l'Etat, au profit de ses héritiers, ne désignent pas chacun d'eux, mais portent seulement cette indication générale : *les héritiers*. C'est au payeur, avant de procéder au paiement, d'exiger la justification des droits à l'hérédité ou à la succession.

16. Aucun paiement ne doit s'effectuer que sur la quittance de la partie prenante.

17. Lorsque l'extrait de l'ordonnance ou le mandat est quittancé par le créancier réel, il n'est pas nécessaire qu'il soit fourni une quittance isolée et distincte; l'extrait d'ordonnance ou le mandat est, s'il y a lieu, soumis au timbre à l'extraordinaire.

18. L'émargement à donner, par les ayant-droit, sur des états nominatifs de liquidation, peut toujours être suppléé par des quittances individuelles séparées.

19. Les états nominatifs de liquidation, quand chaque partie prenante ne touche pas elle-même la somme qui lui revient, doivent porter, outre l'émargement des ayant-droit, l'acquit de la personne autorisée à recevoir, en leur nom, le montant de l'ordonnance ou du mandat.

20. Quand une quittance timbrée est exigible, le droit de timbre n'est pas proportionnel à la dimension de la feuille; il est invariablement de 35 c.

21. Lorsque les titres, factures ou mémoires portant quittance sont timbrés, que la quittance est fournie séparément sur papier timbré, l'acquit donné *pour ordre* au bas des extraits d'ordonnances ou des mandats n'entraîne pas la nécessité du timbre de ces pièces.

22. Tout titre de créance ou toute pièce à l'appui, d'une date postérieure au 1er janvier 1840, annexé à une ordonnance ou à un mandat de paiement, et qui énonce ou relate des quantités en poids ou mesures, doit être rejeté si ces quantités sont exprimées autrement qu'en poids ou mesures du système décimal, conformément à la loi du 4 juillet 1837.

23. Les pièces justificatives de dépense qui présentent des ratures, altérations ou surcharges, ne peuvent être admises sans approbation donnée en marge.

24. Les signatures *griffées* sont interdites sur les ordonnances, lettres d'avis ou mandats, et sur toutes pièces justificatives des paiements.
(*Règlement du 26 janvier 1846*).

DÉPENSES — ADMINISTRATIVES.

Elles forment l'article 5 du chapitre 1er des dépenses publiques, et se divisent en sept sections, savoir :

1re SECTION.

Indemnités de tournées et frais de fourrage.

Une somme, calculée d'après les besoins, est affectée annuellement aux indemnités de tournées et déplacements des Inspecteurs et Sous-Inspecteurs divisionnaires. (*Ordonnance du 30 décembre 1829, art. 7*).

L'indemnité allouée aux Employés des brigades de cavalerie, sous le titre de FRAIS DE FOURRAGE, est payée par mois, et fait l'objet d'un rôle spécial qui est émargé en même temps que celui des appointements, (*Circulaire N° 1825*). Ce rôle est arrêté par le Capitaine de brigades, certifié par l'Inspecteur et visé par le Directeur.

Les sommes allouées aux Inspecteurs et Sous-Inspecteurs font l'objet de quittances délivrées sur papier libre; elles sont comprises sur des états particuliers approuvés par l'Administration et payables par semestre.

Les dépenses sont justifiées par un mandat de paiement appuyé des quittances des Inspecteurs et des rôles d'indemnités. Elles sont, à la fin du mois, reprises sur la chemise N° 22, et récapitulées sur l'état N° 100, bis, lorsqu'elles n'ont pas encore fait l'objet d'une liquidation.

2e SECTION.

Indemnités de résidence aux Préposés placés dans de grandes villes.

Par application de l'article 2 de l'ordonnance du 12 janvier 1825, il est accordé, sur certains points, aux Préposés de brigades, des suppléments de solde à raison de la cherté des résidences.

Ces suppléments de solde font l'objet d'un rôle spécial qui, comme celui des traitements d'activité, est émargé tous les mois par les ayant-droit, visé par l'Inspecteur et le Directeur, et approuvé par l'Administration. Comme ils ne comptent point pour la retraite, ils sont affranchis de la retenue de 5 p. % et du premier douzième. En cas de congé, il n'y a pas lieu d'opérer la retenue de la moitié de ces indemnités. (*Circulaire N° 1892*).

Ces sortes de dépenses, récapitulées, à la fin du mois, sur la chemise N° 22, sont détaillées sur l'état N° 100, bis, et justifiées par la production d'un mandat de paiement et de l'état collectif.

3e SECTION.

Indemnités de premier établissement aux Sous-Officiers admis dans le service actif des douanes.

Tout Sous-Officier désigné par le Ministère de la Guerre pour le service des douanes est appelé, à son début, dans une brigade de ville ou ambulante, au traitement de 650 fr., ou même de 700 fr., suivant les localités. Il est pourvu à ses frais de premier établissement au moyen d'un prélèvement, en sa faveur, d'une somme de 100 francs sur le fonds de 2,000 francs ouvert au budget. Sur ces 100 francs, 60 francs sont versés comme première mise à sa masse d'habillement et d'équipement (ce qui ne dispense pas d'y verser aussi sa masse militaire), et 40 francs lui sont comptés à son arrivée à son poste, afin qu'il puisse vivre en attendant la solde du second mois d'exercice. Le Receveur principal se fait délivrer une quittance motivée de la somme de 100 francs, et impute la dépense sur le fonds de 2,000 francs alloué au budget. (*Circulaire N° 2167, du 6 avril 1847*).

4e SECTION.

Indemnités aux femmes qui concourent à la visite.

L'allocation de ces indemnités est faite par les Directeurs : ceux-ci doivent cependant soumettre à l'approbation de l'Administration toute allocation dont le montant annuel s'élèverait à 400 francs et au-dessus.

Elles sont assimilées aux traitements, mais elles ne sont passibles d'aucune retenue pour la Caisse des retraites.

Un état nominatif est, chaque mois, établi par le Capitaine, et détermine les sommes dues aux ayant-droit. Cet état, certifié par l'Inspecteur et par le Directeur, devient ensuite la base du paiement.

Ces indemnités sont d'abord portées aux avances avec les traitements d'activité : puis, après l'ordonnancement, on les dépense sous le titre de *Dépenses administratives*, et on les reprend en recette au chapitre des *Recouvrements*, afin de régulariser l'avance faite primitivement. (Voir au mot : *Opérations de Comptabilité, le tableau des Opérations Nos 9 et 30 de la dépense, et 38 de la recette*).

La dépense, justifiée par les émargements et le mandat de paiement, est récapitulée, à la fin du mois, sur la chemise N° 22, qui accompagne l'inventaire.

5e SECTION.

Indemnités aux Employés blessés.

1. Les sommes nécessaires au traitement et à la guérison des Employés blessés dans leurs fonctions, sont imputées sur un fonds de 30,000 francs, porté au budget à titre d'indemnités.

Les dépenses ne doivent avoir pour objet que le prix des médicaments et les honoraires des médecins, et, dans certains cas, l'achat d'aliments extraordinaires, les gages de garde-malade et les dépenses faites aux eaux par des Employés de brigades à la nomination des Directeurs.

On doit toujours produire les mémoires des parties prenantes qui ont fait les fournitures ou donné les soins.

Chaque mémoire doit être revêtu d'attestations du Capitaine et de l'Inspecteur, constatant que réellement les fournitures ont été faites et les soins donnés, et que les prix sont modérés. Quant à la garde-malade, qui ne peut être donnée qu'à l'Employé garçon ou veuf sans enfants en état de le soigner, les Chefs doivent, lorsqu'il y a lieu, faire mention, dans leur certificat, de la position de l'Employé sous ce rapport.

Le médecin qui a prescrit la fourniture de médicaments ou d'aliments extraordinaires, doit attester qu'elle a eu lieu sur ses ordonnances, et, en ce qui concerne les aliments particuliers, qu'ils étaient indispensables pour la guérison du malade. — Si le médecin n'est pas à la résidence du malade, il doit indiquer dans son mémoire, non-seulement le détail de ses visites, mais encore la distance qu'il a eu à parcourir pour porter ses soins.

Les Employés de brigades qui seront autorisés à se rendre aux eaux sous la promesse du remboursement de leurs frais de traitement, devront rapporter des mémoires certifiés par les Inspecteurs des eaux, et visés, pour légalisation, par l'autorité locale.

Lorsque la dépense du traitement sera justifiée par plusieurs mémoires, ceux-ci seront accompagnés d'un état récapitulatif dressé par le Capitaine de brigades. (*Circulaire du 15 mars 1833, N° 1377*).

2. L'allocation de ces sortes d'indemnités a lieu sur rapport spécial,

et après délibération du Conseil d'administration, auquel sont soumises les demandes motivées, présentées par les Chefs de service et transmises par le Directeur local, accompagnées du procès-verbal constatant l'évènement dans lequel ont été reçues les blessures, et des mémoires dûment certifiés des honoraires des médecins et des fournitures de médicaments ou d'aliments extraordinaires.
(*Règlement du 26 janvier 1846*).

3. Le paiement de ces espèces de secours doit être appuyé, — indépendamment du mandat, de l'arrêté de liquidation et de la quittance, — d'une copie dûment certifiée de la décision qui alloue le secours et qui établit le droit et l'individualité de la partie prenante, et des mémoires (timbrés) des honoraires des médecins et des fournitures de médicaments. (*Comptabilité générale, 12 novembre 1832*).

La dépense est récapitulée sur la chemise N° 22 qui accompagne l'inventaire.

Voir : *Secours aux Préposés.*

6e SECTION.

Secours aux veuves et orphelins.

Ces secours, demandés par les Directeurs, font, de la part de l'Administration, l'objet d'une liquidation.

La dépense est appuyée : — de la liquidation même, — d'un mandat de paiement, — d'une copie certifiée de la décision qui alloue le secours et qui établit l'individualité et le droit de la partie. (*Comptabilité générale, 12 novembre 1832).*

7e SECTION.

Condamnations et frais judiciaires à la charge de l'Etat. —
Frais de saisies non recouvrables — et primes de capture.

1. Ces dépenses sont allouées sur rapport spécial et d'après délibération du Conseil d'administration. On peut y ajouter les honoraires des avocats chargés de la défense des intérêts de l'État.
(*Règlement du 26 janvier 1846*).

C'est, d'après la liquidation qui en est faite par l'Administration, que la dépense est inscrite au journal.

La liquidation des frais judiciaires s'obtient sur la production de la chemise N° 60, qui doit renfermer toutes les pièces de l'affaire, ainsi que l'état détaillé des frais appuyé des pièces justificatives. — La liquidation des primes de capture est faite à vue de la copie certifiée du procès-verbal, d'un extrait du jugement de condamnation et d'un état émargé par les saisissants. (Il ne s'agit ici que des primes accordées par la décision ministérielle du 12 juillet 1816, et qui ne peuvent être payées par les prévenus insolvables).

2. Les dépenses pour liquidations de frais sont toujours balancées à la recette par un article de *recouvrements d'avances.* — Si une partie seulement des frais tombe à la charge du Trésor, et que l'autre partie soit couverte par le produit de l'affaire, on dépense la première partie sous le titre de DÉPENSES ADMINISTRATIVES; on porte la seconde, qui doit égaler les produits, à l'article de dépense : PRÉLÈVEMENTS SUR LES

AMENDES, et on balance le tout, à la recette, par un article de RECOU-
VREMENTS D'AVANCES, (voir au mot : *Opérations de Comptabilité*, le tableau
des opérations N⁰ˢ 5 et 6 de la dépense, et 7 de la recette); puis on
délivre le certificat d'application dont il est parlé au mot : *Répartitions*,
N⁰ 3).

3. Ces dépenses sont justifiées par le mandat de paiement, les liquidations, la chemise N⁰ 60 et les pièces à l'appui. (Voir : *Justifications*).
Elles sont récapitulées, à la fin du mois, sur la chemise N⁰ 22, qui est
jointe à l'inventaire.

DÉPENSES — DES ANCIENS EXERCICES. Voir : *Exercices-clos.*

DÉPENSES — DU MATÉRIEL. Voir : *Matériel.*

DÉPENSES — FIXES ABONNÉES.
Elles sont comprises dans les dépenses publiques, où elles figurent
à l'article 4.

1. Elles se composent : 1⁰ des frais de loyer des bureaux et des corps-
de-garde; 2⁰ des frais de chauffage et d'éclairage des bureaux et des
corps-de-garde; 3⁰ et des frais de passage d'eau et autres dépenses
fixes. Ces dépenses sont exemptes de toute retenue proportionnelle.

2. L'Administration arrête, par Direction, au commencement de
chaque année, un état de la dépense autorisée : copie de cet état est
envoyée aux Directeurs, qui en notifient le contenu à leurs subordonnés,
chefs de service compétents, pour les diverses principalités et les diverses capitaineries. La même marche est observée pendant le cours
de l'année s'il survient des causes de changement au montant des frais
dont il s'agit.

3. Les loyers sont acquittés par trimestre ou par semestre, selon les
conditions portées dans les baux, lorsqu'il en a été passé au nom de
l'Administration; dans le cas contraire, ils sont payés à titre d'abonnement et par trimestre.
Les frais de chauffage et d'éclairage des bureaux et des corps-de-
garde sont alloués à titre d'abonnement : ils sont payés par trimestre et
à l'avance.

4. Aux époques de paiement, des états des droits acquis, soit aux
propriétaires, soit aux Agents des douanes responsables du paiement,
sont formés et arrêtés par les Receveurs principaux, certifiés par les
Inspecteurs et visés par les Directeurs.

5. Le paiement des loyers est justifié, savoir : 1⁰ *en cas de bail,* —
par la copie de l'état approuvé par l'Administration; — par la copie
certifiée du bail, ou par la mention que cette copie a été annexée à l'état
produit dans la comptabilité de tel mois; — ou, *en cas de bail verbal,*
par la déclaration du Directeur, — et par la quittance timbrée du propriétaire. 2⁰ *En cas d'abonnement,* par la copie de l'état approuvé par
l'Administration, — et par la quittance non timbrée ou l'émargement
des Agents des douanes.
Les frais de chauffage et d'éclairage sont justifiés par la production
de l'état émargé par les Agents.

6. A la fin du mois, on reprend le montant des états sur la chemise N° 20, qui, appuyée de ces états et des quittances, est annexée à l'inventaire.

Du 1er au 5 du mois, les états de distribution sont envoyés à la Direction pour être mandatés.

Voir au mot : *Opérations de Comptabilité, le tableau des Opérations, N° 14 de la dépense.*

DÉPENSES — IMPRÉVUES.

Elles font partie des dépenses du matériel, où elles occupent le § 5. (Voir : *Matériel*).

DÉPENSES — SUR CRÉDITS EXTRAORDINAIRES.

Elles font partie des *Dépenses publiques*, où elles forment l'article 6 du chapitre 1er. Elles ne sont inscrites au journal qu'après l'autorisation de l'Administration, qui, pour ces sortes de dépenses, trace toujours la marche à suivre par le Comptable.

DÉPOTS & CONSIGNATIONS. Voir : *Caisse des —*

DÉPOUILLEMENT — DES ÉCRITURES.

1. DU LIVRE-JOURNAL. Le dépouillement du livre-journal consiste à relever au sommier, article par article, toutes les opérations qui y sont décrites, à résumer et à classer par nature toutes les recettes et toutes les dépenses, de manière que le Comptable puisse extraire du sommier, à tout moment, sa situation complète. Voir : *Solde*.

2. DES FONDS PARTICULIERS DE DIVERS. Pour faciliter la formation de l'état annuel N° 76, et l'apurement des comptes qui composent ce chapitre, le Comptable doit ouvrir un registre N° 95, où il inscrit, par ordre alphabétique, — les noms et prénoms des ayant-droit, — l'indication et l'origine de la créance, — et la date des paiements complets ou partiels qui leur sont faits.

S'il a le soin de tenir ce registre au courant jour par jour, il sera toujours à même d'éteindre les créances au fur et à mesure qu'elles se présenteront, et il évitera les réclamations fondées auxquelles des retards dans les paiements pourraient donner lieu.

3. DES ÉTATS DE RÉPARTITION. Les états de répartition doivent être transcrits littéralement sur un registre d'ordre afin de pouvoir y recourir au besoin.

Avant de passer écriture de ces états, le Comptable les inscrit, l'un après l'autre, et par ordre de date des affaires qu'ils concernent, sur un registre de dépouillement présentant les colonnes suivantes :

D

BUREAUX.	Nᵒˢ ET DATES des SAISIES.	NOMS des PRÉVENUS.	PARTS avancées aux Saisissants.	PARTS du Directeur.			PARTS de l'Inspecteur.			PARTS du Receveur principal.			PARTS du Receveur subordonné.			PARTS DES capitaines et des saisissants.			PARTS du 1er Commis.	TOTAL égal au montant des parts portées aux états.
				brutes	remises	nettes	brutes	remises	nettes	brutes	remises	nettes	brutes	remises	nettes	brutes	remises	nettes	nettes	

Par ce moyen, il s'assure que chaque partie intéressée a réellement, ce qui lui est alloué, et il peut, en toute assurance, faire au journal les écritures nécessaires.

A la fin de ce registre, il peut encore ouvrir à chaque Capitaine un compte particulier où il porte, avec le nom de chaque Préposé, les sommes qui lui revienne soit pour parts de saisies, soit pour parts de primes, en indiquant l'affaire qui a donné lieu à ces gratifications : il contrôle ainsi les comptes des Capitaines et prévient les réclamations mal fondées que pourraient faire les Préposés.

4. DES TIMBRES DES EXPÉDITIONS. Les recettes faites sur les timbres des expéditions et des commissions d'emploi sont contrôlées, jour par jour, par la tenue d'un registre indiquant la série et le numéro des registres et la quantité de timbres perçus à 5, 25 et 75 centimes. Le rapprochement de ce registre avec le journal doit faire ressortir un total identique.

5. DES AVANCES. A la fin de chaque mois, le Comptable doit s'assurer, par des rapprochements, que les recouvrements qu'il opère sur les avances à régulariser n'excèdent point ces dernières : il doit faire en sorte qu'à la fin de l'année les avances faites pour — appointements, — parts de saisies, — fonds de subvention aux Receveurs subordonnés, — premières mises de masse, — primes de captures — et frais de plombage et de préemption soient balancées par les articles de recouvrements : quand aux avances pour pensions de retraites et pour frais de saisies, les soldes doivent être vérifiés afin de constater leur exactitude.

6. DES DROITS SANITAIRES. Voir : *Droits sanitaires, N° 5.*

DÉTENUS.

Les détenus en prison à la requête de l'Agent du Trésor public, ou de tout autre fonctionnaire public pour cause de dettes envers l'Etat, reçoivent la nourriture comme les prisonniers à la requête du Ministère public. *(Décret du 4 mars 1808, article 1er).*

Il n'est fait aucune consignation particulière pour la nourriture desdits détenus : la dépense en est comprise, chaque année, au nombre de celles du département de l'Intérieur pour le service des prisons. *(Idem, article 2 et circulaire du 6 septembre 1833).*

DÉTOURNEMENT — DE FONDS.

Tout Comptable convaincu d'avoir omis ou retardé de se charger en recette, sur les journaux et bordereaux de situation, des sommes qui lui auront été versées pour le service public, sera destitué et poursuivi comme coupable de détournement des deniers publics, conformément aux articles 169 à 172 du code pénal. *(Arrêté du 16 juin 1802, article 4).* Voir : *Caisse — Déficit.*

DETTES.

1. On satisfait au paiement des dettes des Employés de deux manières :

Ou par le prélèvement volontairement consenti et opéré chaque mois sur les appointements du débiteur au profit de son créancier (*Circulaire N° 1703*),

Ou par des retenues mensuelles opérées, en vertu d'un jugement, sur les appointements, gratifications et émoluments du débiteur. (*Loi du 22 août 1791, titre XIII, article 17 et loi du 21 ventôse an IX*).

Dans le premier cas, le montant de la retenue est fait de gré à gré ;

Dans le second, elle est du cinquième sur les premiers mille francs et sur toutes les sommes au-dessous ; du quart sur les cinq mille francs suivants ; et du tiers sur la portion excédant six mille francs, en observant que les retenues sur les gratifications et émoluments ne peuvent être faites que pour dettes contractées pour aliments ou logements du débiteur pendant la dernière année. (Voir : *Traitements N° 6*).

2. En payant les appointements des Préposés, les Capitaines effectuent les retenues pour dettes : mais comme aucun fonds ne peut régulièrement rester dans leurs mains, ils rédigent, chaque mois, un bordereau de toutes les retenues faites par eux, et ils en versent le montant entre les mains du Receveur principal qui s'en charge en recette à la 1ʳᵉ section du chapitre des FONDS PARTICULIERS DE DIVERS. (*Circulaire N° 1409*).

Les sommes ainsi versées restent à ce chapitre pendant deux ans à la disposition des créanciers : si elles ne sont pas réclamées à la fin de l'année qui suit celle dans laquelle elles ont atteint le chiffre des dettes qui en avaient motivé la retenue, elles en sont retirées pour être versées à la Caisse des dépôts et consignations. (Voir : *Caisse des dépôts et consignations N° 2*). Le versement est accompagné d'un bordereau indiquant le nom des débiteurs et des créanciers, ainsi que la nature de la créance : les récépissés de ces versements sont conservés par le Comptable pour justifier de sa libération envers les ayant-droit. (*Comptabilité générale, 26 décembre 1842*).

Dans chaque principalité, il est tenu un registre spécial pour les dettes : ce registre porte les indications suivantes relevées sur les bordereaux mensuels fournis par les Capitaines : POUR LA RECETTE : noms, prénoms, grades et résidences des Préposés débiteurs; — Capitainerie de laquelle ils dépendent ; — noms, prénoms, grades et résidences des créanciers ; — motifs, date et montant de la créance ; — date des lettres de la Direction autorisant les retenues ; — date de la recette et N° du journal. — POUR LA DÉPENSE : N° et date des paiements ; — montant des sommes payées ; — indication des créanciers.

3. Les sommes revenant aux Préposés qui ont quitté l'Administration, pour appointements, actifs de masse, ou parts de saisies, peuvent être appliquées à l'acquittement de leurs dettes pour logement, pension ou nourriture, à l'exclusion de toutes autres, quand même ils refuseraient leurs émargements ou leurs quittances.

Lors de la demande d'application aux dettes, on adresse à la Direction le titre quittancé du créancier, certifié par l'Inspecteur et le Capitaine, ou, à défaut du titre, le mémoire du créancier, revêtu, par les Chefs, d'un certificat qui en constate l'exactitude.

Quand l'ordre de paiement lui est parvenu, le Receveur principal opère l'application nécessaire, après toutefois, qu'il a fait les prélèvements voulus soit au profit de la masse, soit au profit de la Caisse des retraites.

Les quittances pour sommes excédant dix francs doivent être établies sur papier timbré.

(*Lettres de l'Administration des 11 novembre 1833 et 9 mai 1834*).

DEVIS. — Voir : *Mémoire.*

1. Les devis d'estimation doivent indiquer :

1° Les bureaux ou brigades pour le service desquels sont proposés les travaux ou fournitures; — 2° l'Inspection, la Sous-Inspection et la Principalité ou la Capitainerie dont dépendent ces bureaux ou brigades ; — 3° la nature des travaux ou fournitures proposés, distinctement et par articles; — 4° la date des services faits; — 5° le prix demandé pour chaque objet, (**Circulaire** N° *897*) ; — 6° et le numéro d'inscription, à l'inventaire, des objets achetés. (**Circulaire** N° *2113*).

Lorsque des objets hors de service doivent être cédés et repris en échange par les fournisseurs, leur valeur doit être portée sur les devis en déduction du prix des objets contre lesquels ils sont échangés. (*Circulaire N° 1634*). Voir : *Mémoire.*

Au pied du devis, le fournisseur doit délivrer un acte par lequel il s'engage à livrer, en bonne matière, et aux prix y indiqués, les objets détaillés au devis, pour la somme totale de...... et, en cas d'échange, à reprendre, en déduction de cette somme, et pour le prix de....., les objets qui sont réformés. (*Circulaire N° 1634*).

A la suite de cet engagement, un certificat doit être inscrit pour attester : — *en cas de fournitures nouvelles,* — que les objets compris au devis sont indispensables; que les prix en ont été discutés avec soin et qu'ils n'excèdent pas ceux du cours : — *en cas de remplacement,* — que les objets remplacés sont tout-à-fait hors d'usage et de nulle valeur : — *en cas de réparations,* — qu'elles sont urgentes : — *en cas de cession,* — que les objets réformés ont été repris pour la somme de..... et qu'il n'a pas été possible d'en retirer davantage.

Ce certificat doit être donné par le Receveur principal, si la dépense est destinée pour le service des bureaux, et par le Capitaine si elle concerne les brigades. Dans l'un et l'autre cas, il doit être visé par l'Inspecteur et approuvé par le Directeur. (*Circulaire N° 897*).

2. Les devis sont établis en triple expédition : comme ils ne sont faits que pour être mis sous les yeux de l'Administration appelée à les approuver ou à les rejeter, on se sert de papier libre.

3. S'il s'agissait de la formation d'un devis général pour des fournitures ou des réparations à faire dans tous les bureaux de la même Prin-

cipalité, le devis serait établi comme au modèle précédent, mais chaque bureau serait présenté séparément.

DIRECTEURS — DES DOUANES. — Voir : *Ordonnateurs secondaires.* — *Visa.*

DIRECTEURS — DES POSTES. — Voir : *Fonds de subvention.*

En cas d'insuffisance de fonds dans leur Caisse, les Directeurs des postes sont autorisés à se faire remettre par les Receveurs principaux des Douanes, à titre de *Fonds de subvention*, les sommes qui leur seront nécessaires pour effectuer le paiement des mandats dits d'articles d'argent qui leur seront présentés. Ces mandats ont pour objet des sommes déposées dans des bureaux de postes pour être acquittées dans tous les autres bureaux du royaume.

Quand ils auront à faire usage de cette faculté, les Directeurs des postes rédigeront un bordereau indicatif du nom des bureaux de postes d'où sont émanés les mandats à payer, et de la date et du montant de ces mandats. Ils rempliront en même temps une formule contenant : 1° la demande des fonds, qui ne devra pas comprendre de fraction de franc ; 2° le récépissé de la somme remise ; 3° le talon du même récépissé. Ils remettront ces pièces au Receveur des Douanes, qui leur rendra leur bordereau, après l'avoir souscrit au pied de la déclaration de la somme qu'il leur aura délivrée : ce Receveur conservera l'autre pièce, mais il en détachera le talon, et l'adressera le jour même, sous enveloppe, à l'Inspecteur des postes chef de service au chef-lieu du département. Il produira comme pièce justificative de sa dépense la demande et le récépissé du Directeur des postes. (*Comptabilité générale, 23 décembre 1846. Voir cette circulaire pour les modèles*).

DOSSIERS — DES SAISIES.

Chaque affaire contentieuse donne lieu à la formation d'un dossier.

Ce dossier doit non-seulement renfermer les pièces de l'affaire, mais encore donner toutes les indications relatives à la Comptabilité qui la concerne. Après avoir donné en tête l'analyse de l'affaire, on le divise en deux colonnes dont l'une est réservée à l'inscription des recettes faites soit pour amendes, soit pour confiscations, soit pour primes, soit pour recouvrements de frais, et l'autre au détail des frais de toute nature. — En marge, on rappelle le N° d'ordre de la série des dossiers formés à la Recette principale, le N° de transcription au registre N° 69 du bureau où l'affaire a pris naissance, et l'exercice pendant lequel les droits ont été constatés en vertu de jugement ou de transaction : on y indique aussi, pour mémoire, le N° des acquits de réexportation ou de paiement, et le N° du journal sous lequel a été perçue la taxe de consommation sur les sels.

Nº DU DOSSIER :

Nº DE TRANSCRIPTION :

EXERCICE....

Bureau de.....

Du.........................

Saisie, à l'importation, de........
au préjudice
du nommé....., journalier, demeurant à......

par

Le Sʳ. ... brigadier
Et le Sʳ.... préposé } du poste de....

Droits constatés.. »
Recouvre-
ments....... » } »
Remise ou
non-valeur.. »

Acquit de paiement Nº....
Acquit de réexpor-
tation Nº....
Taxe de consomma-
tion Nº....

Nᵒˢ d'ins-crip-tion au jour-nal.	Dates	Nature des RECETTES.			Nᵒˢ d'ins-crip-tion au jour-nal.	Dates	Nature des DÉPENSES.		
»	»	Produit de la vente des tabacs.... » »					Timbre (feuil-les)...... » »		
»	»	Idem des au-tres objets.... » »	»	»	»	»	Enregistre-ment.... » »		
»	»	Confiscation... » »					Timbre (feuil-les)...... » »		
»	»	Amende .... » »	»	»	»	»	Enregistre-ment.... » »		
		Total.....	»	»			Autres frais.		
»	»	Répartition des pro-duits............	»	»					
			»	»				»	»
»	»	Consignation de la transaction.........	»	»			Total à recouvrer..	»	»
»	»	Application de la somme consignée (ou restituée)......	»	»	»	»	Frais régularisés.....	»	»
			»	»				»	»
»	»	prime de capture { pour.... fraudeur » » Tabac détruit.. » »	»	»			Affaire terminée le..... 18..		
»	»	Prime répartie.....	»	»			par la répartition du pro-duit (ou la liquidation des frais).		
			»	»					

Les dossiers, tenus constamment au courant au fur et à mesure des écritures, contrôlent les inscriptions faites au registre Nº 71 de la sé-rie E, et servent à la formation de la chemise Nº 60, lors de la de-mande de répartition du produit, ou de la liquidation des frais. A la fin de l'année, ou à la fin de la gestion du Comptable, ils servent éga-lement à former l'état Nº 75, situation des produits d'amendes et con-fiscations restant à répartir, et l'état Nº 103 des droits acquis et constaté s et des sommes restant à recouvrer à l'époque de la clôture des exercices ou des gestions. — C'est encore sur les dossiers que l'on prend les renseignements que l'on donne en marge des états de répartition et sur les certificats d'application.

DOUBLE DROIT.

Les amendes infligées pour double, triple ou quadruple droits, entraînent toujours le paiement du simple droit. (*Lettre de l'Administration du 11 juillet 1838).*

Le simple droit appartient au Trésor et est confondu avec les droits de Douanes : le double, le triple et le quadruple droits, appartiennent aux amendes et confiscations et suivent leur sort : ils sont, comme elles, passibles du décime.

Voir : *Amendes et Confiscations — Décime.*

DROITS CONSTATÉS.

Une ordonnance du 8 décembre 1852 porte :

Art. 1er. « Tous les Comptables ressortissant du Ministère des finances sont responsables des recouvrements des droits liquidés sur les redevables et dont la perception leur est confiée. En conséquence, ils sont et demeurent chargés, dans leurs écritures et leurs comptes annuels, de la totalité des rôles ou des états de produits qui constatent le montant de ces droits, et ils doivent justifier de leur entière réalisation avant l'expiration de l'année qui suit celle à laquelle les droits se rapportent. »

Art. 4. « Il sera dressé, avant l'expiration de la seconde année de chaque exercice, des états par branches de revenus, et par Comptable, présentant les droits et produits restant à recouvrer avec la distinction des créances qui devront demeurer à la charge des Comptables, de celles qu'il y aura lieu d'admettre en reprise à l'exercice suivant, et de celles dont les Receveurs seraient dans le cas d'obtenir la décharge.

« Le montant des droits et produits tombés en non-valeurs, ou à porter en reprise, figurera distinctement dans les comptes des Receveurs et il en sera justifié à la Cour des Comptes.

« Le Ministre des finances statuera sur les questions de responsabilité, sauf l'appel au Conseil d'Etat. »

Art. 5. « Les Comptables en exercice verseront immédiatement dans leurs Caisses le montant des droits dont ils auront été déclarés responsables ; s'ils sont hors de fonctions, le recouvrement en sera poursuivi contre eux à la diligence de l'Agent judiciaire du Trésor public. »

En exécution des dispositions ci-dessus, la circulaire N° 1443, du 11 juin 1854, a prescrit, par chaque bureau principal, la tenue d'un sommier N° 71 A, pour les droits acquis à l'Etat en vertu de jugements ou de transactions.

Les contraventions aux lois et réglements de Douanes donnent lieu à des jugements, ou à des transactions, et, par suite, à des recouvrements. — La justification de ces recouvrements ne peut résulter que d'une liquidation périodique qui fasse connaître, à la fin de chaque année, le montant des amendes qui ont été constatées, — celui des remises ou modérations dûment accordées, — et enfin la somme susceptible soit d'être ultérieurement recouvrée, soit d'être laissée à la charge du Comptable : c'est pour atteindre ce but qu'a été créé le Sommier N° 71 A, ou Sommier des droits constatés.

CHARGE. On porte aux droits constatés :

1° L'amende prononcée *par un jugement devenu exécutoire* : les Receveurs ne devant poursuivre l'exécution que lorsque l'Administration en a donné l'autorisation, c'est seulement alors qu'ils peuvent être responsables des sommes à recouvrer.

2° Les sommes résultant de *Contraintes*. La contrainte n'est assimilée au jugement exécutoire qu'après l'expiration du délai d'opposition, et, en cas d'opposition, on attend le jugement définitif, qui, seul, établit les droits du Trésor.

3° Les sommes résultant de *transactions* ou de *soumissions* de s'en rapporter. Bien que ces actes forment, pour l'Aministration, des titres dont elle peut user, selon son gré, ils ne sont *définitifs* qu'après avoir reçu la sanction administrative; jusque-là, ils peuvent être augmentés ou réduits, ou entièrement rejetés, et ils ne constituent pas encore de droits certains dont les Comptables aient à suivre la réalisation. Les droits résultant de jugements ou de contraintes, de transactions, de soumissions ou d'actes d'adhésion, ne sont donc pris en charge que lorsque l'Administration a donné l'autorisation ou l'ordre d'en poursuivre l'exécution, et seulement pour les sommes dont le paiement est exigé par les décisions ou ordonnances. Les consignations pour assurer l'exécution des transactions ne sont appliquées au chapitre des droits et produits que lorsqu'il a été statué sur les arrangements par l'autorité compétente, attendu qu'il ne serait pas régulier de présenter des recouvrements sur des droits qui n'auraient pas encore été constatés.

EXERCICE. Tous les droits constatés au profit du Trésor, du 1er janvier au 31 décembre de chaque année, appartiennent à l'exercice désigné par le millésime de cette année. Les recouvrements effectués sur ces droits, pendant le cours de cette période et pendant les neuf premiers mois de l'année suivante, doivent être appliqués au même exercice. Il est ouvert au Sommier 71 A, un compte par exercice. Ce compte, quant à la constatation des droits acquis, est arrêté au 31 décembre de l'année qui donne son nom à l'exercice : les réalisations et décharges sont additionnées à la même époque, mais on doit y ajouter successivement les recouvrements, les remises et les non-valeurs dont il est passé écriture depuis le 1er janvier jusqu'au 30 septembre de la deuxième année de l'exercice. Alors le compte est balancé par le transport, à l'exercice suivant, des droits non-réalisés dont il reste à poursuivre la rentrée, soit sur les redevables, soit sur les Receveurs demeurés responsables. Lorsque les droits résultant d'une même affaire auront été appliqués, par partie, à deux exercices, les chemises N° 60 présenteront distinctement la portion des droits appartenant à chacun de ces exercices, ainsi que cela pourra arriver dans le cas où les droits constatés en vertu de jugements pour amendes et autres condamnations pécuniaires seraient susceptibles d'être augmentés par suite de transactions ultérieures stipulant des sommes qui, devant en partie tenir lieu de la confiscation des objets saisis, seraient supérieures à celles qui auraient déjà été inscrites dans l'une des années précédentes. — Dans ce cas, l'affaire devra figurer sur l'état N° 103, fourni pour chacun des exercices auxquels ont été appliqués les droits qui en résultent : une note renverra d'un état à l'autre : quant au complément de droits, il sera compris sur l'état N° 7 ou 8 de l'exercice auquel il aura été appliqué.

Les chemises N° 34 devront aussi présenter les remises et les non-valeurs distinctement par exercice.

Les chemises N° 60 doivent énoncer l'exercice auquel le droit se rapporte. A l'égard des droits qui appartiennent à des exercices clos, et qui ont été transportés aux exercices suivants, on indique le dernier des exercices auxquels ils ont été successivement appliqués : les remises et les non-valeurs portant sur ces droits reçoivent en même temps leur imputation sur ce dernier exercice.

DÉCHARGE. La décharge du compte des droits constatés se compose :
1° Du montant des recouvrements ;
2° Des remises accordées par l'Administration ;
3° Et des non-valeurs dûment justifiées.

Les décharges pour les sommes irrecouvrables sont accordées sur la production des pièces exigées pour l'allocation des non-valeurs.

Les recouvrements sont, au fur et à mesure, portés au sommier : mais on n'inscrit sur ce livre le montant des remises ou décharges que dans le mois pendant lequel les sommes recouvrées sont mises en répartion ou appliquées au paiement des frais.

Si l'Administration modère les conditions de la transaction, et que les offres aient été réalisées, il y aura lieu à restitution sans nouvelles écritures : si la réalisation ne s'effectue qu'après la décision, la somme payée sera inscrite aux recouvrements, et celle que remettra l'Administration dans la colonne des remises.

Si, au contraire, l'Administration exige une plus forte somme, et que le prévenu souscrive à sa décision, on ajoutera la différence aux droits constatés. Si le prévenu refuse d'exécuter la décision, les parties rentreront dans leurs droits respectifs, et, dans le cas de réalisation antérieure, le remboursement aura également lieu sans nouvelles écritures aux droits constatés : dans le cas contraire, on déchargera ce compte par voie de réduction.

Quand il y aura transaction après jugement définitif, ce compte sera déchargé par le recouvrement des sommes payées et par la remise du surplus des condamnations encourues qui auront dû y être portées intégralement au moment où le jugement sera devenu exécutoire.

Dans ces diverses circonstances, la décision administrative est la première justification à produire.

(Comptabilité générale, 25 août 1834 et 31 décembre 1838).

DROIT — DE CONSOMMATION SUR LE SEL. Voir : *Taxe de consommation*.

DROIT — DE GARDE OU DE DÉPÔT.

Ce droit fait partie des recettes accessoires, où il est confondu avec le droit de magasinage. Il est de 1 centime 1/4 par jour et par 50 kilog. ou pour chaque colis au-dessous de ce poids, sans que jamais il puisse excéder 1 p. % de la valeur. Il n'est pas passible du décime par franc. Il ne doit être perçu qu'à partir du neuvième jour de l'inscription du dépôt : toutefois, dans les cas prévus par l'article 22 de la loi du 9 février 1832, il est exigible à partir du jour même où le dépôt a été constitué. (Voir *le Tarif officiel*).

DROIT — A L'ENTRÉE DES VOITURES DE VOYAGEURS.

Il est classé parmi les recettes accessoires, où il occupe la 1re section. Il n'est point passible du décime par franc. Voir : *Consignations*, § 1er).

DROITS — DE DOUANES.

Sous cette dénomination, on comprend les recettes opérées sur les marchandises présentées en douane pour y acquitter les droits dont elles sont frappées, soit à l'entrée, soit à la sortie.

Ils sont classés dans les *Contributions et revenus publics*, où ils forment l'article 1er des droits et produits.

Ils sont perçus en numéraire : cependant, quand le même redevable présente en douane, dans la même journée, une ou plusieurs déclarations, s'élevant à plus de 600 francs, pour les droits d'entrée ou pour la taxe de consommation sur le sel, le Receveur peut recevoir en paiement des droits des obligations cautionnées, des traites ou des lettres de change commerciales. (*Circulaires Nos 570 et 1778*). Voir au mot : *Opérations de Comptabilité*, le tableau des Opérations N° 15).

Voir : *Acquittement*. — *Avis des recettes*. — *Etats annuels, N° 30, et Escompte*.

DROIT — DE MAGASINAGE.

Il est compris dans les *Recettes accessoires*, où il forme la dernière section avec le droit de dépôt.

Il est de 1 p. % ou de 1/2 p. % de la valeur de l'objet emmagasiné, selon le cas. (Voir *le Tarif*). Il est exempt du décime par franc. Il ne doit être perçu qu'à partir du neuvième jour de l'inscription du dépôt sur les registres de la Douane : toutefois, dans les cas prévus par l'article 22 de la loi du 9 février 1832, il est exigible à partir du jour où le dépôt a eu lieu.

DROITS — DE NAVIGATION.

Ils sont rangés dans les contributions et revenus publics, et forment l'article 2 des droits et produits.

Ils se composent des droits suivants :

1° Francisation des navires ;

2° Droit et demi-droit de tonnage ; — droit spécial sur les navires américains, mexicains et autres ;

3° Expédition des navires ;

4° Congés des bâtiments français, — passe-ports des bâtiments étrangers ;

5° Acquits, permis et certificats relatifs aux cargaisons des navires ;

6. Et taxes locales.

DROIT — DE RÉEXPORTATION DES ENTREPÔTS.

Il fait partie des *Recettes accessoires*, où il occupe la 2e section. Il est de 51 centimes par 100 kilog. bruts, ou de 15 centimes par 100 kilog. de valeur, au choix du redevable. (Voir *le Tarif*).

DROIT — DE RÉIMPORTATION DES MARCHANDISES INVENDUES A L'ÉTRANGER.

Ce droit, qui est de 51 centimes par 100 kilog., ou de 15 centimes par 100 francs de valeur, au choix du redevable, figure à la 3e section des *Recettes accessoires*. (Voir *le Tarif*).

DROITS SANITAIRES.

Ils sont rangés, par la loi du 24 juillet 1843, dans les contributions et revenus publics, où ils forment l'article 7 des droits et produits.

1. Les Receveurs principaux encaissent la généralité de ces droits, — soit qu'ils aient été recouvrés directement par eux ou par les Receveurs subordonnés de leur principalité, — soit que la perception ait été faite par les Receveurs spéciaux du service sanitaire.

Les perceptions effectuées directement par les Receveurs principaux ou subordonnés des douanes ont lieu sur des bulletins de liquidation établis par les Agents des Administrations sanitaires.

Les Receveurs principaux du service sanitaire, dans les ports où il en est établi, font le recouvrement des droits sanitaires de toute nature, et en versent le montant à la caisse du Receveur principal des douanes du même port au moins tous les dix jours.

Des Agents intermédiaires sont chargés, pour les convenances du commerce, d'opérer la perception des droits de patente, de certificats de relâche, de bulletins individuels de santé et de quarantaine des personnes dans les lazarets ; mais ils comptent, jour par jour, des produits qu'ils ont recouvrés, soit aux Receveurs spéciaux, soit aux Receveurs des douanes.

2. Les Receveurs principaux des douanes enliassent par ordre et conservent les bulletins de liquidation qu'ils ont perçus, pour les représenter aux Inspecteurs des douanes ou des finances lorsqu'ils en sont requis.

Ils se font exhiber les certificats de la marine mentionnés dans les articles 8, 20 et 24 du règlement du 5 décembre 1843, pour servir de contrôle aux versements qui leur sont faits des droits de patente perçus par les Agents des Administrations sanitaires.

Ils veillent, enfin, à ce que les Agents intermédiaires de perception et les Receveurs spéciaux comptent des sommes qu'ils ont recouvrées, et effectuent exactement leurs versements aux époques fixées.

3. Les Receveurs subordonnés des douanes versent à la recette principale dont ils dépendent les droits sanitaires recouvrés par eux, en même temps que les produits de leurs autres recettes : mais le versement de ces droits fait l'objet de récépissés spéciaux détachés du registre série N, N° 22.

4. Sous le rapport de la perception des droits, les relations des Receveurs spéciaux du service sanitaire avec les Receveurs principaux des douanes sont analogues à celles qui existent entre ceux-ci et les Receveurs subordonnés de leur principalité.

5. Les registres nécessaires pour opérer et constater la perception des droits sanitaires sont classés dans la série N, sous les N°s 17 à 26 inclusivement.

Des feuilles libres des livres 24, 25 et 26 sont employées par les Receveurs spéciaux et par les Receveurs subordonnés, pour le dépouillement des recettes, par nature et quotité des droits, nécessaire à la formation des états mensuels N° 23.

Les Receveurs principaux des douanes inscrivent, sur le registre 22, toutes les sommes qui leur sont versées par les Receveurs spéciaux et par les Receveurs subordonnés, et, sur les registres 18 à 21, selon la nature des droits perçus, toutes celles qu'ils ont recouvrées sur les redevables directement ou par l'entremise des agents intermédiaires de perception.

6. Le montant de ces divers recouvrements est porté, jour par jour, sur le journal de caisse et de portefeuille, série F. b., N° 12, relevé au sommier N° 3, et compris dans le bordereau mensuel de situation N° 2.

Le montant des mêmes droits est également compris dans les comptes de gestion annuelle, à l'appui desquels les Comptables produisent l'état mentionné à l'article 26 du réglement du 5 juin 1843.

7. Tous les droits recouvrés en décembre entrent dans les comptes de l'année à laquelle appartient ce mois, même ceux dont le versement n'aurait été fait que dans les premiers jours de l'année suivante aux Receveurs principaux des douanes, lesquels doivent faire écriture de ces versements par supplément à l'année expirée, ainsi que cela se pratique pour les produits de douanes perçus en décembre dans les bureaux subordonnés.

(*Comptabilité générale, 27 décembre 1843*).

DROITS — DE SORTIE DES COLONIES FRANÇAISES PERÇUS EN FRANCE.

Ces droits sont classés dans les contributions et revenus publics, où ils forment la 8e section des recettes accessoires.

DROITS — DE TIMBRE DES EXPÉDITIONS ET DES COMMISSIONS D'EMPLOI.

Voir : *Commissions d'emploi. — Timbre des expéditions.*

ÉCHANGE — D'OJBETS RÉFORMÉS. Voir : *Objets réformés.*

ÉCRITURES.

Elles doivent être régulièrement tenues sur le journal, et toujours concorder parfaitement avec les pièces qui les ont motivées : elles doivent aussi reproduire fidèlement tous les mouvements de fonds. Voir : *Mouvements de fonds.*

A la fin de chaque journée, on totalise sur le journal les recettes et les dépenses, puis on soustrait celles-ci des premières, et l'on obtient le solde, c'est-à-dire la somme qui doit rester en caisse et qui fait l'objet de la première recette de la journée suivante. Voir : *Solde.*

Les écritures portées au journal sont reproduites, jour par jour, article par article, et par nature, sur le livre de dépouillement ou sommier, de manière que le Comptable puisse en extraire, à tout moment, sa situation complète. Voir : *Sommier.*

Quand il y a lieu de rectifier les écritures, on le fait par voie d'addition ou de soustraction : l'article de redressement doit être bien motivé. Il doit énoncer s'il a pour objet de rétablir des sommes en recette ou en dépense, de réduire des recettes ou des dépenses, ou, enfin, de contrebalancer des sommes portées de trop en recette ou en dépense. Voir : *Modification.* — *Redressement.*

Le dernier jour de chaque mois, les écritures sont arrêtées et récapitulées sur le bordereau N° 2. Voir : *Bordereau.* — Elles sont vérifiées par les Inspecteurs, qui s'assurent qu'elles sont en harmonie avec les mouvements de fonds. Voir : *Vérification des Caisses.*

Voir : *Classement des écritures.* — *Enregistrement des recettes.* — *Opérations de Comptabilité.* — *Registres.*

EFFETS — DE COMMERCE. Voir : *Crédits.* — *Traites.*

ÉMARGEMENT.

1. C'est la quittance que donnent les ayant-droits sur l'état même où ils sont désignés. Voir : *Quittances.* — *Acquit.*

L'émargement à donner par les ayant-droit sur des états nominatifs peut toujours être suppléé par des quittances individuelles séparées.

2. Le défaut d'émargement nécessitant le non-paiement des sommes dues (voir : *Sommes non-payées à défaut d'émargement*), il importe que les Comptables fassent leur possible pour que les rôles, — les états de primes, — de répartitions, — et généralement tous les états de distribution, soient toujours émargés.

A cet effet, les Capitaines sont autorisés à mettre les rôles en circulation dès le 20 de chaque mois : ils font également circuler les états de répartitions et autres dès qu'ils leur sont adressés par le Receveur principal, et ils ne les lui renvoient que lorsqu'ils sont revêtus de la signature des parties prenantes. S'il arrivait que quelques Préposés ne pussent émarger, par suite de changement ou de destitution, les Capitaines seraient tenus de faire connaître au Comptable le lieu où ils se seraient retirés, afin de le mettre à même de leur réclamer des quittances. Si ces quittances étaient refusées par les Employés dans la crainte que les sommes leur revenant ne fussent appliquées au paiement de leurs dettes, on agirait comme il est dit au mot *Dettes*, N° *3*.

3. Les états de primes, de gratifications et indemnités, de répartitions, &., doivent être émargés par les ayant-droit ou leurs fondés de pouvoir. Voir : *Procuration*.

Les états de frais de loyers sont émargés : 1° par les Receveurs, seulement pour les sommes qui leur sont allouées à titre d'abonnement dans les localités où il n'aurait pas été fait de baux au nom de l'Administration; 2° par les propriétaires bailleurs quand il s'agit de sommes n'excédant pas 10 francs. Si la somme excède 10 francs, l'émargement est remplacé par une quittance délivrée sur papier timbré.
(*Comptabilité générale, 20 décembre 1841*).

Les états de frais de chauffage et de lumière sont émargés par les Receveurs pour les bureaux, et par les Capitaines pour les corps-degarde. (*Circulaire N° 1373*).

Il n'y a point d'acquit à exiger d'un titulaire sur le mandat individuel délivré pour le premier mois de traitement dévolu à la Caisse des retraites, ou sur l'état collectif d'émargement portant décompte de la retenue de ce premier mois au profit de ladite Caisse. Il suffit au Comptable, pour justifier la dépense, de mentionner, sur le mandat ou sur l'état, qu'il s'est d'office chargé en recette du montant de la retenue.

4. Dans les cas où des états de traitements sont émargés d'avance, et où quelques-uns des signataires sont décédés avant d'avoir acquis des droits au traitement intégral auquel s'applique leur émargement, il faut justifier des déductions opérées par suite desquelles les états produits ne sont pas employés pour leur montant, au moyen de certificats explicatifs fournis par les Agents chargés de toucher ces états, et qui mettent à même de juger de l'exactitude des déductions. Voir : *Certificats explicatifs*.

Dans le même cas, si on a substitué les sommes revenant réellement aux titulaires décédés à celles pour lesquelles ils ont émargé, il faut procéder comme il est dit ci-dessus, et produire des récépissés du Caissier central lorsque la déduction s'opère par voie de reversement au Trésor. *(Comptabilité générale, 26 décembre 1833).*

EMPLOI VACANT. Voir : *Vacance d'emploi.*

EN CAISSE. Voir : *Solde.*

ENLÈVEMENT — DE FONDS.

Il est expressément défendu à toute autorité civile et militaire de disposer d'aucune somme déposée dans une Caisse publique. Les Receveurs sont responsables de tout ce qu'ils auraient payé sans une ordonnance régulière. *(Arrêté du 18 fructidor, an VIII.)*
Voir : *Déficit.* — *Vol.*

ENREGISTREMENT — DES RECETTES.

Les recettes doivent être enregistrées, soit au journal, soit sur les divers registres de perception, jour par jour et au fur à mesure qu'elles se présentent. *(Circulaire du Ministre des finances, 26 septembre 1821).*

Tout Comptable convaincu d'avoir retardé ou omis de les inscrire sur ces registres serait destitué et poursuivi comme coupable de détournement des deniers publics. *(Arrêté du 27 prairial an X, article 4).*

Avant de porter les recettes au journal, il est essentiel d'examiner à quel chapitre elles appartiennent, afin de les classer convenablement et sous les dénominations du sommier.
Voir : *Classement des écritures.* — *Écritures.*

ENVOI — DES DÉPÊCHES. Voir : *Dépêches.*

ENVOI — DES PIÈCES.

L'époque de l'envoi des pièces à la Comptabilité générale est désignée dans le tableau ci-après : elle est de toute rigueur.

La transmission des bordereaux ne doit être différée ni afin que les pièces justificatives des dépenses y soient jointes, ni parce qu'ils seraient susceptibles de rectifications : dans ce dernier cas, il suffit de signaler à la Comptabilité générale, lors de l'envoi, soit les omissions ou lacunes, soit les irrégularités reconnues.

Les pièces justificatives de dépenses doivent être adressées par la Direction aussitôt qu'elles ont été vérifiées, et, au plus tard, dans les dix jours qui suivent l'envoi des bordereaux : les irrégularités que leur examen ferait découvrir, ainsi que les différences qui ressortiraient de leur comparaison avec les bordereaux, doivent être signalées à la Comptabilité.

Avant d'adresser les pièces, le Comptable doit les vérifier avec soin, et s'assurer, en les collationnant, qu'elles sont exactes.

Il faut avoir soin, vers le 25 de chaque mois, d'adresser à la Direction, pour être mandatées ou ordonnancées, suivant qu'elles appartiennent aux dépenses publiques ou aux dépenses des services particuliers, toutes les pièces de dépenses qui ne le sont pas encore et qui doivent appuyer le bordereau N° 2.

Nos des formules.	DÉSIGNATION des Bordereaux, Etats, et autres Documents.	Nombre à fournir.	Epoques fixées pour leur transmission	OBSERVATIONS.
	POUR L'ANNÉE.			
101 bis	Avis des recettes du mois de décembre. (Administration) . .	1	1er janvier	En formant ces états on néglige les centimes quand ils n'excèdent pas 50 centimes.
101 4ter	Avis des recouvrements de l'année. (Administration)	1	2 janvier.	
87	— Dito. — (Ministère).	1		
2	Bordereau de situation au 31 décembre	2	5 janvier	Au plus tard.
4	Procès-verbal de clôture. . . .	3	5 janvier	Il accompagne le bordereau de décembre.
2	Quand il y a lieu, une expédition, sur les nouveaux imprimés, du dernier bordereau des Receveurs dont les fonctions ont cessé dans le cours de l'année.	2	5 janvier	
»	Les pièces justificatives des dépenses acquittées en décembre, accompagnées des états N° 51, (Masses) 71, (Vacances et congés) et 102 (sommes non-payées)	»	du 5 au 10 janvier.	A la fin de décembre, il doit être fourni deux états N° 102 : l'un pour les parts non payées sur les états collectifs de dépenses employés en décembre ; l'autre pour celles qui restent à payer au 31 du même mois sur les états collectifs de dépenses employés en compte pendant l'année.
2	Bordereau supplémentaire de situation (quand il y a lieu) comprenant les perceptions faites en décembre dans les bureaux subordonnés — les opérations relatives à la balance des virements, et les rectifications dont les écritures auraient été reconnues susceptibles.	2		
»	Pièces justificatives des dépenses dont il a été fait écriture par supplément à la gestion. . .	»		
5	Etat des opérations faites sur les avances à recouvrer ou à régulariser.	2	du 15 au 20 janvier	
7 et 9 ou 8 et 10.	Etats des droits liquidés et constatés, appuyés des états mensuels nominatifs des timbres des commissions d'emplois, avec un bordereau qui en récapitule le montant.	3		
11	Etats des recettes faites pour divers services particuliers. . .	2		

E

N^{os} des formules	DÉSIGNATION des Bordereaux, Etats, et autres Documents.	Nombre à fournir.	Époques fixées pour leur transmission	OBSERVATIONS.
75	Etat de situation des produits d'amendes et confiscations restant à répartir.	3		
76	Etat de développement des opérations faites sur les fonds particuliers reçus de divers . . .	2	du 15 au 20 janvier	
81	Etat des dépenses faites sur les consignations	2		
84	Etat des dépenses faites sur les fonds particuliers reçus de divers	2		
86	Etat de développement des recettes et des dépenses faites en virement de comptes.	2		
102	Sommes non payées à défaut d'émargement.	1	5 janvier	Pour l'Administration.
102	Sommes non payées à défaut d'émargement.	1	5 janvier	Pour la Comptabilité générale.
105	Etat détaillé des droits acquis et constatés par suite de contraventions	3		Il doit être annexé à l'état 7 ou 8. Il se fournit aussi le 10 octobre avec l'état 71, de la série E.
112	Relevé des sommes reçues pour parts afférentes aux Préposés des Douanes dans les saisies faites à la requête des autres administrations	3	du 15 au 20 janv.	Il doit être annexé à l'état N° 11.
»	Bordereau des paiements effectués avec imputation sur le chapitre ouvert pour les dépenses des exercices clos	3		Il se fait à la main.
1	Compte de gestion	3		Les Receveurs doivent le rédiger aussitôt qu'ils ont reçu l'avis que les résultats de leur comptabilité ont été définitivement arrêtés par la Comptabilité générale.
15	Etat des réfactions de droits . .	2	le plus promptement possible	Ces états doivent accompagner le compte.
E. 36	Etat détaillé des droits d'importation et d'exportation	2		
»	Déclaration du Comptable sortant de fonctions portant qu'il n'a concédé aucuns crédits, etc.	1		
»	Dépenses faites sur le matériel. .	1	Du 15 au 20 nov.	
»	Etat récapitulatif des cessions d'objets matériels hors de service	1	Du 1er au 10 janv.	
»	Bordereau des recettes et dépenses sur les fonds de masse, service de santé et de casernement	1	Du 15 au 20 janvier	
»	Etat du produit des plombs et autres émolumens	1	Du 1er au 10 janvier	

N^os des formules.	DÉSIGNATION des Bordereaux, Etats, et autres Documents.	Nombre à fournir.	Époques fixées pour leur transmission.	OBSERVATIONS.
	POUR LE SEMESTRE.			
»	Etat des Préemptions exercées soit pour l'Etat, soit pour le compte des Employés	1	du 1er au 5	
	POUR LE TRIMESTRE.			
13	Etat des frais de loyer des bureaux et des corps-de-garde, et autres dépenses fixes	1	du 1er au 5	
55	Etat des frais de chauffage et d'éclairage des bureaux et corps-de-garde	1	du 1er au 5	
»	Etat du produit des saisies opérées dans l'intérieur en vertu du titre 6 de la loi du 28 avril 1816	1	du 1er au 5	
»	Etat des tabacs de santé ou d'habitude importés.	1	du 1er au 3	
»	Etat des tabacs d'habitude admis par suite d'autorisation de l'Administration des Contributions indirectes	1	du 1er au 3	
»	Etat des Pensionnaires décédés .	1	du 1er au 3	
	POUR LE MOIS.			
78	Virements. Paiements effectués pour d'autres Receveurs principaux.	1	à l'expiration du mois	Indiquer sur chaque lettre d'envoi : 1° le N° d'ordre des bordereaux ; 2° la nature de la recette ou de la dépense; 3° la résidence du Receveur qui a fait la recette ou la dépense, et celle du Comptable pour lequel l'opération a été faite.
79	Virements. Recettes effectuées pour d'autres Comptables . .	1	Au fur et à mesure que les recettes sont effectuées.	
2	Bordereau de situation N° 2. . .	2		
»	Les pièces justificatives des dépenses du mois, récapitulées sur les chemises et sur l'inventaire qui est rédigé en triple expédition	»	du 1er au 5 du mois	Une expédition de l'inventaire est renvoyée à la Recette principale pour accusé de réception.
E 100 bis	Quand il y a lieu, un bordereau récapitulatif des dépenses à liquider concernant le matériel et les dépenses administratives, à			

N^{os} des formules.	DÉSIGNATION des Bordereaux, États, et autres Documents.	Nombre à fournir.	Époques fixées pour leur transmission	Observations.
102	l'exception des indemnités accordées aux femmes visiteuses.	1		Il faut un bordereau par exercice.
	Relevé des sommes non-payées à défaut d'émargement ou de quittances	1		
E. K.	Bordereau des recettes et dépenses sur les fonds de masses. .	2	du 1er au 5 du mois	Un de ces bordereaux est renvoyé à la Principalité par accusé de réception.
E101 t.	Etat récapitulatif de la taxe de consommation des sels. . . .	1		
E. 90 t.	Etat des congés.	1		Il est annexé au rôle.
87	Avis des recettes du mois. . . .	1	le 1er	Pour le Ministère.
E101b.	Avis des recettes du mois. . . .	1	le 1er	Pour l'Administration.
»	Etat des remboursements des consignations à l'entrée et à la sortie	1 pl'en trée 1 p. la sortie.	du 25 au 30	
»	Etat des versements sur recouvrements pour des tiers. . . .	1	»	Quand le versement a lieu.
»	Etat comparatif des recettes. . .	1	du 1er au 5	Pour l'Inspection.
E. 53	Primes d'exportation payées pendant le mois.	1	du 1er au 5	
»	Primes de capture reçues des contributions indirectes.	1	le 1er.	

ESCOMPTE.

1. SUR LES DROITS DE DOUANES.

Les redevables des droits de douanes à l'entrée sont admis à jouir, pour les droits qu'ils acquittent au comptant, lorsqu'il s'agit de déclarations donnant ouverture à une perception au-dessus de 600 fr., d'un escompte calculé pour quatre mois à partir du jour de la liquidation, et réglé à raison de 3 p. % par an. (*Arrêté du Ministre des finances du 11 janvier 1831, article 1er, et Circulaire N° 2147*).

Plusieurs liquidations du même jour, quoique se rapportant à des marchandises déclarées à des dates différentes, peuvent se cumuler pour donner ouverture à l'escompte. (*Circulaire N° 1792*).

L'enregistrement de l'escompte sur le registre de recettes pourrait donner lieu à une difficulté aussi facile à prévoir qu'à surmonter. D'après la disposition du registre de recettes, l'escompte doit être présenté séparément pour chaque paiement : cependant il pourra arriver qu'après avoir levé une quittance de moins de 600 francs, la même personne soit dans le cas d'en lever, le même jour, une ou plusieurs autres qui, réunies à la première, excèdent cette somme, et qu'usant de la faculté accordée par les réglements, elle réclame le bénéfice de l'escompte sur l'ensemble des droits énoncés dans ces diverses quittances. Dans ce cas, on prélèvera la totalité de l'escompte sur la dernière perception, et une note mise à la souche rappellera les numéros des autres quittances auxquelles s'applique aussi cet escompte. (*Comptabilité générale, Circulaire lithographiée, 25 septembre 1833*).

L'escompte sur les droits de douanes fait partie des DÉPENSES PUBLIQUES, où il est classé sous l'article 6 du chapitre 2. Il est toujours enregistré au journal à la colonne des sans-mouvements de valeurs. (Voir au mot : *Opérations de Comptabilité*, le tableau des Opérations N° 3 de la dépense).

La quittance est justifiée par un mandat de paiement et par la quittance des parties, qui sont récapitulés sur la chemise N° 95, jointe à l'inventaire. *(Comptabilité générale, 4 mars 1831).*

2. SUR LES SELS.

Le paiement de la taxe de consommation sur les sels est effectué, — soit en traites ou obligations dûment cautionnées, à trois et six mois, lorsque le droit s'élève à plus de 600 francs, — soit au comptant, sous un escompte liquidé et bonifié à raison de 1 franc 87 cent. 1/2 par cent pour quatre mois et demi, terme moyen du crédit, soit un 1/7,8 p. °/₀ lorsque ce droit s'élève au moins à 500 francs. *(Ordonnance du 27 décembre 1843, — Arrêté ministériel du 8 décembre 1843, —et Circulaire N° 2189).*

L'escompte ne peut précéder le paiement effectif : ainsi il ne doit être soldé qu'après l'acquittement des effets pour raison desquels il est dû.

L'effet est censé acquitté s'il ne vient à protêt dans le délai fixé, et si la notification n'en est faite au Receveur. C'est à cette époque seulement qu'il doit payer l'escompte et s'en porter en dépense. *(Circulaire N° 785 du 31 janvier 1823).*

L'escompte pour les sels est classé dans les *Dépenses publiques* : il y figure sous l'article 5 du chapitre 2. Le paiement est justifié par un mandat de paiement et les quittances des redevables annexées à la chemise N° 28, qui accompagne l'inventaire.

ESCORTE — DE FONDS.

Lorsque les Receveurs principaux ou subordonnés ont à verser des fonds considérables dans les caisses des Receveurs des finances, ils peuvent les faire escorter par la gendarmerie pour en assurer le libre transport. Mais pour obtenir cette escorte, ils doivent adresser une réquisition aux autorités locales, c'est-à-dire aux Préfets, Sous-Préfets, et même aux Maires, suivant les cas, qui les visent et les transmettent à qui de droit. — Ils peuvent se servir du modèle suivant :

ADMINISTRATION **DES DOUANES.**

Ministère des Finances.

Envoi de fonds.

RÉQUISITION D'ESCORTE.

En vertu des ordres de M. le Ministre des Finances,

Le Receveur des douanes soussigné requiert MM. les Commandants de la force armée (ou des brigades de gendarmerie) à...., de fournir, sur l'exhibition de la présente, l'escorte qui sera demandée à l'effet de protéger les fonds publics expédiés pour le service du Gouvernement.

Fait à.... le..... 18...

Les demandes d'escorte ne doivent être faites que dans le cas où l'assistance de la gendarmerie doit être regardée comme une précaution que la prudence réclame et que le service ordinaire des brigades ne peut suppléer. *(Circulaire du 27 juillet 1807 et 11 juin 1825).*

ESTAMPILLAGE. Voir : *Plombage.*

ESTAMPILLES.

Les estampilles sont des timbres ou cachets que la Douane appose en certaines circonstances, et notamment lorsque le commerce envoie à l'étranger des échantillons ou autres objets destinés à la réimportation.

Le produit est réuni en une même masse avec celui des plombs et suit le même sort. (*Circulaire N° 1362*).

Voir : *Plombage.*

ÉTATS.

Les états que l'on adresse à la Comptabilité sont les suivants , Savoir :

ÉTATS DE MOIS.

AVIS DES RECETTES.

État série F. b., N° 87. Cet état doit se fournir au Ministre régulièrement le 1er de chaque mois : il se compose de toutes les recettes qui figurent à la première partie du bordereau N° 2, sous le titre de *Droits et produits.* Il présente la comparaison des recettes du mois de l'année courante avec celles du même mois des deux années précédentes. On y supprime les fractions de franc en forçant lorsque la fraction négligée est de 50 centimes et au-dessus.

Quand il y a eu deux gestions dans le même mois , il faut cumuler les recettes de ces deux gestions. Voir : *Avis des recettes.*

État série E, N° 101, bis. Cet état, qui, de tous points, se rédige comme le précédent, est adressé à l'Administration le 1er de chaque mois.

BORDEREAU N° 2.

C'est la copie exacte du total des chapitres du sommier, tant pour la recette que pour la dépense. — Tous les cadres qui y figurent doivent être remplis avec soin, toutes les indications qui y sont demandées sont nécessaires. — Le total des dépenses publiques doit être égal à celui présenté sur la première partie de l'inventaire. — C'est à vue du sommier N° 71 A des droits constatés que l'on remplit le cadre N° 8 , qui présente la situation des sommes à recouvrer sur les amendes. — C'est d'après le bordereau N° 6 des Receveurs subordonnés que l'on donne le développement exigé dans le cadre N° 9 : en retranchant le total de ces recettes du total général du sommier, on a les recettes du bureau principal.

Le bordereau N° 2 est dressé en triple expédition : l'une sert de minute; la seconde est pour la Comptabilité générale, et la troisième pour la Direction.

C'est du 1er au 5 qu'il doit être adressé à la Direction qui le vérifie. Avant d'en opérer l'envoi, le Receveur doit — le faire collationner avec soin; — s'assurer que toutes les parties qui le composent concordent bien avec les recettes et les dépenses réellement faites; — voir si les totaux des divers tableaux de développement sont en harmonie avec les parties du bordereau qu'ils concernent; — et, enfin, vérifier si le solde qui ressort du résultat général est bien le même que celui de son journal.

Voir : *Bordereau N° 2. — Vérification du bordereau.*

ÉTAT COMPARATIF DES RECETTES.

Du 1er au 5 du mois, on fournit à l'Inspecteur l'état des recettes du mois comparées avec celles du même mois de l'année précédente.

Douanes.

COMPARAISON DES PRODUITS.

Mois de........ 18..

Direction de....

Inspection de....

Principalité de........

État comparatif des recettes effectuées dans les bureaux de la principalité de..... pendant le mois de..... avec celles du même mois de l'année 18...

Bureaux.	Droits de Douanes.		Taxe de consommation.	Recettes accessoires.	Total des recettes du mois de...		Mois antérieurs		Total général.		Variation pour le mois		Motifs des augmentations ou des diminutions.
	Entrée.	Sortie.			18...	18...	18...	18...	18...	18...	augmentation.	diminution.	

ÉTAT COMPARATIF

DES RECETTES EFFECTUÉES SUR LE DROIT DE CONSOMMATION DES SELS.

Série E, N° 101 ter. Cet état s'envoie à la Direction du 1er au 5. Il présente la comparaison des recettes du mois avec celles du mois correspondant de l'année précédente, et il rappelle les recettes des mois antérieurs pour les deux années. — Lorsque les variations dans les recettes présentent quelque importance, on en indique la cause connue ou présumée.

CONGÉS.

Série E, N° 90 ter. Toutes les indications exigées par le cadre de cet état sont indispensables; chaque colonne doit être remplie avec le plus grand soin. On le fournit à la Direction, dans les cinq premiers jours du mois, à l'appui du bordereau N° 2, qu'il accompagne. Voir : *Congés, N° 6.*

DÉPENSES A LIQUIDER.

Série E, N° 100 bis. Cet état comprend toutes les dépenses variables non encore liquidées, savoir : les indemnités de frais de tournées — et de résidence; — les secours aux veuves; — les frais de saisies irrecouvrables, — et toutes les dépenses du matériel : les indemnités aux femmes visiteuses étant considérées comme des traitements d'activité ne sont point comprises sur ce bordereau.

Il en faut un par exercice : il est annexé à la chemise qui récapitule les dépenses.

CRÉDITS.

TABLEAU DE LEUR SITUATION RÉELLE.

Voir le mot : *Crédits, N° 3, et N° 11, § 1er.*

MASSES.

RECETTES ET DÉPENSES SUR LES FONDS DE MASSE.

Ce bordereau n'est que la récapitulation de la recette et de la dépense de l'article 3, chapitre 1er, des Opérations de Trésorerie. Toutes les pièces de dépenses y sont rapportées par ordre de dates et de numéros. Ces pièces doivent être acquittées par les parties prenantes et non par les Capitaines.

Du 1er au 5, on le fournit en double expédition à la Direction, qui, après vérification, en renvoie une à la Principalité pour la décharge du Receveur.

MARCHANDISES EXPORTÉES AVEC PRIME.

Série E, N° 53. C'est le bordereau mensuel des primes acquittées par les Receveurs principaux.

PARTS DE SAISIES

DU DIRECTEUR, DE L'INSPECTEUR ET DES COMMIS DE LA DIRECTION.

Au moment où l'on passe écriture des répartitions, on dresse, à la

main, l'état des parts de saisies revenant au Directeur : il le vérifie, et
le montant lui en est payé sur sa quittance.

Douanes.

COMPTABILITÉ.

Parts de saisies.

Mois de........ 18..

Direction de.....

PRINCIPALITÉ DE.....

ÉTAT des sommes dues à M. le Directeur dans les feuilles de répartitions comprises dans la Comptabilité du mois de.. et qu'il doit émarger lors de la vérification dans ses bureaux.

BUREAUX.	DATES des sa-sies.	NOMS des prévenus.	OBJETS des saisies.	PARTS DU DIRECTEUR.			OBSERVATIONS.
				brutes.	remises.	nettes	

Laquelle somme nette de.... a été reprise en recette au chapitre des fonds particuliers de divers jusqu'à ce qu'elle soit payée à l'ayant-droit en rapportant le présent dûment quittancé.
A..... le..... 18....

Pour acquit :

Le Directeur,

Un état semblable est établi pour les parts de l'Inspecteur, et un troisième pour celles revenant aux Commis de la Direction sur les remises qui leur sont faites par les Chefs.

PRIMES DE CAPTURE

REÇUES DE L'ADMINISTRATION DES CONTRIBUTIONS INDIRECTES.

Le 1er de chaque mois, on adresse à la Direction un état de toutes les affaires dans lesquelles des primes de capture ont été payées par l'Administration des contributions indirectes. La colonne d'observations est réservée pour indiquer si la mise en partage est consommée à l'époque de la formation de l'état, ou si seulement la demande d'or-

E

donnancement a été produite, et, en l'absence de ces deux cas, ce qui s'oppose à la régularisation des paiements.

Douanes.

COMPTABILITÉ.

Primes de Capture.

Mois de..... 18..

Direction de.....

PRINCIPALITÉ DE....

RELEVÉ de toutes les Primes de Capture reçues de l'Administration des Contributions indirectes pendant le mois de.... avec indication de l'emploi donné à ces sommes.

DATES des saisies.	BUREAUX.	PRÉVENUS.	QUANTITÉ de tabac donnant lieu à la prime.	QUOTITÉ de la prime.	DATE DU verse-ment.	INDICATION DE l'emploi donné aux sommes reçues.

REMBOURSEMENT

DES CONSIGNATIONS A L'ENTRÉE OU A LA SORTIE.

Vers la fin du mois, le Comptable adresse à la Direction, pour être ordonnancées, toutes les consignations qui ont été remboursées, soit dans son bureau, soit dans les bureaux subordonnés : mais, au préalable, il les range par ordre de date et par bureau, et les détaille sur deux états dont l'un présente l'entrée et l'autre la sortie.

Douanes.

Direction de.....

COMPTABILITÉ.

PRINCIPALITÉ DE....

Consignations à { l'entrée. / la sortie

Mois de..... 18..

ETAT des remboursements de consignations effectués à l'entrée (ou à la sortie) dans les bureaux de la Principalité pendant le mois de..... 18..

BUREAUX.	N^{os} ET DATES des passavants.	SOMMES remboursées.	OBSERVATIONS.

Certifié véritable le présent état, montant à la somme de.....

A..... le..... 18...

Le Receveur principal.

A ces états, le Receveur annexe les passavants de consignations qu'il adresse à la Direction avec la chemise N° 41.

RELEVÉ DES SOMMES
NON PAYÉES A DÉFAUT D'ÉMARGEMENT.

Série F. b., N° 102. Ce modèle sert pour le relevé mensuel et le relevé annuel. Il est envoyé à la Direction du 1er au 5 de chaque mois. — Les noms des ayant-droit y sont inscrits, par ordre alphabétique, et on porte les sommes revenant à un même créancier à la suite les unes des autres, dans l'ordre d'emploi en compte des états collectifs de dépense dont elles font partie.

Quand un créancier a des sommes à toucher dans plusieurs principalités, on renvoie, par des notes, des unes aux autres.

Si l'ayant-droit n'appartient plus à l'Administration, ou s'il est décédé, il faut l'indiquer dans la colonne d'observations, et faire connaître : 1° le lieu où s'est retiré l'ayant-droit qui a quitté l'Administration ; 2° si l'ayant-droit qui est décédé a laissé des héritiers ; 3° la qualité de ces héritiers et leurs résidences.

VERSEMENT SUR RECOUVREMENTS

FAITS POUR DES TIERS.

Toutes les fois que le Receveur est dans le cas de verser à la caisse du Receveur de l'enregistrement les perceptions qu'il a faites pour droits et amendes de timbre sur les lettres de voiture et les connaissements, il doit accompagner son versement de l'état dont suit le modèle :

DÉPARTEMENT
d

Administration de l'Enregistrement et des Domaines.

BUREAU DES DOUANES
d
—
Mois de..... 18..

BORDEREAU, article par article, des droits et amendes de timbre sur les lettres de voiture et les connaissements reçus par le Receveur des Douanes à.......pendant le mois de.... et versés au bureau de l'Enregistrement à.....

Nᵒˢ du registre de recette du Receveur des Douanes.	Date de la Recette	Copie de l'enregistrement des Recettes.	MONTANT DES RECETTES.					amendes en principal.	Totaux.	OBSERVATIONS.
			Droits de Timbre							
			à » 35 c.	à » 70 c.	à 1 25 c.	à 1 50 c.	à 2 fr.			

Certifié véritable et arrêté à la somme totale de.... par le Receveur principal des douanes soussigné.
A..... le..... 18...

ÉTATS DE TRIMESTRE.

LOYERS ET CHAUFFAGE.

1. L'état des frais de loyers des bureaux et corps-de-garde, et autres dépenses fixes, est imprimé : il porte le Nᵒ 13 de la série F. b.

C'est vers le 15 du second mois que le Comptable le met en circulation pour le faire émarger ou appuyer des quittances nécessaires : la dépense n'est faite que le premier ou le 2 du mois suivant.

La colonne *Titres en vertu desquels les loyers sont payés, &.,* doit contenir, selon les cas, les indications suivantes :

1º *Bail de.... années, à partir du.....*

On ajoute, pour le premier paiement : *copie ci-jointe;* et, pour les paiements subséquents : *Copie produite à l'appui de la Comptabilité du mois de... 18...*

2º *Jouissance par tacite reconduction, bail expiré le.... 18... Copie produite à l'appui de la comptabilité du mois de..... 18...*

3º *Location verbale.*

On ajoute, pour le premier paiement de chaque gestion annuelle :

Certificat du Directeur ci-joint : et, pour les paiements subséquents dans la même année : *Certificat du Directeur produit à l'appui de la Comptabilité du mois de. .. 18..*

4° *Allocation au Receveur à titre d'abonnement.*

5° Les services faits par abonnement, tels que PASSAGES D'EAU, &., sont portés sur cet état à la suite des loyers des bureaux, pour ce qui regarde le service de perception, et, à la suite des loyers des corps-de-garde, pour ce qui concerne le service des brigades : ces dépenses d'abonnement sont précédées du sous titre-suivant :

Loyer des services faits par abonnement.

2. L'état des frais de chauffage et d'éclairage est également imprimé : il porte le *N° 55, série F. b.*

Il est émargé par les Receveurs, pour le chauffage et l'éclairage des bureaux, et par les Capitaines pour l'éclairage des brigades.

PENSIONNAIRES DÉCÉDÉS.

C'est du 1ᵉʳ au 3 du mois qui suit le trimestre que l'on envoie cet état à la Direction : il comprend tous les pensionnaires décédés pendant le trimestre : la dernière colonne, *Indications sur l'existence des veuves, &.*, doit être remplie avec soin et donner tous les renseignements possibles sur les droits que peuvent avoir à la reversibilité les veuves et les orphelins.

𝔇ouanes.

Pensionnaires décédés.

Direction de ....

PRINCIPALITÉ DE .....

...ᵉ Trimestre 18... *ÉTAT des Pensionnaires dont le décès a été annoncé à M. le Directeur pendant le ...ᵉ trimestre 18...*

Noms et Prénoms des Pensionnaires.	Dernier grade dans l'administration	Durée des Services.	Montant de la Pension.	Date de la jouissance.	Numéro de la liquidation.	Époque a cessation de paiement	Date du Décès.	Indications sur l'existence des veuves et des droits qu'elles peuvent avoir à la réversion

Certifié véritable :

A..... le.... 18. .

Le Receveur principal.

E

SAISIES OPÉRÉES DANS L'INTÉRIEUR.

Douanes.

COMPTABILITÉ
et Suite des Saisies.

Trimestre de....18...

Direction d.....

PRINCIPALITÉ DE ......

BORDEREAU des Recettes et Dépenses sur le produit des Saisies opérées en vertu du titre 6 de la loi du 28 avril 1816.

RECETTES.

PRODUIT DES SAISIES TERMINÉES PENDANT		TOTAL.
le trimestre.	les trimestres anté.^{rs}	

DÉPENSES.

Trimestres pendant lesquels les saisies ont été terminées.	PARTS		PARTS NON PAYÉES		CAISSE DES RETR^{tes}		Caisse de Réserve.	TOTAL.
	des Chefs et Préposés des Douanes.	des Indicateurs et autres étrangers qui ont concouru aux saisies	aux Chefs et Préposés des Douanes.	aux Indicateurs et autres étrangers	Prélèvement du sixième qui revient au Trésor.	Prélèvement du 25 p.o⸝o.	Prélèvement du 6e qui lui est attribué et du 12e qui lui revient q. il n'y a p d'indicateurs	
Trimestre de . . .								
Trimestres antérieurs								
Totaux .								

Certifié véritable.

A..... le.... 18...

Le Receveur principal.

La recette s'établit d'après l'article 4 du chapitre des Droits et produits (Amendes et confiscations), et la dépense d'après l'article 3 du chapitre 2 des Dépenses publiques (répartitions sur les amendes et confiscations).

VERSEMENT DES QUITTANCES DE PENSIONS DE RETRAITE.

Voir le modèle de cet État au mot *Versements aux Comptables des finances, N° 2.*

ÉTATS D'ANNÉE OU DE GESTION.

ÉTATS A ÉTABLIR A LA MAIN.

ABONNEMENT AUX CIRCULAIRES IMPRIMÉES.

Douanes.

Direction de.....

CIRCULAIRES
IMPRIMÉES.

PRINCIPALITÉ DE......

Année 18..

État des Employés abonnés aux circulaires imprimées pendant l'année 18..

NOMS des EMPLOYÉS.	GRADES.	RÉSIDENCE.	NOMBRE d'exemplaires.	OBSERVATIONS.

Certifié véritable :

A........ le....... 18..

Le Receveur principal,

Voir, pour le mode d'encaissement du montant des abonnements, le mot *Circulaires imprimées.*

E

CESSION D'OBJETS MATÉRIELS RÉFORMÉS.

Douanes.

3ᵉ Divis^{on}. - 4ᵉ Bureau.

Ordon^t et Matériel.

CESSION
d'objets matériels hors
de service.

Année 18...

Direction de.....

PRINCIPALITÉ DE......

Etat récapitulatif des cessions d'objets matériels hors de service faites pendant l'année 18..

PRINCIPALITÉ.	BUREAUX, Corps-de-garde ou Brigades.	NATURE DE l'objet réformé.	MONTANT DU produit de chaque cession.	Mois pendant lesquels ont eu lieu les inscriptions en recette.	OBSERVATIONS.
1ʳᵉ PARTIE. Objets cédés à titre d'échange aux fournisseurs ou entrepreneurs de travaux, moyennant le paiement des sommes portées en recette au compte du Trésor.					
		Total...			
2ᵉ PARTIE. Immeubles ou objets mobiliers livrés à l'Administration des Domaines, pour être vendus au profit du Trésor.					
		Total...			

Certifié : A....... le........ 18..

DÉPENSES FAITES SUR LE MATÉRIEL.

Douanes.

—

MATÉRIEL.

Direction de......

—

PRINCIPALITÉ DE......

Exercice 18..

ETAT récapitulatif des dépenses du Matériel imputées sur l'exercice 18..

DATES des autorisations.	Nos des liquidations.	NATURE des Dépenses.	MONTANT DES DÉPENSES.			TRAVAUX		OBSERVATIONS.
			autorisés.	liquidées.	autorisés et restant à liquider.	complètement terminés au 31 décembre 18..	non terminés au 31 décembre 18..	

Fait à.....   le.....

Le Receveur principal.

La colonne destinée aux observations doit présenter d'une manière précise :

1º Les motifs qui se sont opposés à l'achèvement des travaux avant le 31 décembre ;

2º L'époque probable à laquelle ces travaux seront terminés ;

3º Toutes les indications propres à faire juger si l'imputation des dépenses relatives aux travaux non terminés peut être maintenue ou doit être reportée à l'exercice suivant.

Cet état doit être fourni à l'Administration du 15 au 20 novembre au plus tard. Si des dépenses urgentes devaient être effectuées avant la fin de l'année, on devrait en indiquer le montant dans une colonne qui, ajoutée au modèle, prendrait le Nº 7 et serait intitulée : DÉPENSES QUI SERONT A AUTORISER AVANT LA FIN DE L'ANNÉE.

Si des travaux commencés pendant l'année ne pouvaient être terminés qu'après le 31 décembre, il faudrait, s'il survenait quelques changements dans les faits prévus, les signaler à l'Administration par lettre spéciale dans les quinze premiers jours du mois de janvier.

(Circulaires des 2 décembre 1843 et 24 juillet 1845).

DÉPENSES DES EXERCICES CLOS.

Il est dressé, chaque année ou à chaque gestion, par les Agents du

Trésor, un bordereau nominatif des paiements par eux effectués pour dépenses des exercices-clos, indiquant les exercices et les chapitres du budget auxquels les paiements se rapportent.

Ce bordereau, dont le modèle est ci-dessous, doit parvenir au Ministère du 15 au 20 janvier, avec les divers documents fournis pour le réglement des comptes de gestion.

Quand il y a lieu, il est remplacé par un certificat négatif.

<table>
<tr><td>

Ministère des Finances.

DIRECTION
de la
Comptabilité générale
des Finances.

COMPTABILITÉ
des Receveurs de
Douanes.

Année 18..

</td><td>

Direction de.....

PRINCIPALITÉ DE......

Dépenses des exercices clos.

BORDEREAU nominatif des paiements effectués pendant l'année et sur l'exercice 18.. avec imputation sur le chapitre spécial ouvert pour les dépenses des exercices clos.
(Article 111 de l'ordonnance du 31 mai 1838).

</td></tr>
</table>

| INDICATION | | | NOMS | MONTANT | TOTAL | | OBSERVA- |
des exerci-ces auxquels les dépenses se rappor-tent.	N^{os}	Titres.	des créanciers.	des paiemens	par chapitre.	par exercice.	TIONS.

Certifié exact par le Receveur principal soussigné :

A..... le..... 18...

Vu par l'Inspecteur :   Vu par le Directeur :

DROITS SANITAIRES.

A la fin de chaque gestion, on fournit, à l'appui du compte N° 1, l'état des droits sanitaires de toute nature, soit que le Comptable en ait effectué directement la perception, soit que le recouvrement ait eu lieu par l'intermédiaire des Receveurs subordonnés des douanes ou des Agents du service de santé.

Cet état est formé d'après les livres auxiliaires N°s 17 à 26. Il est affirmé véritable par le Receveur rendant compte, et revêtu du certificat de l'Administration sanitaire chargée de la liquidation et du contrôle des produits. (*Arrêté du Ministre des finances du 5 décembre 1843. — Circulaire N° 2004 — et Comptabilité générale, 27 décembre 1843*).

INTÉRÊTS DE CAUTIONNEMENTS.

Ministère des Finances.

Direction de… ..

DIRECTION
de la
Dette inscrite.

INTÉRÊTS DE CAUTIONNEMENTS POUR L'ANNÉE 18..

SECTION
des Cautionnements.

ETAT des Préposés qui ont des intérêts de Cautionnements à toucher au Trésor pour l'année 18..

INSCRIPTIONS						MONTANT des cautionnements	INTÉRÊTS échus au 1er janvier 18..	CHEF-LIEU de résidence où les employés désirent être payés.	OBSERVATIONS.
N°s	folio	volume	NOMS et prénoms des titulaires	GRADES	RÉSIDENCES				
									Circulaire N. 1502 Se fournit dans le courant du mois de septembre.

E

MASSES.

Douanes.

FONDS
DE RETENUES.

Année 18..

Direction de.....

PRINCIPALITÉ DE....

BORDEREAU des Recettes et Dépenses faites sur les fonds de retenues pour Habillelement, Service de santé et Casernement des Préposés de brigades pour l'année 18..

NOMS DES COMPTABLES.	DURÉE DE LA GESTION	RECETTES.	DÉPENSES
Total			
Reprise du solde au 31 décembre 18...			
Report de la recette.			
Total			
Report de la Dépense			
Solde au 31 décembre 18....			

Certifié véritable par le Receveur principal soussigné.

A....   le....   18...

Vu et vérifié :
L'Inspecteur,

PRODUIT DES PLOMBS ET AUTRES ÉMOLUMENTS.

Douanes.   **Direction de.....**

PRODUIT
DES EMPLOIS.

PRINCIPALITÉ DE....

Année 18..

ÉTAT indicatif du produit des Emplois dans les bureaux de la Principalité de....pendant l'année 18...

Emplois	Résidences	Montant des appointemens.	Parts de saisies.	Parts de plombs.	Gratifications.	Logements		Allocation sur le 6.e réservé.	Total du produit de chaque Emploi.	Observations
						en nature.	indemnités qui en tiennent lieu.			

Certifié véritable par le Receveur principal soussigné.

A.... le.... 18....

Vu et Vérifié :

L'Inspecteur,

TIMBRES DES COMMISSIONS.

Douanes.   **Direction de .....**

TIMBRES
DES COMMISSIONS.

PRINCIPALITÉ DE ......

Année 18...

ÉTAT des Timbres de commission d'emploi perçus pendant l'année 18...

NUMÉROS des Bulletins.	MOIS.	NOMBRE de Timbres.	PRODUIT.	OBSERVATIONS.
	Total...			

Certifié véritable ;

A.... le.... 18...

Le Receveur principal,

Vu et vérifié :

L'Inspecteur,

ÉTATS D'ANNÉE OU DE GESTION.

ÉTATS IMPRIMÉS.

F. b. N° 1er. COMPTE DE GESTION. Il s'établit d'après le bordereau supplémentaire, dès qu'on en a reçu l'ordre.

N° 2. BORDEREAU DE SITUATION — *au 31 décembre.*

(Quand il y a lieu, on établit, sur les nouveaux imprimés, une expédition du dernier bordereau du Receveur principal dont les fonctions ont cessé dans le cours de l'année).

Ce bordereau doit comprendre : — les perceptions faites en décembre dans les bureaux subordonnés, — les opérations relatives à la balance des virements de comptes, — et les rectifications dont les écritures auraient été reconnues susceptibles. — Il est accompagné des pièces de dépenses dont il a été fait écritures par supplément à la gestion.

4. PROCÈS-VERBAL DE CLÔTURE.

Trois expéditions de cet acte sont jointes au bordereau supplémentaire : quand la Comptabilité a vérifié les écritures, elle en inscrit les résultats sur l'une de ces expéditions, qu'elle renvoie au Comptable afin que celui-ci les transcrive sur la minute qu'il a conservée. Lorsque le compte N° 1er est terminé, le Receveur principal l'adresse à la Direction, en y annexant l'expédition du procès-verbal de clôture qui lui a été renvoyée, et qu'il a eu le soin de signer et de faire signer par l'Agent qui a arrêté ses registres.

5. OPÉRATIONS *faites sur les avances à recouvrer ou à régulariser.*

Cet état est divisé en trois sections :

La première comprend le montant des avances qui restaient à recouvrer au 31 décembre précédent, et les avances faites pendant l'année ;

La deuxième se compose des recouvrements effectués sur les avances ;

Et la dernière présente ce qui reste à recouvrer ou à régulariser à la fin de l'année ou de la gestion.

C'est la copie exacte du tableau de développement N° 7 du bordereau N° 2 fourni à la fin de la gestion ou de l'année.

F. b.   Nᵉ 6.   DROITS CONSTATÉS *sur l'exercice précédent.*

Cet état est divisé en trois sections :

La première présente les droits qui restaient à recouvrer au commencement de l'exercice ;

La deuxième comprend les réalisations et décharges
pendant les neuf premiers mois de l'exercice ;

Et la dernière, qui est le résultat de la comparaison
des réalisations avec les droits qui restaient à recouvrer, indique les droits dont il reste à poursuivre le recouvrement au 30 septembre de l'exercice courant, et qui doivent être reportés sur ce
même exercice.

Il se forme d'après le Sommier Nᵒ 71 A, — ou le
tableau de développement Nᵒ 8 du bordereau de
situation. On l'annexe à l'état Nᵒ 8 ci-dessous.

F. b.   Nᵉ 8.   DÉVELOPPEMENT *des droits liquidés et constatés.*

Cet état n'est autre chose que la récapitulation des
recettes faites pour contributions et revenus publics, (1ʳᵉ partie du bordereau de situation Nᵒ 2).

Le cadre destiné au développement des amendes et
confiscations se remplit d'après le Sommier Nᵒ 71
A et l'article 4 du chapitre des Contributions et
revenus publics.

Amendes et confiscations. Les sommes qui y sont
portées doivent concorder avec celles présentées
en l'état Nᵒ 105, qui détaille les opérations de
l'année, et qui est l'annexe de l'état Nᵒ 8.

9.   DÉVELOPPEMENT *des droits de douanes, — des recettes accessoires, et de la taxe de consommation
des sels.*

C'est le relevé des droits et produits perçus dans les
bureaux subordonnés. Il sert à former l'état Nᵒ 8,
auquel il est annexé.

10.   DÉVELOPPEMENT *des droits de navigation.*

C'est un annexe du Nᵒ 8.

11.   RECETTES *faites pour divers services particuliers.*

Cet état présente la récapitulation des recettes du
chapitre 1ᵉʳ des Opérations de Trésorerie. Correspondants du Trésor. C'est la copie du bordereau de situation Nᵒ 2.

13.   RÉFACTIONS DE DROITS.

Cet état est rédigé d'après les termes des circulaires
Nᵒˢ 1190 et 2102. — Il est transmis à la Comptabilité générale en même temps que les états de
développement Nᵒ 30.

F. b. N° 30. DÉVELOPPEMENT *des droits d'importation et d'exportation.*

Cet état, qui accompagne le compte d'année, et qui a pour annexe l'état N° 8, sert de justification pour les droits de douanes : il doit indiquer le mode d'importation et la provenance lorsqu'elle détermine un droit différenciel, afin que la Cour puisse reconnaître qu'il a été fait une juste application du tarif aux dénominations duquel il faut se conformer. — D'après la contexture de l'état des droits liquidés (N° 8) et de celui-ci, il doit être fait un article distinct pour chaque espèce d'unités soumises à un droit de quotités différentes; et quand le rapport qui, en général, doit régner entre le nombre d'unités, la quotité du droit et le montant des perceptions n'existe pas, il y a nécessité d'expliquer les différences, soit qu'elles proviennent de réfactions, de droits par suite d'avaries (voir : *la Circulaire N° 1190*), de l'infériorité du produit des marchandises vendues pour le compte du Trésor comparativement au montant des droits dont elles étaient passibles, ou de toute autre cause. (***Comptabilité générale, 22 janvier 1841***).

Il ne doit comprendre que le commerce spécial, c'est-à-dire que les marchandises qui ont payé des droits à l'entrée ou à la sortie. Il est inutile d'y porter les marchandises de primes qui sortent en franchise, et qui, d'ailleurs, sont l'objet d'une Comptabilité particulière. — Les marchandises avariées qui ont joui d'une réfaction, y entrent pour leur poids intégral, et la quotité du droit réellement appliqué d'après le résultat de la vente publique est indiquée au vrai, de telle sorte que la quantité et le droit donnent la somme qui a été perçue et dont il s'agit d'expliquer les causes (Voir : *Etat des réfactions*) : seulement, au lieu de citer la loi qui établit la taxe dont on n'a recouvré qu'une partie, on met dans la colonne du titre de perception : 21 AVRIL 1818, ART. 51.

Le décime additionnel n'est pas ajouté à chaque article : il est porté en masse à la fin de l'état. (***Circulaire N° 1219***).

E. N° 71. DROITS *acquis au Trésor qui n'ont pu être recouvrés pendant l'exercice.*

Voir : *N° 103, Etat détaillé des droits constatés.*

F. b. N° 75. SITUATION *des produits d'amendes et confiscations.*

Cet état, qui a pour but de faire connaître, à la fin

de l'année ou d'une gestion, les produits restant
disponibles et les frais restant à recouvrer, présente , pour chaque affaire :

Le numéro du dossier,

La date des actes constatant les contraventions,

La nature des affaires,

Le nom des prévenus,

La nature et le dénombrement des objets saisis,

Les produits des amendes et confiscations dont il
n'a pas encore été disposé,

Enfin les frais à recouvrer sur ces produits. .

— Il se forme d'après les écritures tenues sur les
dossiers et sur le registre série E, N° 71.

Deux tableaux sont placés en tête de cet état :

Le premier offre : — dans sa première partie, le
montant des produits ; — dans la seconde, l'emploi qui en a été fait, — et, dans la troisième,
ce qui reste disponible. Ce reste doit être le même
que le total de l'avant-dernière colonne de l'état.

Le second présente : — le montant des avances
faites sur les frais, — les frais recouvrés — et
les frais restant à recouvrer. Ce reste doit être
exactement le même que le total de la dernière
colonne de l'état.

Les colonnes de ces tableaux qui rappellent les opérations faites pendant l'année, doivent concorder
avec le bordereau de situation N° 2. Il pourrait
arriver cependant que le total des sommes employées sur les produits pendant l'année ne fût
pas, sur l'état, le même que sur le bordereau
N° 2. Il faudrait alors en expliquer la cause, qui
ne pourrait provenir que de ce que l'état comprend
la somme *brute*, tandis que le compte d'année ou
le bordereau ne présente que la somme *nette*, c'est-
à-dire dégagée du décime et des sommes non-
payées à défaut d'émargement ou de quittances.

F. b.   N° 76.   DÉVELOPPEMENT *des opérations faites sur les fonds
particuliers de divers.*

Il se compose : — de la désignation des parties
pour le compte desquelles ont été faites les opérations ; — des soldes créditeurs relatifs à chaque
partie et résultant des opérations comprises dans
les comptes précédents ; — des recettes faites
pendant l'année, — du total des recettes , — des
dépenses faites pendant la même année — et des
soldes résultant de la comparaison des recettes
avec les dépenses.

Pour rendre simple et facile la formation de cet état,
le Comptable doit avoir soin d'ouvrir un registre

où il porte, par ordre alphabétique, le nom de chaque ayant-droit, et où il inscrit jour par jour les recettes et les dépenses. Il peut, par ce moyen, s'assurer à la fin de chaque mois que son relevé est conforme aux écritures portées au sommier.

F. b. N. 81.   DÉPENSES *faites sur les consignations.*

Cet état n'est autre chose que la copie exacte du chapitre 1er, article 5 de la dépense, des Opérations de Trésorerie.

F. b. No 84.   DÉPENSES *faites sur les fonds particuliers de divers.*

C'est le relevé du résumé des dépenses de l'article 7 de la dépense du chapitre 1er des Opérations de Trésorerie.

F. b. No 86.   DÉVELOPPEMENT *des recettes et dépenses faites en virements de comptes.*

Il est divisé en deux parties, la *recette* et la *dépense.*

Il se forme d'après les tableaux de développement No 6 du bordereau de situation No 2. Ses résultats doivent concorder avec le Sommier. Toutes les opérations concernant un même Comptable sont inscrites en son nom et additionnées ensemble. Les bordereaux de virements délivrés par un Comptable qui a reçu des fonds pour le compte d'un de ses collègues sont formés au nom de ce dernier.

F. b. No 87.   AVIS *des recouvrements de l'année.*

Voir : *Avis des recettes.*

F. b. No 87.   SOMMES *qui, à défaut d'émargement, n'ont pu être payées au moment de l'emploi en dépense des états collectifs où elles sont comprises, et qui sont encore dues à la fin de l'année.*

Cet état ne doit comprendre que les sommes qui n'ont pu être payées pendant l'année.

Les noms des ayant-droit y sont inscrits, par ordre alphabétique, pour chaque principalité, et on porte les sommes revenant à un même créancier à la suite les unes des autres, dans l'ordre d'emploi en compte des états collectifs de dépenses dont elles font partie. — Quand un créancier a des sommes à toucher dans plusieurs principalités, on renvoie, par des notes, des unes aux autres.

E. No 102.   Indépendamment de cet état, qui est fourni à la Comptabilité générale, un autre état, série E, No 102, est adressé à l'Administration : mais ce dernier doit reproduire les sommes antérieurement dues tant que le paiement n'en a pas été effectué et que la prescription de cinq ans, qui résulte de

l'application de l'article 9 de la loi du 29 janvier
1831, n'est pas acquise au Trésor.

Les sommes non payées doivent être présentées avec
la division suivante :

1° Dépenses publiques ;

2° Opérations de Trésorerie : dépenses pour services
particuliers.

F. b. N° 103.　ÉTAT DÉTAILLÉ *des droits acquis et constatés par suite
de contraventions.*

1. Il est divisé en cinq parties ;

La première comprend — les numéros et dates des
affaires , — ainsi que les noms des contrevenants ;
— la deuxième comprend — les sommes qui restaient à recouvrer au 31 décembre, suivant le
compte de la gestion précédente ; — les sommes à
recouvrer pour droits constatés pendant l'année,
soit pour valeur des objets saisis vendus ou remis
sous consignation, soit pour condamnations pécuniaires résultant de jugements ou de transactions ; — la reprise des droits qui restaient à réaliser sur l'exercice précédent à l'époque de sa clôture.

La troisième indique les réalisations et décharges qui
ont eu lieu pendant l'année, en recouvrements,
remises ou non-valeurs.

La quatrième désigne ce qui reste à recouvrer au 31
décembre de l'année qui vient de finir ;

Et la cinquième rappelle les justifications des remises
ou non-valeurs, en désignant — les mois pour
lesquels les dossiers qui les renferment ont été
produits, — et les chapitres et articles à l'appui
desquels la production a eu lieu.

On le forme à vue du registre N° 71 A et des dossiers de chaque affaire. Le total des colonnes 4, 8
et 9 doit concorder avec le total de l'article 4 des
droits et produits (amendes et confiscations). Le
reste à recouvrer porté à la colonne N° 13 doit
être le même que celui qui ressort, à la fin de
l'année, du registre 71 A. —

Il doit appuyer l'état N° 8.

F. b. N° 103.　2. Les réalisations et décharges des droits constatés
sont additionnées, sur le registre 71 A, au 31 décembre de l'année qui donne son nom à l'exercice : mais
on doit y ajouter successivement les recouvrements,
les remises et les non-valeurs dont il a été passé
écriture depuis le 1ᵉʳ janvier jusqu'au 30 septembre de la deuxième année de l'exercice. Alors le
compte des droits constatés est balancé par le transport, à l'exercice suivant, des droits non-réalisés

dont il reste à poursuivre la rentrée, soit sur les redevables, soit sur les Receveurs demeurés responsables.

E. N° 71 bis.   Ces opérations sont constatées par un état N° 103, qui se rédige de la même manière que celui dont il vient d'être parlé, mais qui doit être appuyé d'un état série E, 71 bis, dont le total doit être le même que le reste à recouvrer qui ressort de l'état N° 103. On transmet ces deux états à la Comptabilité générale du 10 au 20 octobre.

F. b. N° 112.   SOMMES *reçues pour parts afférentes.*
Cet état est l'annexe de l'état N° 11. Il est formé d'après l'article 5 du chapitre 1er des Opérations de Trésorerie. Chaque affaire y est inscrite par ordre de date.

EXERCICE.

C'est l'intervalle de temps compris entre le 1er janvier et le 31 décembre de chaque année : cependant, pour les droits constatés, la clôture de l'exercice est fixée au 30 septembre de la deuxième année.

RECETTES.

La date d'inscription aux registres détermine l'imputation d'exercice. Ainsi, les droits payés au comptant, ou réglés en traites et obligations de crédits, tels que droits de douanes, de navigation, les recettes accessoires, les produits de marchandises saisies, vendues ou remises sous consignation de la valeur, les taxes de plombage et d'estampillage et la taxe de consommation des sels, doivent toujours être appliqués à l'exercice courant.

Quant aux recettes sur les droits dont la réalisation n'a lieu que dans délais plus ou moins rapprochés, c'est-à-dire sur les sommes à recouvrer en vertu de condamnations pécuniaires, ou de transactions dans les affaires résultant d'infractions, elles doivent être portées à l'exercice auquel les droits ont été appliqués. (Voir : *Droits constatés*).

Les perceptions et recouvrements faits dans les bureaux subordonnés pendant le mois de décembre, ne sont versés à la Recette principale que dans le mois de janvier suivant ; mais comme ils appartiennent de fait à l'année pendant laquelle ils ont eu lieu, ils doivent entrer dans le compte relatif à cette période, et, par suite, les Comptables en font recette par supplément à cette même année. (Voir : *Bordereau supplémentaire.*)

DÉPENSES.

Les paiements effectués sur les *Dépenses publiques* reçoivent leur imputation d'exercice d'après les règles tracées au mot : *Crédits législatifs, N°s 2 et 3.* (Voir : *Frais de régie*, §).

Les dépenses faites pour *Opérations de Trésorerie* n'ont d'autre désignation d'exercice que celle de l'année pendant laquelle elles s'effectuent.

Toutes les dépenses d'un exercice doivent être définitivement liquidées dans les neuf mois qui suivent l'expiration de cet exercice.

D'après ce principe, l'exercice, pour les *Dépenses publiques*, est divisé en deux sections sur le sommier : EXERCICE COURANT — EXERCICE PRÉCÉDENT. C'est à ce dernier qu'on inscrit les dépenses acquittées pendant les neuf mois accordés pour l'apuration de l'exercice.

EXERCICE-CLOS.

Il est ouvert au Sommier un chapitre pour les exercices-clos. Ce chapitre, qui est le troisième de la première partie des *Dépenses publiques*, est divisé en deux articles : *Dépenses des exercices-clos* et *Dépenses des exercices périmés non frappés de déchéance.*

C'est au premier de ces deux chapitres que l'on inscrit les dépenses qui, ayant été constatées dans le cours des cinq années à partir de l'ouverture des exercices qu'elles concernent, sont faites après les 21 premiers mois, mais avant le commencement de la sixième année.

Au second sont portées celles qui ont été constatées postérieurement à l'expiration de la période quinquennale, et celles qui, l'ayant été antérieurement, sont acquittées dans le cours de la sixième année.

§ 1er.

EXERCICES CLOS.

1. Les dépenses d'un exercice restées à payer à l'époque de sa clôture sont imputées, jusqu'à l'époque de prescription de cet exercice, sur les crédits du budget de l'année courante, au moment où elles sont acquittées. Les ordonnances délivrées à cet effet sont nominatives, à l'exception de celles qui concernent les arrérages des rentes non-viagères : elles doivent rappeler distinctement les années auxquelles se rapporte chaque créance.

2. Le mode de comptabilité et de paiement des dépenses d'exercices clos se résume en ces termes :

Constatation de leur montant, par chapitre, dans le compte définitif des dépenses de chaque exercice ;

Rédaction et production, à la Cour des comptes, d'un état nominatif des titulaires de créances et de la somme due à chacun d'eux à l'époque de la clôture des exercices ;

Rédaction et production d'états nominatifs semblables pour les créances constatées après la clôture de l'exercice dans le délai de cinq années, depuis son ouverture, à mesure que ces créances ont motivé l'allocation de crédits supplémentaires ;

Délivrance d'ordonnances ministérielles de paiement ou de délégation, au vu des états nominatifs sus-mentionnés.

3. Les ordonnances et mandats ne sont payables que pendant l'année dont ils portent la date.

4. Toute dépense qui n'a pas été acquittée sur les crédits de l'exercice auquel elle se rapporte, ne peut plus être ordonnancée qu'à titre de rappel sur exercice-clos.

5. Les dépenses qui, bien que liquidées en temps utile, n'ont pu être ordonnancées ou payées avant la clôture d'un exercice, sont ordonnancées sur l'exercice courant avec imputation au chapitre ouvert, pour mémoire et sans allocation spéciale, au budget des finances, sous le titre de *Dépenses des exercices-clos.*

Les ordonnances délivrées sur l'exercice courant, par rappel sur des exercices-clos, doivent être renfermées, pour chaque chapitre, dans les limites des dépenses restées à payer à la clôture de l'exercice.

Une somme égale au montant des paiements effectués pendant le cours de chaque année est portée au crédit du chapitre des dépenses des exercices-clos, et comprise parmi les crédits législatifs lors du réglement de l'exercice.

6. Les créances qui, n'ayant pu être liquidées avant le 30 septembre de la 2e année de l'exercice, n'auraient pas fait partie des actes à payer, ne sont susceptibles d'être acquittées qu'au moyen de crédits supplémentaires.

7. Au 31 octobre de chaque année, les bureaux administratifs du Ministère et des Administrations des finances, ainsi que tout liquidateur des dépenses de ce Ministère, dressent, pour la partie du service qui les concernent spécialement, un état nominatif des sommes dues à des titulaires de créances dont les droits se rapportent à l'exercice périmé, soit qu'il s'agisse de créances non liquidées avant la clôture de l'exercice, ou de créances liquidées qui, à la même époque, n'avaient pas été l'objet d'ordonnances ou de mandats de paiement, soit enfin de créances liquidées et ordonnancées ou mandatées, pour lesquelles les ordonnances ou mandats délivrés n'avaient pas été payés à l'époque sus-indiquée.

Ces états sont envoyés au Secrétariat général des finances.

8. Aussitôt que le compte définitif d'un exercice est établi, le Secrétaire général des finances forme, d'après les états partiels mentionnés ci-dessus, l'état général et nominatif des créances non payées à l'époque de la clôture dudit exercice. Des états supplémentaires sont dressés dans la même forme pour les nouvelles créances qui seraient successivement ajoutées aux restes à payer, en vertu de crédits spéciaux.

Ces états sont remis en double expédition, par le secrétariat, à la Direction de la Comptabilité générale : l'une des deux expéditions est déposée à la Direction du mouvement général des fonds, pour servir à la vérification; l'autre est transmise à la Cour des comptes avec les bordereaux sommaires qui, pour les intérêts de cautionnements, tiennent lieu d'états nominatifs.

9. Les dépenses que le réglement définitif d'un exercice présente comme restant à payer à l'époque de sa clôture, et qui n'excèdent pas la limite des crédits régulièrement ouverts, peuvent être ordonnancées sur les fonds des budgets courants avant que la loi de réglement dudit exercice ait été votée par les chambres.

Les créances comprises dans les restes à payer, et qui excèdent la limite des crédits ouverts, ne peuvent être ordonnancées qu'après le vote de la loi des comptes.

10. Les ordonnances ou les mandats de paiement doivent relater les numéros d'ordre donnés à chaque créance sur les états nominatifs des restes à payer à la clôture de l'exercice, ou sur les états supplémentaires.

Tout ordonnance et tout mandat indiquent l'année à laquelle se rapporte la créance à payer; s'ils comprennent des créances de plusieurs années, les sommes afférentes à chacune d'elles y sont détaillées et totalisées.

11. Les rappels de dépenses des exercices clos imputables sur les budgets courants sont ordonnancés nominativement. Les ordonnances ne sont valables que jusqu'à la fin de l'année pendant laquelle elles ont été émises. L'annulation en a lieu d'office, à cette époque, par les Agents du Trésor, et le réordonnancement des rappels n'est effectué que sur une nouvelle réclamation des créanciers.

Les crédits de délégation non consommés au 31 décembre de chaque année, doivent être annulés dans la comptabilité des Ordonnateurs secondaires, et les mandats délivrés sur ces crédits cessent d'être payables à la même époque.

12. Sont prescrites et définitivement éteintes au profit de l'Etat, sans préjudice des déchéances prononcées par les lois ou consenties par les marchés ou conventions, toutes créances qui, n'ayant pas été acquittées avant la clôture des crédits de l'exercice auquel elles appartiennent, n'auraient pu, à défaut de justifications suffisantes, être liquidées, ordonnancées et payées dans un délai de *cinq années*, à partir de l'ouverture de l'exercice, pour les créanciers domiciliés en Europe, ou de *six années* pour les créanciers résidant hors du territoire européen.

Cette disposition n'est pas applicable aux créances dont l'ordonnancement et le paiement n'auraient pu avoir lieu dans les délais prescrits, par le fait de l'Administration, ou par suite de pourvois formés devant le Conseil d'Etat.

13. A l'expiration de la période quinquennale fixée pour l'entier apurement des exercices clos, les crédits applicables aux créances restant encore à solder demeurent annulés, et l'exercice arrivé au terme de déchéance cesse de figurer dans la Comptabilité.

(*Réglement du 26 janvier 1846*).

§ 2.

EXERCICES PÉRIMÉS.

Les dépenses d'exercices-clos à solder postérieurement à l'expiration de la période quinquennale fixée par l'article 9 de la loi du 29 janvier 1831, et qui, aux termes de l'article 10 de la même loi, se trouvent affranchies de la déchéance, doivent être l'objet de crédits extraordinaires spéciaux qui, d'après l'article 13 de la loi du 3 mai 1842, ne peuvent être ouverts que par une loi, sauf pour les arrérages des rentes viagères et non viagères. Elles sont rattachées au budget sur lequel ces crédits sont ouverts et où elles forment un chapitre spécial, et les ordonnances ou mandats délivrés pour leur acquittement demeurent payables jusqu'à la clôture de ce budget.

Le mode d'administration de chacune des dépenses de l'exercice courant est respectivement applicable aux dépenses des exercices périmés.

Les liquidations sont établies distinctement par exercice : les rapports relatifs aux créances doivent toujours faire connaître les causes qui ont empêché d'opérer la liquidation avant l'expiration des délais de déchéance.

Pour les dépenses des exercices périmés, il est formé, comme pour celles des exercices-clos, des états nominatifs qui sont remis à la Comptabilité générale en double expédition, l'une pour la Cour des comptes, et l'autre pour la Direction du mouvement général des fonds.

(*Réglement du 26 janvier 1846*).

EXTRAITS — DES ARRÊTS DE LA COUR DES COMPTES.

Voir : *Arrêts de la Cour des comptes.*

EXTRAITS — DES ACTES.

Lorsque les originaux des actes à produire comme justification ne peuvent être rapportés, il doit y être suppléé par des extraits, et, comme les Comptables ne peuvent se créer eux-mêmes des titres de justifications, ces extraits ne deviennent valables que par la certification de l'Inspecteur ou du Directeur. Toutefois, les extraits de pièces dont les originaux auraient été précédemment produits, et auxquels il serait renvoyé, n'ont pas besoin de cette certification. Dans ce dernier cas, il faut indiquer, sur les extraits, dans quel dossier et dans la comptabilité de quel mois l'original a été produit.

Il en est de même des états de frais généraux de vente, ainsi que des jugements ou arrêts collectifs. (*Comptabilité générale, 31 décembre 1838*).

FAILLITES.

L'article 9 de l'arrêté ministériel du 9 octobre 1832 ayant chargé la Comptabilité générale des finances de faire prononcer sur la responsabilité des Comptables, le Directeur doit l'informer sans retard de toutes les faillites de débiteurs de droits ou de leurs cautions, et lui indiquer les sommes pour lesquelles les uns et les autres sont engagés. (*Comptabilité générale, 26 décembre 1833*).

Cette obligation doit être ponctuellement remplie. Indépendamment des règles tracées par les circulaires N° 570 et 751 et l'arrêté ministériel du 9 décembre 1822, voici les points qui doivent être examinés et discutés dans le compte que le Directeur doit rendre d'après la première enquête :

1° En quoi consistent les obligations remises en nantissement des droits crédités? Sont-ce des traites, des effets de commerce ou tout autre papier, et quelle est sa nature?

2° Ces effets établissent-ils explicitement la solidarité des redevables, et le dernier endossement est-il libellé de manière à conserver le privilége du Trésor?

3° Les immeubles appartenant aux principaux obligés et à leurs cautions étaient-ils libres d'hypothèques lors de l'acceptation des traites?

4° Les signataires étaient-ils associés, communs en biens ou unis d'intérêts?

5° Dans le cas où le failli aurait été admis à cautionner d'autres négociants, présentait-il une garantie suffisante pour le double engagement accepté dans sa personne?

6° Il est encore indispensable d'indiquer *la date de la souscription* des effets et celle de leur *échéance*, afin que l'Administration puisse apercevoir au premier examen si le crédit, en ce qui concerne les sels, a été de six ou de neuf mois, et de combien de temps les dernières concessions de crédit ont précédé la première suspension de paiement?

7° On indiquera également la date de la suspension de paiement du premier effet protesté et la date du jugement déclaratif de la faillite.

8° Enfin l'on produira, autant que possible, des états détaillés indiquant *la date*, *l'échéance* et *le montant* des obligations que, soit comme principaux obligés, soit comme cautions, les redevables auraient été admis à souscrire au lieu de leur résidence habituelle ou ailleurs. (*Circulaire N° 1638, du 7 juillet 1837*).

FONDS.

1. Les fonds qui sont versés dans les Caisses publiques doivent être tenus constamment réunis, sinon dans la même Caisse, ce qui n'est pas toujours possible, du moins dans une même pièce, où ils puissent, à chaque instant, être complètement représentés aux vérificateurs. (*Circulaire du 26 septembre 1821*).

2. S'il manquait des fonds à la caisse d'un Comptable au moment où la vérification en serait faite, ce Comptable serait considéré comme étant réellement en déficit, bien qu'il eut représenté plus tard les fonds qui lui manquaient, et prouvé qu'il les avait tenus en réserve hors de sa caisse ou de son bureau. (*Même circulaire*). Voir : *Déficit*.

3. Quand il y a lieu de transporter des fonds d'une caisse dans une autre, et que, pour cause de sûreté, on juge nécessaire de les faire escorter par la gendarmerie, les Comptables doivent recourir à l'autorité administrative, soit pour obtenir d'elle des réquisitions, soit pour faire viser celles qu'ils auraient rédigées. Voir : *Escorte de fonds*. (*Circulaire N° 918*).

4. Les fonds existant dans la caisse et le portefeuille des Comptables, n'ont point d'affectation spéciale : quelles que soient l'origine et la destination des recettes d'où elles proviennent, les valeurs forment, entre les mains des Comptables, une masse commune de ressources indistinctement applicables à tous les besoins.

Toute spécialité de fonds étant interdite, les Receveurs ne doivent conserver en caisse que les seules sommes indispensables pour subvenir à des besoins très-prochains, et verser le surplus dans les caisses du Trésor royal, sans distinction d'origine, sauf à acquitter les dépenses d'une exigeance plus éloignée avec les recettes courantes, ou avec des fonds de subvention.

Quand, à la fin du mois, il existe des fonds en caisse, et que les Comptables les conservent, ils doivent en indiquer le motif sur le bordereau de situation. (*Circulaire N° 629*).

Voir : *Deniers publics*. — *Détournement de fonds*. — *Fonds de subvention*. — *Réserve de fonds*. — *Solde*. — *Valeurs en caisse*. — *Vol de fonds*.

FONDS CONSIGNÉS.

Ils forment l'article 1er du chapitre 1er des Opérations de Trésorerie.

Cet article a été ouvert pour offrir, en dépense, les fonds consignés, au nom de l'Administration, à la Caisse des dépôts et consignations, et, en recette, les remboursements faits sur ces fonds par la même Caisse; tels sont, par exemple, ceux que les Receveurs sont obligés de consigner pour user du droit de surenchère sur des immeubles vendus au-dessous de leur valeur par des débiteurs de droits envers le Trésor.

FONDS — ENLEVÉS DE CAISSE.

Voir : *Enlèvement de fonds. — Vol.*

FONDS — NON RÉCLAMÉS.

Par suite d'un ancien usage, les Comptables portaient en dépense le montant intégral des rôles et des états collectifs produits à l'appui de certaines dépenses, et reprenaient en recette, sous le titre de FONDS NON RÉCLAMÉS, toutes les sommes pour lesquelles ils ne pouvaient produire l'émargement ou la quittance du créancier. Mais on a dû rejeter ce mode comme étant, d'un côté, en opposition avec l'ordonnance du 14 septembre 1822 et l'arrêté ministériel du 25 décembre suivant, qui posent en principe général qu'on ne doit porter en dépense que les sommes réellement payées aux créanciers et dont ils ont fourni quittance; et, d'un autre côté, comme mettant un obstacle à l'application de l'article 9 de la loi du 29 juillet 1831, qui frappe de déchéance toute créance sur l'état qui n'a pas été liquidée, ordonnancée et payée dans un délai de cinq années après l'ouverture de l'exercice auquel elle se rapporte. (*Comptabilité générale, 25 août 1834*).

Voir : *Sommes non payées à défaut d'émargement.*

FONDS PARTICULIERS — DES COMPTABLES.

C'est l'article 9 du chapitre 1er des Opérations de Trésorerie.

C'est à cet article que les Receveurs doivent faire figurer les fonds qu'ils versent dans leur caisse pour subvenir au paiement de dépenses en excédant de leurs recettes, et dont ils font ensuite la reprise lorsqu'ils ont des fonds suffisants. Cette reprise est justifiée par le fait même de sa présentation en compte.

FONDS PARTICULIERS — DE DIVERS.

Article 8, chapitre 1er des Opérations de Trésorerie.

1. Cet article est divisé en deux sections : Fonds particuliers de divers — et recettes à classer.

On porte à la première toutes les sommes dues à des tiers pour lesquelles il y a émargement ou quittance, mais qui, lors de la dépense, sont laissées à leur disposition entre les mains du Comptable. Tels sont : les appointements des Préposés absents ou révoqués, — les parts de saisies et de primes de capture, — les retenues pour dettes inscrites sous le nom des Employés qui les ont supportées, &.

On porte à la seconde :

1º Le montant des versements faits, dans le courant de chaque mois, par les Receveurs subordonnés à compte de leurs perceptions du même mois;

2º L'indemnité que les fabricants de soude paient d'avance et qu'on ne peut appliquer tout de suite à l'exercice qu'elle concerne parce qu'il n'est pas encore ouvert au moment où s'effectue la recette;

3° Enfin toute autre recette qui ne pourrait être immédiatement portée au chapitre auquel elle appartient, comme le produit de la vente provisoire des minutes, etc.

Voir au mot : *Opérations de Comptabilité, le tableau des opérations N° 12, 14, 19, 36 de la recette, et 2, 11 de la dépense.*

2. Le décompte de ces diverses perceptions doit être réglé et apuré mois par mois : il s'en suit que les sommes reçues à compte et portées en recette dans le compte annuel des Receveurs principaux, doivent toujours se trouver balancées par celles qui sont portées en dépense pour leur application aux droits et produits.

D'après la nature des opérations inscrites à cet article, le Comptable ne doit y faire dépense que des sommes qui y ont été précédemment portées en recette : ainsi, en ajoutant aux recettes de l'année le solde de l'année précédente, cet article, à moins qu'il n'y ait eu balance parfaite, ne doit jamais présenter qu'un solde créditeur.

3. Le compte des fonds particuliers de divers se trouve souvent chargé de sommes qui y figurent depuis longtemps, et qui, pour la plupart, ne sont jamais réclamées par les ayant-droit dont la résidence est inconnue ou dont les héritiers sont ignorés; ces sommes, auxquelles d'autres recettes viennent successivement s'ajouter, ne pouvant demeurer indéfiniment dans les caisses des Douanes, il a été jugé convenable de les en retirer et de les verser à la Caisse des dépôts et consignations au nom de qui de droit.

En conséquence, il a été arrêté que chaque année, dans les quinze derniers jours de décembre, toutes les sommes dont la recette remonterait au moins au 30 novembre de l'année précédente, et qui, à cette époque, n'auraient pas été retirées par les ayant-droits, seront versées à la caisse des dépôts et consignations, (voir : *Caisse des dépôts et consignations*), à l'exception, toutefois, de celles qui proviendraient de retenues au profit de créanciers. Le versement de celles-ci n'aura lieu qu'à la fin de l'année qui suivra celle dans laquelle elles auront atteint le chiffre des dettes qui les avaient motivées. Il est entendu que les retenues pour dettes doivent figurer en recette, et être versées, quand il y a lieu, au nom de ceux qui les ont subies, avec indication des créanciers au profit desquels elles ont été effectuées.

Les récépissés de ces divers versements sont conservés par les Comptables pour justifier de leur libération envers les ayant-droit. (*Comptabilité générale, 28 décembre 1842*).

4. A la fin de l'année, on adresse à la Comptabilité générale, par l'intermédiaire de la Direction (voir : *Envoi de pièces. — États d'année*), un état N° 76 de la série F. b., dont le cadre est imprimé, et qui développe toutes les opérations faites sur ces espèces de fonds.

Pour rédiger facilement et convenablement cet état, le Comptable doit ouvrir un registre par ordre alphabétique où il inscrit tous les ayant-droit, et qu'il tient au courant tous les jours : à la fin du mois, le total des inscriptions faites sur ce registre, tant à la recette qu'à la dépense, doit être le même que celui porté au sommier.

5. Les dépenses faites pendant le mois sont justifiées par des quittances des parties prenantes que le Comptable conserve pour sa dé-

charge : ces quittances peuvent être établies sur papier libre quand elles n'ont pas pour objet le paiement de dettes s'élevant à plus de dix francs.

FONDS — DE RETENUES. Voir : *Masses.*

FONDS — RÉSERVÉS. Voir : *Réserve de fonds.*

FONDS — DE SUBVENTION.

Ils forment, pour la recette, les articles 1 et 2 du chapitre 3 *des Mouvements de fonds entre les Comptables des finances.*

Le premier de ces articles concerne les fonds reçus des Receveurs des finances, — et le second les fonds reçus des Receveurs des douanes.

Pour la dépense, ils occupent les articles 2 et 3 du chapitre 4 des *Opérations de Trésorerie,* sous les titres suivants : *Fonds de subvention fournis aux Directeurs des postes,* — et *Fonds de subvention fournis aux Receveurs des douanes.*

Voir : *Directeurs des postes.*

1. Quand le solde en caisse est insuffisant pour faire face aux dépenses, le Comptable est autorisé à demander des fonds de subvention aux Receveurs des finances, sans qu'il soit nécessaire de motiver sa demande autrement que sur l'urgence des besoins, et non sur la nature des services qu'ils concernent. *(Circulaire N° 629).*

Il peut formuler sa demande ainsi qu'il suit :

				DÉTAIL APPROXIMATIF DES BESOINS.		
Le crédit est de	»	»				
Il a été demandé » »			»	»		
Il est demandé » »						
Reste disponible . .	»	»	Pour appointements . . .		»	»
Le solde au ... est de . .	»	»	Pour répartitions sur les amendes		»	»
Recettes présumées jusqu'à la fin du mois.	»	»	Pour remboursements de masses		»	»
Fonds jugés nécessaires .	»	»	Pour retraites, etc. . . .		»	»
Total	»	»	Total égal		»	»

𝕯𝖔𝖚𝖆𝖓𝖊𝖘.

—

3ᵉ DIVISION.-3ᵉ BUREAU.

—

Ordon^t et Matériel.

Fonds de Subvention.

—

Demande
d'une somme de.....

A... le..... 18...

Monsieur le Directeur,

J'ai l'honneur de vous prier de m'adresser une formule de subvention de la somme de..... qui me sera nécessaire pour faire face aux dépenses que j'aurai à acquitter à la fin du mois courant.

Daignez agréer, etc.

Le Receveur principal,

2. Les demandes de fonds de subvention ne doivent contenir que des sommes rondes pour faciliter le contrôle des mouvements de fonds entre les Comptables. (*Circulaire N° 836*).

Dès que les Directeurs expédient un ordre de subvention au profit d'un Receveur principal, ils doivent en prévenir l'Inspecteur de ce dernier et lui faire connaître le montant du mandat, sa date, et la Caisse sur laquelle le paiement est imputé. (*Circulaire N° 586*).

3. Des crédits sont ouverts annuellement par le Ministre des finances ; ils ne peuvent jamais être dépassés.

Les fonds de ces crédits sont faits au Comptable sur ses récépissés, au fur et à mesure de ses besoins, soit par le Receveur particulier, soit par le Receveur général des finances, avec lesquels il est bon de de se concerter d'avance, afin de pouvoir aviser au moyen de se procurer les sommes nécessaires aux époques précises où l'on doit en avoir besoin.

Dans quelques circonstances, il pourrait arriver que les recouvrements du Receveur général et du Receveur particulier ne pussent suffire à la fois aux dépenses qu'ils auront à acquitter pour le Trésor et pour la Douane : dans ce cas, les Directeurs feraient fournir, sur la Caisse de service, par les Receveurs des douanes, leurs propres mandats ou traites à l'échéance la plus éloignée qu'il sera possible, en ayant soin de prévenir cette Caisse, quelque temps à l'avance, des dispositions qui auraient été faites sur elle. Ces traites pourront être négociées soit au pair, soit aux meilleures conditions possibles, et, s'il en résulte des frais, la Caisse de service est autorisée à en tenir compte aux Receveurs sur un bordereau certifié de l'Agent de change ou de l'Agent public qui aura opéré la négociation, lequel accompagnera la lettre d'avis de la délivrance des effets. Pour qu'il n'existe aucune incertitude sur la signature des Receveurs, les Directeurs doivent la faire connaître à cette Caisse.

(*Circulaire des 8 et 12 juin 1816*).

4. Les Receveurs subordonnés sont autorisés à réserver, sur leurs recettes, les fonds nécessaires au remboursement des consignations faites, soit dans leurs bureaux, soit dans les autres bureaux de douanes, afin que le consignataire qui a rempli toutes les formalités voulues n'éprouve aucun retard dans son remboursement.

Pour concilier l'exécution de cette mesure avec ce qu'exige l'ordre de la Comptabilité qui veut que, chaque mois, les Receveurs subordonnés soldent le compte de clerc-à-maître qu'ils rendent aux Receveurs principaux, voici la marche à suivre :

A la fin de chaque mois, les Receveurs font leurs écritures comme s'ils versaient toutes leurs recettes, de manière à balancer leur comptabilité du mois : mais au lieu de verser le solde en entier, ils réservent les fonds qu'ils jugent nécessaires pour faire face, soit au remboursement des consignations, soit à des dépenses qu'ils seraient autorisés à effectuer, et ils en font immédiatement recette, le premier jour du mois suivant, sous le titre : *Fonds reçus du Receveur principal pour subvenir au remboursement des consignations.* (*Comptabilité générale, 20 mai 1826*).

Si, à la fin du mois, les recettes étaient nulles, ou du moins insuffi-

santes pour couvrir les dépenses présumées, les Receveurs demande-
raient des fonds au Receveur principal : l'envoi serait constaté par un
article de dépense aux *avances*, et régularisé par un article de *recouvrement* en passant les écritures du mois suivant.

FORCEMENT — EN RECETTE.

1. Si, lors de la vérification qu'il fait des registres des Receveurs,
l'Inspecteur reconnait une fausse perception au préjudice du Trésor, ou
une omission sur les registres de timbres, il force le Receveur en recette des droits ou des timbres dont le Trésor est lésé, et ce forcement
est motivé tant sur ces livres que sur le journal.

2. Si la cour des comptes, en vérifiant le compte annuel, reconnait une fausse perception au préjudice du Trésor, le Receveur doit se charger en recette, par un enregistrement spécial sur
ses livres de l'année courante, au moment où le forcement lui est notifié, de la somme de recouvrement rétablie à sa charge sur le compte
de l'année dernière; il verse en même temps dans sa caisse une somme
égale. A la fin de l'année, le forcement est porté distinctement dans le
compte en l'appliquant sous une désignation spéciale au service qu'il
concerne. Une copie dûment libellée et certifiée de l'article de recette
inscrit sur les registres est adressée à l'Administration, qui la produit
à la Cour. — La Cour, assurée par cette pièce que le Receveur s'est
constitué réliquataire, et qu'il lui compterait ultérieurement de la recette qu'elle aurait eu à ajouter à sa charge sur le compte vérifié, main-
tient la recette erronée telle que celle-ci a été présentée, et après avoir
fait mention (pour mémoire) de cette circonstance dans son arrêt, elle
lève la charge imposée au Receveur, sans changer le résultat final du
compte jugé.

(Circulaire N° 712 du 9 mars 1822).
Voir : *Redressement. — Modification.*

FRACTIONS — DE CENTIMES.

1. Les fractions de centimes sont supprimées. (*Comptabilité générale, 26 avril 1832*).

2. Les décomptes mensuels étant indépendants les uns des autres,
la liquidation des droits pour chacun des douze mois de l'année ne doit
comprendre que le douzième du traitement annuel sans fraction de centime. Toute fraction de cette nature résultant de la division du traitement par douzième doit, en conséquence, être négligée.

Quant aux allocations attribuées à la Caisse des retraites, pour les
régler de telle sorte qu'elles ne puissent éprouver de lésion, il faut,
toutes les fois qu'elle a droit à une fraction quelconque de centime, lui
allouer le centime entier, sur chaque nature de retenue, dans le partage du douzième ou de toute autre portion d'un traitement annuel.
(*Comptabilité générale, 20 janvier et 15 février 1840*). Voir : *Décomptes.*

3. Le Trésor ne pouvant jamais être lésé, on doit supprimer les fractions de centime sur les sommes accordées pour l'escompte, sur celles
payées pour pensions de retraites, et sur toutes celles qui sont payées
au nom de l'État.

FRAIS — IRRECOUVRABLES.

Voir : *Frais de saisies. — Dépenses administratives.*

FRAIS — DE LOYER. Voir : *Dépenses fixes abonnées. — Loyers.*

FRAIS — DE RÉGIE, DE PERCEPTION ET D'EXPLOITATION DES IMPÔTS ET REVENUS PUBLICS.

Ces frais font l'objet du chapitre 1er de la première partie des Dépenses publiques. Ils doivent être justifiés par les quittances des parties prenantes appuyées de mandats de paiement. Voir : *Justification.*

Ils se divisent en six articles et comprennent les dépenses ci-après :
Art. 1er. Traitements d'activité ;
Art. 2. Indemnités et gratifications ;
Art. 3. Dépenses du matériel ;
Art. 4. Dépenses fixes abonnées ;
Art. 5. Dépenses administratives ;
Art. 6. Dépenses sur crédits extraordinaires.

Les dépenses des frais de régie appartiennent à l'exercice pour lequel elles ont été ouvertes. Ainsi, si elles sont payées dans le courant de cet exercice, elles sont inscrites dans le courant de cet exercice même : si elles sont effectuées dans les neuf mois qui suivent l'expiration de cet exercice, elles sont imputées sur l'exercice précédent ; s'il s'est écoulé plus de 21 mois et pas plus de cinq ans entre leur ouverture et leur paiement, elles sont imputables sur les exercices clos : enfin, s'il y a plus de cinq ans, la prescription quinquennale est encourue, et la créance ne peut plus être soldée que sur un crédit spécial.

Voir : *Dépenses. — Exercice. — Exercice-clos. — Crédits législatifs.*

FRAIS — DE SAISIES.

1. Au fur et à mesure que les frais se présentent, ils sont enregistrés au journal, au chapitre 2 des Opérations de Trésorerie, *Avances à recouvrer,* et portés en même temps sur le dossier de l'affaire qui les a occasionnés (voir : *Dossiers*), et sur le registre N° 71 de la série E. Ils sont justifiés par des états en due forme.

Les frais irrecouvrables sont justifiés par une liquidation appuyée d'une décision spéciale de l'Administration et par un mandat de paiement : ils font partie des *Dépenses administratives,* ainsi que les honoraires des avocats chargés de la défense des intérêts de l'État. (Voir ce mot). (*Circulaire N° 1837*).

Les frais de fourrière faits pendant les huit premiers jours sont à la charge du prévenu ; après ce délai, ils restent à la charge de la saisie. (*Circulaire N° 1870*).

2. Les sommes recouvrées sur les avances de frais judiciaires à la charge des contrevenants ne peuvent être assimilées aux produits d'amendes et confiscations. Quand on connaît leur montant, qui, du reste, doit toujours être énoncé dans les décisions administratives, on en opère le recouvrement au chapitre 2 des Opérations de Trésorerie : quand ces frais font, avec les sommes stipulées dans les transactions, l'objet d'une consignation, on les porte provisoirement à l'art. 6 du chapitre

2 des opérations de Trésorerie, **Consignations**, d'où, quand la décision est intervenue et que les fonds sont réalisés, on les retire par une dépense que l'on balance, à la recette, par un article de *recouvrement*. (Voir au mot : *Opérations de Comptabilité*, *le tableau des opérations N° 41 de la recette et 32 de la dépense*).

(*Comptabilité générale*, *1ᵉʳ septembre 1838*).

3. A la fin de l'année, les frais restant à recouvrer sont portés sur l'état N° 75, série F. b. (Voir : *Etats de fin d'année*). On les inscrit sur cet état à vue des dossiers ou du registre 71.

FRAIS — DE TRANSPORT DE BALLOTS, PAQUETS, FONDS, &. Voir : *Matériel*.

GESTION.

1. Les Comptables sont directement justiciables de la Cour des comptes, et ils présentent le compte de leur gestion en leur nom et sous leur responsabilité personnelle. (*Ordonnance du 8 novembre 1820, article 2*).

Les comptes sont rendus par année. (*Idem, art. 3*).

Chaque Comptable n'est responsable que des actes de sa gestion personnelle : en cas de mutation, le compte d'année est divisé suivant la durée de la gestion des différents titulaires, et chacun d'eux rend compte des opérations qui le concernent. (*Idem, article 4*).

2. La gestion des Receveurs subordonnés rentre dans celle des Receveurs principaux, lesquels reçoivent le compte des premiers et leur en donnent une décharge provisoire jusqu'au jugement définitif de la Cour. (*Circulaire N° 712*).

3. La gestion d'un Comptable sortant ne s'arrête point au jour à dater duquel il reçoit sa nomination pour un autre emploi, mais elle continue jusqu'au moment où il cesse ses fonctions.

Le nouveau titulaire fait remonter sa gestion à l'époque où a cessé celle de son prédécesseur, pourvu qu'elle ne soit pas antérieure à la date où sa nomination doit avoir son effet, à moins, toutefois, qu'il ne veuille pas se charger des opérations qui auraient précédé son entrée en fonctions et qui auraient été faites par un intérimaire. (*Lettre du 18 avril 1842*).

La signature du Comptable sortant n'est indispensable que sur les procès-verbaux de clôture et le compte N° 1er : les bordereaux et les divers états de développement peuvent être signés par son successeur.

4. Quand un Receveur principal s'absente par congé, il présente un suppléant qui doit être agréé par l'Administration, et celui-ci gère sous la responsabilité du titulaire qui conserve ses droits aux émoluments.

Lorsqu'il y a lieu à l'intérim d'une Recette, et qu'il n'y a pas de Receveur titulaire, le Directeur, et, en cas d'urgence, l'Inspecteur, désigne l'Employé qui doit être chargé de l'intérim, et ce choix est soumis sur-le-champ à l'approbation de l'Administration. Dans ce cas, l'intérimaire agréé a caractère pour être jugé par la Cour des comptes. Il rend compte de sa gestion et il en est personnellement responsable.

Si cependant l'intérim ne devait durer que quelques jours, et ne donnait lieu à aucune opération considérable, le Receveur arrivant pourrait, d'accord avec l'intérimaire, faire remonter le compte de sa gestion à l'époque où son prédécesseur aurait cessé ses fonctions. (*Circulaire N° 964*).

5. Dans le cas de cessation de fonctions d'un Comptable dans le courant de l'année, le compte de sa gestion doit être appuyé des mêmes états qu'un compte d'année.

Voir : *Comptes.* — *Clôture de gestion.* — *Mutation de Comptables.* — *Héritiers.* — *Comptable décédé.*

GRATIFICATIONS. Voir : *Indemnités et gratifications.* — *Primes de capture.*

HÉRITIERS. — APPOINTEMENTS.

Quand un décompte a pour objet les appointements d'un employé décédé, les héritiers doivent, pour en obtenir le paiement, produire les pièces ci-après :

Acte de décès de l'employé ;

Titres d'hérédité ou de propriété (voir : *Certificat de propriété*) ;

Quittance motivée. (Voir : *Pièces sujettes au timbre*).

L'Ordonnateur peut dispenser la partie prenante de ces formalités, mais il doit motiver cette dispense. — Le paiement est dû jusques et y compris le jour du décès.

— Les appointements du mois pendant lequel l'Employé est décédé peuvent être payés, à sa veuve ou à ses enfants, sur de simples quittances et sans aucune production de titres d'hérédité ; mais, alors, ces quittances doivent énoncer la qualité des parties prenantes, c'est-à-dire celle de *veuve*, de *fils* ou de *fille* du défunt ; — relater le fait du décès avec sa date, — et être toujours revêtues du certificat des Capitaines de brigades portant expressément sur l'exactitude de ces énonciations. (*Comptabilité générale, 30 décembre 1826 et 12 novembre 1832*). Voir : *Certificat d'identité.*

HÉRITITIERS. — COMPTABLE DÉCÉDÉ.

Au moment de la levée des scellés apposés sur les biens d'un Comptable décédé, il faut appeler ses héritiers et constater leur présence ou leur refus de paraître.

Si le Comptable est en débet, les héritiers qui auront pris qualité et qui auront signé, à ce titre, le procès-verbal établissant ce débet, afin qu'ils ne puissent le contester, seront chargés de l'acquitter. S'ils ne font pas sur-le-champ les dispositions nécessaires pour y satisfaire, une contrainte, en tête de laquelle on transcrira le procès-verbal, sera décernée, et des poursuites dirigées contre eux en vertu de cet acte.

Les héritiers qui auront pris qualité ne peuvent se dispenser de rendre le compte du Receveur décédé ; s'ils s'y refusaient, ils devraient y être contraints par les voies de droit, conformément à l'article 24 du titre 13 de la loi du 22 août 1791, qui leur deviendrait applicable, comme représentant le Comptable dont ils auront hérité. (*Circulaire N° 717*).

S'ils renoncent à la succession, on ne peut les forcer à rendre le compte, parce qu'ils y restent étrangers : dans ce cas, c'est le nouveau titulaire qui le rend, mais séparément du sien. (*Idem*).

Dans le cas où ces héritiers déclareront ne vouloir agir que comme bénéficiaires, on exigera qu'ils donnent caution bonne et solvable de la valeur du mobilier compris dans l'inventaire, et de la portion du prix des immeubles non délégués à des créanciers hypothécaires, conformément à l'article 807 du Code civil. (*Circulaire N° 639*).

HÉRITIERS. — MASSES. — PARTS DE SAISIES, DE PRIMES, &.

Les héritiers d'un Employé décédé qui veulent obtenir le paiement des sommes qui lui revenaient au moment de son décès, soit pour remboursement de masse, soit pour parts de saisies ou de primes, &., doivent produire, à l'appui de leur demande :

1° L'acte de décès, sur papier timbré et dûment légalisé;

2° Un extrait d'intitulé d'inventaire, une copie de testament en due forme, ou un certificat du juge de paix constatant leur droit d'hérédité. (Voir : *Certificat de propriété*).

3° Et une quittance régulière (voir : *Quittances*), qui, lorsqu'elle n'est point destinée à paraître à la Cour des comptes, peut être faite sur papier mort.

HÉRITIERS. — RETRAITES.

1. VEUVES ET ENFANTS.

Au décès des pensionnaires, les arrérages de leur pension sont — de 25 francs et au-dessous — ou de plus de 25 francs.

Dans le premier cas, ils sont payés aux veuves et enfants du défunt, sur la production au Ministère des finances :

1° De l'extrait mortuaire, légalisé, mais établi sur papier libre;

2° D'un certificat, sur papier libre, délivré soit par un Préposé supérieur des douanes, soit par le maire ou l'adjoint, constatant que la veuve et les enfants qui réclament leur sont bien connus comme étant seuls héritiers; (ce certificat doit désigner les enfants mineurs et les majeurs).

3° Et d'un certificat de cessation de paiement délivré par le Receveur principal. (Voir : *Retraites.* — *Certificat de cessation de paiement*).

Dans le second cas, les veuves et enfants doivent produire :

1° Acte de décès du pensionnaire, sur papier timbré et dûment légalisé;

2° Un extrait, sur papier timbré, d'intitulé d'inventaire, ou, à défaut d'inventaire, un certificat d'hérédité délivré sur papier timbré, par le juge de paix, conformément au décret du 18 septembre 1806; — — légalisé par le Président du Tribunal, — enregistré, — et constatant la qualité et le nombre des héritiers, en désignant les enfants mineurs et les majeurs; (voir : *Certificat de propriété*).

3° Et un certificat, sur papier libre, délivré par le Receveur principal, constatant l'époque à laquelle le pensionnaire a cessé de toucher sa pension. (Voir : *Retraites. — Certificat de cessation de paiement*). (*Circulaire du 20 avril 1829, N° 1159*).

Dans les deux cas ci-dessus, si les enfants sont tous mineurs, la quittance de la veuve, comme tutrice de droit, suffira : s'il y a des enfants majeurs, ils signeront la quittance conjointement avec leur mère : — il en sera de même si tous les enfants sont majeurs. (Voir : *Quittances-Retraites, N° 7*).

2. HÉRITIERS COLLATÉRAUX.

Les exceptions ci-dessus sont spéciales aux veuves et enfants des pensionnaires, et ne sont pas applicables aux héritiers collatéraux : ceux-ci demeurent assujettis aux formalités voulues par le droit commun. (*Circulaire N° 1159*).

Pour obtenir le paiement des arrérages dus, quel qu'en soit le montant, ils ont à produire :

1° L'acte de décès du pensionnaire, sur papier timbré et légalisé ;

2° Un extrait d'intitulé d'inventaire, sur papier timbré, ou, à défaut d'inventaire, un certificat d'hérédité délivré par le Juge de paix du domicile du décédé. — Et, en cas de testament, un extrait de cet acte délivré, sur papier timbré, par le notaire dépositaire, et enregistré ;

3° Et un certificat de cessation de paiement délivré par le Receveur principal. (Voir : *Retraites. — Certificat de cessation de paiement.*)

Si les arrérages sont dus à un légataire universel par testament olographe (*article 1008 du Code civil*), ils ne peuvent lui être payés que par la production :

1° D'un acte de notoriété constatant que le pensionnaire décédé n'a pas laissé d'héritier à réserve ;

2° Et d'une expédition de l'ordonnance d'envoi en possession. (*Paris, 5 mars 1846*).

3. VEUVES ET ENFANTS, — ET HÉRITIERS COLLATÉRAUX.

Nulle portion d'arrérages réclamée par les héritiers ne pouvant être payée (voir : *Retraites-Paiement des arrérages*) sans une ordonnance spéciale délivrée par le Ministre des finances, les ayant-droits doivent adresser directement au Ministère, sous le timbre BUREAU DES PENSIONS, les justifications exigées pour la reconnaissance de leurs droits au montant des arrérages. (*Circulaire N° 1159*).

Les héritiers qui ne fournissent pas l'extrait mortuaire de leur auteur dans le délai de six mois à compter de son décès sont déchus de tous droits aux arrérages dus.

Les héritiers ou ayant cause ont, pour faire valoir leurs droits, un délai de trois ans à partir de la notification du décès, quand elle a été faite en temps utile. (*Réglement du 26 janvier 1846, article 103*).

HYPOTHÈQUES.

1. CRÉDITS DE DROITS.

Si le Receveur admet comme cautions pour les crédits de droits des

personnes étrangères au commerce et communes en biens avec les négociants, il doit avant tout s'assurer que leurs biens sont libres de
toute hypothèque pour une somme sensiblement supérieure au montant des droits dont elles garantissent le crédit, et prendre inscription
sur ces mêmes biens aussitôt qu'il est possible de le faire légalement
s'il arrive que les effets de crédits soient protestés à l'échéance à défaut
de paiement. (*Circulaire N° 570*).

Les inscriptions hypothécaires doivent être prises au profit du Trésor
royal, à la poursuite et diligence de l'agent judiciaire ayant son bureau
au Ministère des finances, et le domicile doit être élu aux hôtels de
Préfecture ou de Sous-Préfecture, et non ailleurs. (*Circulaire N° 894*).

Voir : *Biens des Comptables. — Priviléges.*

2. DÉBET. — DÉFICIT.

Si le Receveur qui est en débet a des immeubles, on fait de suite
des inscriptions sur ces biens au nom de l'Administration, et on procède à leur expropriation.

Il en est de même à l'égard d'un Receveur auquel on serait obligé
de fermer les mains par suite d'un déficit reconnu lors de la vérification de sa caisse. (*Circulaire N° 639*).

IMPRESSIONS — DE LA COMPTABILITÉ.
Voir : *Registres. — Chemises.*

IMPUTATION — D'EXERCICE. Voir : *Crédits législatifs, N° 2.*

INDEMNITÉS ET GRATIFICATIONS.

1. Elles forment l'article 2 du chapitre 1er des dépenses publiques.

2. Elles sont prises sur les fonds de 350,000 francs alloués annuellement par les crédits législatifs, et réparties entre les Agents du service administratif et ceux du service actif. (*Comptabilité générale, 15 décembre 1836*).

3. Ces indemnités sont passibles de la retenue de 5 p. %. (*Comptabilité générale, 30 novembre 1825*), qui est prise en recette au profit de la Caisse des retraites (voir : *Retenues proportionnelles, Nos 5 et 8*), en même temps que l'on effectue la dépense : l'opération a lieu sans mouvement de valeurs.

4. A la fin du mois dans lequel le paiement est compris, on récapitule la dépense sur la chemise N° 19, à laquelle on annexe les pièces justificatives, et qui accompagne l'inventaire.

Si les paiements sont imputés sur deux exercices, il faut fournir une chemise pour chacun de ces exercices.

5. La répartition de ces fonds est arrêtée, à la fin de chaque année, par l'Administration, après examen des propositions des Directeurs, et conformément aux bases posées par l'ordonnance royale du 30 décembre 1829.

Un état de cette répartition est dressé par chaque Directeur, et lorsque, sur la demande de l'Administration, le Ministre des finances a ouvert par délégation, aux ordonnateurs secondaires, les crédits nécessaires à l'imputation de la dépense, les Directeurs font établir, par principalité et par capitainerie, un rôle de distribution, et délivrent les mandats de paiement.

Les pièces justificatives de cette dépense sont communiquées, par la Direction de la Comptabilité générale, dès qu'elles lui sont parvenues, à l'Administration des douanes; celle-ci compare les sommes attribuées individuellement par les rôles avec celles qui figurent aux états généraux de répartition; elle renvoie ensuite les pièces dans les bureaux de la Comptabilité générale, accompagnées d'un arrêté de liquidation.

Cet arrêté n'est pas remis au Comptable : il est produit à la Cour des comptes avec le compte de gestion.

(*Réglement du 26 janvier 1846*).

INDEMNITÉS — DE TOURNÉES ET DE FRAIS DE FOURRAGE; — DE RÉSIDENCE; — AUX FEMMES QUI CONCOURENT A LA VISITE; — AUX EMPLOYÉS BLESSÉS.

Voir : *Dépenses administratives.*

INJONCTIONS.

Ce sont les ordres que transmet la Cour des comptes aux Comptables dont les comptes d'année ou de gestion sont défectueux ou irréguliers.

Ces injonctions portent, — soit sur des forcements en recette ou des radiations de dépenses, — soit sur des diminutions de recettes ou des augmentations de dépenses; elles donnent, en même temps, les explications et les directions nécessaires pour l'accomplissement des charges imposées. (*Circulaire Nᵒ 912*).

Les Comptables ont un délai de deux mois pour y satisfaire; ils y satisfont — soit par la production des justifications réclamées, — soit par l'explication des différences signalées, soit, enfin, par des renseignements propres à éclairer la Cour sur les opérations qui ont donné lieu à des observations. (*Comptabilité générale, 30 juillet 1825*).

Voir : *Arrêt.*

INSOLVABILITÉ.

Dans toutes les affaires où, pour cause d'insolvabilité des prévenus, les condamnations pécuniaires n'auront pu être recouvrées, les certificats d'insolvabilité doivent être accompagnés d'une décision de l'Administration autorisant la surséance indéfinie des poursuites. (*Comptabilité générale, 31 décembre 1838*).

INSPECTEURS.

Les Inspecteurs vérifient la caisse des Comptables et constatent les débets ou les déficits qu'ils reconnaissent. (*Circulaire Nᵒ 639*). — Ils arrêtent le solde en caisse le 31 décembre de chaque année, et à chaque mutation de Comptable. (*Arrêté du 9 novembre 1820, article 2*). — Ils visent les comptes d'année et les différents états qui les accompagnent. — Ils visent également les rôles d'appointements, — les états de frais de régie, — les états de distribution, — et généralement toutes les pièces de dépenses, surtout celles qui concernent le matériel.

Voir : *Vérification des caisses, — des pièces de comptabilité. — Visa.*

INTÉRÊTS — DES CAUTIONNEMENTS.
Voir : *Cautionnements*, N° 2.

INTÉRIMAIRES.
Voir : *Gestion. — Mutation de Comptables*.

INVENTAIRE — DES PIÈCES DE DÉPENSES.

C'est l'état sur lequel le Comptable récapitule, à la fin de chaque mois, le nombre et le montant des pièces de dépenses qu'il produit à l'appui de son bordereau de situation.

Il est établi en triple expédition : l'une est adressée à la Comptabilité générale ; les deux autres à la Direction, qui, après vérification, en renvoie une au Comptable pour accusé provisoire de réception. (*Circulaire N° 637*).

Il doit énoncer distinctement :

1° Le nombre de mandats de paiement ou ordres de dépenses ;

2° Le nombre — soit d'états d'appointements, de gratifications, de frais de loyers, de répartitions d'amendes et confiscations et des primes de capture, — soit d'arrêtés de liquidation des dépenses du matériel, de frais de saisies irrecouvrables, &. ;

3° Et le nombre de quittances et autres pièces de toute nature annexées aux ordres de dépenses, aux états d'appointements, &., enfin, aux divers arrêtés de liquidation. (*Comptabilité générale, 31 janvier 1832*).

On le forme à vue des chemises.

Sa division est absolument la même que celle du sommier. Il est partagé en deux exercices. La première partie contient toutes les dépenses publiques et doit concorder avec la partie correspondante du bordereau : la seconde renferme toutes les opérations de trésorerie, à l'exception des sommes versées à la Caisse des dépôts, des masses, des fonds particuliers de divers, et des avances à recouvrer ou à régulariser.

INVENTAIRE — DES EFFETS DES COMPTABLES EN FUITE.
Voir : *Débets des Comptables*.

JOURNAL.
Voir : *Livre-journal*.

JUSTIFICATIONS.

Les Comptables envoient, chaque mois, à l'Administration, un bordereau des recettes et des dépenses effectuées par eux pendant le mois : ils doivent joindre à ce bordereau les pièces justificatives de leurs opérations du mois, et notamment celles qui se rapportent aux dépenses. (*Arrêté du 9 novembre 1820, article 5*).

Ces pièces sont rappelées sur des chemises qui sont elles-mêmes récapitulées sur un inventaire.

Voici la nomenclature des pièces exigées pour justifier soit la recette, soit la dépense.

J

§ 1er.

RECETTES.

1re PARTIE DU BORDEREAU.

CONTRIBUTIONS ET REVENUS PUBLICS.

NATURE DES RECETTES.	*JUSTIFICATIONS EXIGÉES.*
AMENDES ET CONFISCATIONS. (EXERCICE PRÉCÉDENT).	États annuels Nos 7 et 103. (*Comptabilité générale, 30 novembre 1826*).
DROITS DE DOUANES.	États annuels Nos 8 et 9 ou 10, et état No 30. Ce dernier s'envoie avec le compte de gestion. (*Comptabilité générale, 30 novembre 1826 et 22 novembre 1831*).
DROITS DE NAVIGATION.	États annuels Nos 8 et 10. (*Idem*).
RECETTES ACCESSOIRES.	États annuels Nos 8 et 9. Plus : *Pour les timbres :* États mensuels des timbres de commissions d'emploi — et bordereau récapitulatif de ces mêmes états. (*Comptabilité générale, 15 décembre 1836*). *Pour les marchandises vendues en douane (recettes accidentelles) :* Les procès-verbaux de vente et les pièces justificatives des frais et du décompte du produit net des objets vendus. (*Comptabilité générale, 22 janvier 1841*). *Pour les intérêts payés par les débiteurs de traites en souffrance :* Fournir, avec le premier bordereau qui présente l'extinction de la créance, le décompte de ces intérêts, ou copie de la décision qui en fait remise, ou des actes de carence. (*Comptabilité générale, 26 décembre 1833*).
AMENDES ET CONFISCATIONS. (EXERCICE COURANT).	États annuels Nos 8 et 9 ou 10, et état annuel No 103, annexé à l'état No 8. (*Comptabilité générale, 1er septembre 1838*).

NATURE DES RECETTES.	*JUSTIFICATIONS EXIGÉES.*
PLOMBAGE ET ESTAMPILLAGE.	États annuels Nᵒˢ 8 et 9 ou 10. Plus, *pour les vieux plombs :* acte de vente annexé à l'état mensuel de répartition. *(Idem).*
TAXE DE CONSOMMATION DES SELS.	États annuels Nᵒˢ 8 et 9. *(Idem).*
DROITS SANITAIRES.	État annuel des droits liquidés formé et affirmé véritable par le Receveur principal, et revêtu du certificat de l'Administration sanitaire chargée de la liquidation et du contrôle des produits. *(Arrêté du 5 décembre 1843, article 26).*
REVERSEMENT POUR REJET DE DÉPENSES DE L'EXERCICE PRÉCÉDENT.	Cette opération ne se justifie point : elle ressort de l'injonction de la Cour des comptes qui rejette la dépense.

RECETTES.

2ᵉ PARTIE DU BORDEREAU.

OPÉRATIONS DE TRÉSORERIE.

NATURE DES RECETTES.	*JUSTIFICATIONS EXIGÉES.*
REMBOURSEMENT DE SOMMES VERSÉES A TITRE DE CONSIGNATION.	État annuel Nᵒ 11.
SERVICE DES RETRAITES	Décompte des retenues établies sur les mandats de paiement, les états de gratifications et de répartition, et les rôles d'appointements.
FONDS DE RETENUES POUR L'HABILLEMENT, &.	Pièces jointes au compte spécial de ce service, et état Nᵒ 11.
PRIMES DE CAPTURE.	État annuel Nᵒ 11.
SOMMES AFFÉRENTES.	État annuel Nᵒ 11, auquel est annexé l'état Nᵒ 112.

NATURE DES RECETTES.	*JUSTIFICATIONS EXIGÉES.*
CONSIGNATIONS.	État annuel N° 11.
RECOUVREMENTS POUR DES TIERS.	État annuel N° 11.
FONDS PARTICULIERS DE DIVÈRS.	États annuels N°ˢ 11 et 76.
FONDS PARTICULIERS DES COMPTABLES.	État annuel N° 11.
FONDS DE SUBVENTION REÇUS DES RECEVEURS DES FI-NANCES.	Talon des récépissés produits à l'appui de la dépense comprise dans les comptes des Receveurs des finances.
FONDS DE SUBVENTION REÇUS DES CAISSES DE L'ADMI-NISTRATION.	Talons détachés des récépissés des Rece-veurs à qui les fonds ont été remis. (*Comp-tabilité générale, 16 décembre 1829*).
REPRISE DES VALEURS PRO-VENANT DE LA GESTION DU PRÉDÉCESSEUR DU COMP-TABLE.	Procès-verbal de clôture joint au compte de la gestion précédente.
VIREMENTS DE COMPTES.	Bordereaux et récépissés, et état annuel N° 86.

§ II.

DÉPENSES.

—

1ʳᵉ PARTIE DU BORDEREAU.

—

DÉPENSES PUBLIQUES.

NATURE DES DÉPENSES.	*JUSTIFICATIONS A PRODUIRE.*
	PERSONNEL.
TRAITEMENTS D'ACTIVITÉ. ET	1° Mandat de paiement désignant les par-ties prenantes ; 2° états émargés ou ap-puyés de quittances, dûment arrêtés, et présentant, conformément à l'article 10

NATURE DES DÉPENSES.	*JUSTIFICATIONS A PRODUIRE.*

INDEMNITÉS ET GRATIFICA-
TIONS.

de l'ordonnance du 14 septembre 1822,
le nom, le grade ou l'emploi, la position
de présence ou d'absence, le service
fait, la durée du service, et le décompte
de la somme due. *(Comptabilité générale, 30 décembre 1826).*

MATÉRIEL.

MATÉRIEL.

Mandats de paiement appuyés, indépendamment des liquidations — des devis,
procès-verbaux d'adjudication, ou de
marchés en due forme, si les constructions ou fournitures ont été faites par
suite ou en exécution de semblables
actes, ce que le mandat doit spécifier,
— des mémoires ou factures (sur papier
timbré pour les sommes qui excèdent
10 fr.), — des quittances ou états de
menus frais. — Le tout revêtu, suivant
la nature de la dépense, soit de l'attestation de l'exécution du service, soit du
certificat de réception des matières livrées
ou des travaux confectionnés; soit, enfin, de certificats portant que les dépenses
concernent un service public.
(Comptabilité générale, 30 décembre 1826).

Travaux par adjudication.

CONSTRUCTION, ENTRETIEN
ET RÉPARATION DES BU-
REAUX, CORPS DE GARDE
ET EMBARCATIONS.

1° Arrêté de liquidation;
2° Procès-verbal d'adjudication (sur papier
timbré) appuyé du cahier des charges;
3° Certificat de réalisation du cautionnement;
4° Approbation de l'Administration;
5° Procès-verbal (sur papier timbré) de la
réception des travaux;
6° Mémoire timbré de l'entrepreneur, dù-
ment réglé et arrêté;
7° Quittance timbrée de l'ayant-droit;
8° Mandat de paiement.

Travaux non adjugés.

1° Arrêté de liquidation, — ou, en cas de
travaux d'urgence au-dessous de 50 fr.,
porcès-verbal d'urgence rédigé par le
chef local;
2° Devis estimatif sur papier timbré;
3° Autorisation donnée, par l'Administra-

NATURE DES DÉPENSES.	JUSTIFICATIONS A PRODUIRE.

(Suite).

CONSTRUCTION , ENTRETIEN ET RÉPARATION DES BU- REAUX , CORPS-DE-GARDE ET EMBARCATIONS.

tion, de faire exécuter les travaux ;

4° Certificat de réception des travaux (sur papier timbré) ;

5° Mémoire (timbré) dûment réglé et ar- rêté ;

6° Quittance timbrée de l'ayant-droit ;

7° Mandat de paiement.

Paiements d'à-compte.

1° Mémoire (timbré) sommaire, ou état de situation des travaux dûment arrêté ;

2° Quittance de l'ayant-droit ;

3° Mandat de paiement.

Acquisition de maisons ou de terrains.

1° Copie de la décision qui autorise l'ac- quisition ;

2° Copie ou extrait (timbré) de l'acte de vente notarié ou administratif, ou de tout autre titre constatant l'acquisition et la transmission de la propriété, — ledit acte relatant textuellement la transcrip- tion au bureau des hypothèques ;

3° Certificat (timbré) délivré, quinze jours après la transcription de l'acte de vente, par le Conservateur des hypothèques, et constatant que l'immeuble acquis n'est grevé d'aucune hypothèque inscrite.

NOTA. Lorsque le certificat du Conservateur des hypothèques, délivré quinze jours après la trans- cription, constate l'existence d'hypothèques ju- diciaires ou conventionnelles, l'Administration, au lieu de faire aux créanciers inscrits les notifi- cations indiquées par l'article 2183 du Code civil, enjoint au vendeur de rapporter main-levée de toutes les inscriptions existantes dans les 90 jours de la date du contrat, à défaut de quoi elle dépose son prix à la Caisse des dépôts et consignations, après avoir purgé les hypothèques légales : pour cet effet, la consignation sans offres réelles préa- lables doit toujours être stipulée par une clause expresse dans le contrat.

4° Pièces relatives à la purge des hypo- thèques légales (*article 2194 du Code civil*), savoir :

Certificat (timbré) du dépôt du contrat au greffe pour être affiché ; — Notification

(Suite).

CONSTRUCTION, &.

(timbrée) au Procureur du Roi et aux parties intéressées; — certificat d'affiche (timbré) pendant deux mois; — exemplaire certifié de la feuille d'annonces judiciaires du département, constatant l'insertion de l'exploit de notification.

NOTA. S'il s'agit d'une acquisition dont le prix est inférieur à 500 francs, la décision du Ministre qui l'autorise peut dispenser de la purge des hypothèques légales; si le prix est inférieur à 100 francs, la purge n'est pas nécessaire.

5° Certificat du Conservateur des hypothèques constatant qu'aucune inscription n'a été requise, sur l'immeuble acquis, pendant les deux mois de l'affiche dans l'auditoire du tribunal;

6° Décision de l'Administration autorisant le paiement;

7° Quittance (timbrée) du vendeur;

8° Mandat de paiement.

(*Règlement du 26 janvier 1846*).

ACHAT ET ENTRETIEN DES POIDS, BALANCES ET USTENSILES DE BUREAU.

Dépenses au-dessous de 50 francs.

1° Mémoire (timbré) dûment liquidé et arrêté, revêtu du certificat de réception indiquant, *pour les achats*, le numéro d'inscription à l'inventaire;

2° Quittance timbrée de l'ayant-droit;

3° Arrêté de liquidation (produit seulement à la Cour des comptes par l'Administration);

4° Mandat de paiement.

(*Règlement du 26 janvier 1846*).

Dépenses de plus de 50 francs.

1° Arrêté de liquidation;

2° Devis (timbré) des travaux ou fournitures;

3° Copie certifiée de l'autorisation donnée par l'Administration;

4° Mémoire (timbré) dûment liquidé et arrêté, revêtu du certificat de réception indiquant, *pour les achats*, le numéro d'inscription à l'inventaire;

5° Quittance (timbrée) de l'ayant-droit;

6° Mandat de paiement.

(*Idem*).

NATURE DES DÉPENSES.	*JUSTIFICATIONS A PRODUIRE.*
FRAIS DE TRANSPORT DE PA-QUETS, BALLOTS ET ÉCHAN-TILLONS.	*De Paris aux chefs-lieux des Directions.* 1° Extrait ou copie (timbrée) du marché ; 2° Certificat de réalisation du cautionne-ment ; 3° Lettre de voiture (timbrée) ou mémoire (timbré) dûment arrêté ; 4° Quittance (timbrée) de l'ayant-droit ; 5° Mandat de paiement. *Dans l'étendue territoriale des Directions.* 1° Lettre de voiture (timbrée) ; 2° Arrêté de liquidation (produit à la Cour des comptes par l'Administration) ; 3° Quittance (timbrée) de l'ayant-droit ; 4° Mandat de paiement.
FRAIS DE TRANSPORT DE FONDS.	1° Lettre de voiture (timbrée), mémoire (timbré) ou état des dépenses dûment certifié ; 2° Quittance (timbrée) de l'ayant-droit ; 3° Arrêté de liquidation (produit à la Cour des comptes par l'Administration) ; 4° Mandat de paiement. (*Réglement du 26 janvier 1846*).
DÉPENSES IMPRÉVUES.	Mêmes justifications que pour achat et en-tretien des poids, balances et ustensiles de bureau.
FRAIS DE LOYERS DES BU-REAUX ET DES CORPS-DE-GARDE.	DÉPENSES FIXES ABONNÉES. *LOYERS.* *En cas de bail.* 1° État collectif arrêté par le Comptable, visé par l'Inspecteur et certifié par le Directeur ; 2° Copie (timbrée) certifiée du bail, au re-nouvellement dudit bail, — ou, en cas de bail verbal, déclaration du Directeur ; 3° Emargement des propriétaires si la dé-pense est au-dessous de dix francs, et, dans le cas contraire, quittance (timbrée) des bailleurs ; 4° Mandat de paiement.

NATURE DES DÉPENSES.	*JUSTIFICATIONS A PRODUIRE.*

(Suite).
FRAIS DE LOYERS, &.

En cas d'abonnement.

1° État collectif arrêté par le Comptable, visé par l'Inspecteur et certifié par le Directeur ;
2° Quittances des Agents des douanes ;
3° Mandat de paiement.
(*Réglement du 26 janvier 1846*).

CHAUFFAGE ET ÉCLAIRAGE DES BUREAUX ET DES CORPS-DE-GARDE.

Chauffage et éclairage.

1° Copie de l'état des frais dûment arrêté et visé ;
2° Quittances des Agents des douanes ;
3° Mandat de paiement.
(*Même réglement*).

INDEMNITÉS DE TOURNÉES.

DÉPENSES ADMINISTRATIVES.

1° État nominatif dûment arrêté et émargé ;
2° Arrêté de liquidation (cet arrêté n'est pas remis au Comptable ; il est produit à la Cour des comptes avec le compte de gestion) ;
3° Mandat de paiement.

FRAIS DE FOURRAGE ET IN-DEMNITÉS DE RÉSIDENCE.

1° État nominatif dûment arrêté et certifié ;
2° Quittances des ayant-droit par émargement ou séparées ;
3° Mandat de paiement.

INDEMNITÉS AUX FEMMES VISITEUSES.

1° État nominatif dûment arrêté et certifié ;
2° Quittances des ayant-droit par émargement ou séparées ;
3° Extrait de l'approbation de l'Administration, lorsque l'allocation annuelle dépasse 400 francs ;
4° Mandat de paiement.

INDEMNITÉS AUX EMPOYÉS BLESSÉS.

1° Arrêté de liquidation ;
2° Copie certifiée par le Directeur local de la décision qui alloue l'indemnité ;
3° Mémoire timbré des honoraires des médecins et des fournitures de médicaments ;
4° Quittance (timbrée) de l'ayant-droit ;
5° Mandat de paiement.

NATURE DES DÉPENSES.	*JUSTIFICATIONS A PRODUIRE.*
SECOURS AUX VEUVES ET ORPHELINS.	1° Décisions motivées qui allouent les secours ; 2° Quittances des ayant-droit ; 3° Arrêté de liquidation (produit à la Comptabilité par l'Administration) ; 4° Mandat de paiement.
CONDAMNATIONS ET FRAIS JUDICIAIRES A LA CHARGE DE L'ÉTAT.	1° Expédition (timbrée), ou extrait (timbré), ou signification (timbrée) du jugement de condamnation ; 2° Copie de la décision administrative qui a prescrit d'y acquiescer ; 3° Exécutoire des dépens (timbré), ou état (timbré), dûment taxé ; 4° Quittances (timbrées) des ayant-droit ; 5° Mandat de paiement.
PRIMES POUR ARRESTATION DE FRAUDEURS.	1° Copie du procès-verbal de saisie appuyée d'un extrait (timbré) du jugement de condamnation ; 2° Quittances des ayant-droit ; 3° Mandat de paiement.
FRAIS DE SAISIES NON RECOUVRABLES.	1° Original ou copie du procès-verbal ; 2° Etat de frais (timbré) dûment taxé par le juge ou approuvé par l'Administration, et appuyé des quittances de frais (timbrées), ou, à défaut de quittances, du certificat qui doit en tenir lieu ; 3° Procès-verbal de vente des objets saisis (timbré), ou acte constatant soit la remise autorisée, soit la destruction également autorisée des objets saisis ; 4° Certificat d'insolvabilité ou d'absence des prévenus, s'il y a lieu ; 5° Copie de la décision administrative portant, suivant les cas, approbation de transaction, ou ordre, soit d'abandonner, soit de suspendre indéfiniment les poursuites ; 6° Mandat de paiement.
HONORAIRES DES AVOCATS.	1° Copie de la décision administrative qui autorise l'allocation ; 2° Quittance (timbrée) de l'ayant-droit ; 3° Mandat de paiement.

NATURE DES DÉPENSES.	JUSTIFICATIONS A PRODUIRE.

REMBOURSEMENTS DE DROITS DE DOUANES, OU SANITAIRES.

REMBOURSEMENTS SUR PRODUITS INDIRECTS ET DIVERS.

1° Décision de l'Administration, ou décision ministérielle;
2° Quittance de l'ayant-droit;
3° Mandat de paiement.

REMBOURSEMENTS.

NON-VALEURS.

1° Extrait de la déclaration de recette des droits en paiement desquels les traites ont été admises;
2° Décompte des sommes recouvrées et des frais acquittés;
3° Décision ministérielle qui autorise la surséance indéfinie et l'admission en non-valeurs;
4° Déclaration dûment certifiée de l'inscription des traites et frais restant à recouvrer sur le registre des *créances admises en surséance indéfinie*.

REMBOURSEMENTS.

PRODUITS DIVERS.

1° Décision ministérielle constatant l'imputation, au budget des recettes, de la somme remboursée;
2° Pièces justificatives des droits liquidés;
3° Quittance de l'ayant-droit;
4° Mandat de paiement.
(Réglement du 26 janvier 1846).

FRAIS D'ACHAT ET PARTS PAYÉES.

PRÉLÈVEMENTS ET RÉPARTITIONS SUR LES PRODUITS DE PLOMBAGE ET D'ESTAMPILLAGE.

1° États de distribution émargés et appuyés — des actes de vente des vieux plombs *(Comptabilité générale, 1ᵉʳ septembre 1838)*, — et des pièces (timbrées) justificatives des frais d'achat et d'entretien des instruments et du prix des flans et de la ficelle. *(Comptabilité générale, 31 mai 1833)*.

NOTA. Si le prélèvement des frais a lieu intégralement dans un seul mois, la quittance du fournisseur est annexée à l'état de répartition. Si ce prélèvement ne s'effectue que de mois en mois, la quittance est rapportée à l'appui du premier prélèvement partiel, sauf à mentionner, sur les états de répartition de chacun des mois suivants, jusqu'au recouvrement total, la production de cette quittance, avec rappel en masse des prélèvements antérieurs qu'elle aura justifiés.
(Comptabilité générale, 12 décembre 1834 et 20 décembre 1841).

NATURE DES DÉPENSES.   *JUSTIFICATIONS A PRODUIRE.*

RESTITUTIONS, PRÉLÈVEMENTS ET RÉPARTITIONS SUR LE PRODUIT DES AMENDES ET CONFISCATIONS.

RÉPARTITIONS.

Mandats de paiement destinés à régulariser des paiements provisoires effectués d'après autorisation administrative, lesdits mandats appuyés d'états de répartition émargés et de toutes les pièces constatant la contravention.

Ces pièces sont, suivant le cas :

1° L'état de répartition approuvé par l'Administration lorsque le produit s'élève à plus de 500 francs ;

2° L'original ou la copie dûment certifiée du procès-verbal ;

3° Le jugement ou extrait du jugement, signification, extrait, &. ;

4° L'original ou la copie dûment certifiée de la transaction ;

5° La décision approbative de la transaction — ou l'ordre de poursuivre l'exécution du jugement ;

6° L'ordonnance sur requête portant autorisation de vendre par provision ;

7° Le procès-verbal de classement des tabacs versés à la Régie ; — l'acte de vente ou l'acte de remise au prévenu, — ou l'acte de destruction des objets saisis ;

8° L'acte constatant l'absence ou l'insolvabilité des prévenus, en cas de non-recouvrement de l'amende ;

9° L'état des frais visé par le Directeur et appuyé de pièces justificatives ;

10° L'autorisation formelle de répartir le produit, et de comprendre l'indicateur dans la répartition.

PAIEMENTS EFFECTUÉS SUR LES FONDS RÉSERVÉS EN VERTU DU TITRE 6 DE LA LOI DU 28 AVRIL 1816.

1° États émargés ;

2° Arrêté de liquidation joint par la comptabilité au compte du Receveur ;

3° Mandat de paiement.

APPLICATION DES PRODUITS AU REMBOURSEMENT DES FRAIS.

Produit égal aux frais.

1° Mandat de paiement ;

2° Chemise N° 60, renfermant l'état du produit arrêté par le Comptable et revêtu

NATURE DES DÉPENSES.	JUSTIFICATIONS A PRODUIRE.

d'un certificat de l'Inspecteur ;
3° L'état détaillé des frais appuyé des quittances ;
4° Et, enfin, toutes les autres pièces indiquées sur la chemise N° 60. *(Comptabilité générale, 15 décembre 1836).*

(Suite).
APPLICATION, &.

Frais excédant le produit.

1° Mandat de paiement ;
2° Certificat de renvoi aux liquidations de frais tombés à la charge du Trésor ;
3° Et certificat de recette délivré par l'Inspecteur, portant qu'il a été fait recette, au compte du Trésor, du montant des frais transportés en dépense au budget. *(Comptabilité générale, 15 décembre 1836).*

RESTITUTIONS.

1° Mandat de paiement ;
2° Copies des décisions administratives qui autorisent les restitutions ;
3° Quittances des parties prenantes (sur papier timbré si la restitution excède 10 francs), ou, à défaut de quittances, les récépissés de versements à la Caisse des dépôts et consignations. *(Comptabilité générale, 15 décembre 1836).*

PRIMES A L'EXPORTATION.

PRIMES A L'EXPORTATION.

1° Mandat de paiement ;
2° Liquidation ;
3° Pièces déterminées pour chaque espèce de primes ;
4° Acquits ou quittances des ayant-droit. *(Comptabilité générale, 30 décembre 1826).*

SUR LES DROITS DE DOUANES ET LA TAXE DE CONSOMMATION DES SELS.

ESCOMPTES.

1° Mandats de paiement ;
2° Quittances à souche portant liquidation visées par l'Agent compétent. *(Comptabilité générale, 4 mars 1831).*

<table>
<tr><td>NATURE DES DÉPENSES.</td><td>JUSTIFICATIONS A PRODUIRE.</td></tr>
</table>

EXERCICES-CLOS ET EXER-CICES PÉRIMÉS.	**ANCIENS EXERCICES.** *Par mois.* Mêmes justifications que pour les dépenses analogues de l'exercice courant. NOTA. Le droit à être relevé de la déchéance étant établi lors de la demande du crédit qui devient l'objet d'une loi spéciale, il n'y a pas lieu d'en justifier de nouveau à l'appui de l'ordonnance ou du mandat de paiement. *(Réglement du 26 janvier 1846).* *Par année.* État à la main désignant les exercices et les chapitres, le nom des créanciers et le montant des paiements.

2ᵉ PARTIE DU BORDEREAU.

DÉPENSES SUR LES OPÉRATIONS DE TRÉSORERIE.

<table>
<tr><td>NATURE DES DÉPENSES.</td><td>JUSTIFICATIONS A PRODUIRE.</td></tr>
</table>

SOMMES VERSÉES A LA CAISSE DES DÉPÔTS ET CONSIGNATIONS.	Certificats délivrés par le Comptable d'après ses écritures et visés par l'Inspecteur au vu des récépissés des dépôts. *(Comptabilité générale, 30 décembre 1826).*
RETENUES POUR L'HABILLEMENT, LE SERVICE DE SANTÉ ET LE CASERNEMENT.	Ordres de remboursement délivrés par le Directeur et quittancés par les parties prenantes. *(Idem).*
PRIMES DE CAPTURE.	**RÉPARTITIONS.** États de répartition émargés par les parties prenantes, dûment arrêtés par le Comptable, et ordonnancés par le Directeur. *(Comptabilité générale, 30 décembre 1826).* **RESTITUTIONS.** Ordres de remboursement, Décisions administratives, Et quittances des parties prenantes. *(Id.)*

NATURE DES DÉPENSES.   *JUSTIFICATIONS A PRODUIRE.*

SOUS-RÉPARTITION DES
SOMMES AFFÉRENTES.

(*Par mois*). États de sous-répartition émargés et appuyés d'un ordre de dépense
qui peut être inscrit au dos des états.
(*Comptabilité générale, 21 décembre 1837*).
(*Par année*). État N° 112.

CONSIGNATIONS.

Restitutions des sommes
consignées pour :
1° Les voitures de voya-
geurs ;
2° Les chevaux et bêtes de
somme ;

Par année.—État N° 81.
Par mois.
Ordres de remboursement ;
États certifiés des dépenses ;
Et reconnaissances revêtues d'un certificat
de décharge et des quittances des par-
ties prenantes.

3° L'argenterie ;

Récépissés des contributions indirectes.
(*Comptabilité générale, 20 mai 1826*).

4° Garantie de droits ;

État certifié par le Comptable ;
Ordre de remboursement ;
Et reconnaissances revêtues d'une décharge
et des quittances des intéressés.
(*Comptabilité générale, 12 novembre 1832*).

5° Cautionnement pour as-
surer la destination des
marchandises expédiées
par acquits-à-caution ;

Ordres de restitution appuyés des acquits-
à-caution revêtus des certificats de décharge et des quittances des consignataires. (*Idem*).

6° L'exécution des transactions.

Ordres de remboursement ;
Décisions administratives ;
Et quittances des ayant-droit, ou, à défaut, récépissés de la Caisse des dépôts
et consignations. (*Idem*).

VERSEMENTS SUR RECOUVREMENTS FAITS POUR DES TIERS.

1° A la Régie, pour droits
d'importation sur les ta-
bacs de santé ;

Récépissés de l'Administration des contributions indirectes.

2° A l'Enregistrement pour
droit de visa pour timbre.

Récépissés de l'Administration de l'Enregistrement.

FONDS PARTICULIERS DE DI-
VERS ET FONDS PARTICU-
LIERS DES COMPTABLES.

États annuels N°s 76 et 84, visés par
l'Inspecteur, et délivrés par le Comptable d'après ses écritures courantes.

NATURE DES DÉPENSES.	*JUSTIFICATIONS A PRODUIRE.*
AVANCES A RECOUVRER.	État annuel N° 5.
DÉFICIT DE CAISSE CONSTATÉ A LA CHARGE D'EX-RECE-VEURS SUBORDONNÉS.	Autorisation de dépense appuyée du procès-verbal constatant le déficit. (*Comptabilité générale, 30 décembre 1826*).
TRAITES ET OBLIGATIONS DE CRÉDITS EN SOUFFRANCE MISES A LA CHARGE D'ANCIENS COMPTABLES.	Autorisation de dépense appuyée de la décision ministérielle qui a rendu l'ex-Receveur responsable du non-paiement des traites et obligations de crédits admises par lui en paiement de droits. (*Idem*).
VERSEMENTS AUX COMPTABLES DES FINANCES.	Récépissés délivrés sur des formules à talon, et visés, à la diligence des Receveurs des finances, dans les 24 heures, par les Préfets ou les Sous-Préfets. (*Comptabilité générale, 31 mai 1833*).
FONDS DE SUBVENTION.	Ordres de subvention revêtus de récépissés. (*Comptabilité générale, 16 décembre 1829*).
VALEURS REMISES PAR LE COMPTABLE A SON SUCCESSEUR.	Expédition du bordereau final du Receveur dont les fonctions ont cessé. (*Comptabilité générale, 15 décembre 1836*).
VIREMENTS DE COMPTES.	*Par année :* État N° 86.
	Par mois :
1° Paiements faits par le Comptable.	Récépissés du montant des acquits transmis au Receveur pour le compte duquel les paiements ont été effectués. (*Comptabilité générale, 30 décembre 1826*).
2° Application aux services.	Déclaration du Comptable, sur le bordereau de virement, portant qu'il s'est chargé en recette de la somme recouvrée pour son compte. (*Idem*).

LETTRES D'AVIS — DES RECETTES.

Voir : *Avis des recettes.*

LETTRES D'AVIS. — REMBOURSEMENTS DE DROITS ET DE PRIMES A L'EXPORTATION.

L'acquit de la partie prenante peut être donné sur ces lettres ou sur les liquidations.

Si c'est un tiers qui se présente pour toucher, la procuration qui lui est donnée à cet effet peut être faite par forme d'endossement sur la lettre d'avis (*Comptabilité générale, 30 décembre 1826*); mais dans ce cas la lettre d'avis doit être visée pour timbre. (*Comptabilité générale, 1er septembre 1838*).

Voir : *Acquit N° 2 et Quittancés — remboursement de droits.*

LIQUIDATION — DES DÉPENSES.

1. Aucune créance ne peut être liquidée que par le Ministre ou par ses mandataires. (*Ordonnance du 31 mai 1838, art. 39*).

Aucun paiement ne pouvant être effectué que pour l'acquittement d'un service fait, la constatation des droits des créanciers doit toujours précéder l'émission des ordonnances ou mandats de paiement.

Cette constatation (opérée sous la responsabilité de l'ordonnateur de la dépense), résulte des rapports de liquidation appuyés de pièces justificatives que les chefs de service établissent par trimestre, par mois, ou par créanciers, pour chaque espèce de dépenses ou pour chaque affaire, selon la nature des services ou l'exigibilité des créances.

Les rapports de liquidation peuvent être approuvés, soit par le Ministre, soit par le Directeur général de l'Administration, selon l'importance et la nature de la dépense, et d'après les bases déterminées par les réglements.

Les titres de chaque liquidation doivent offrir les preuves des droits acquis aux créanciers de l'Etat, et être rédigés conformément aux instructions spéciales qui déterminent le mode de liquidation applicable à chaque objet de dépense, la nature et la forme des pièces justificatives, les époques de leur production, ainsi que les divers contrôles auxquels elles sont soumises.

Les justifications relatives aux droits des titulaires de créances et qui en motivent la liquidation et l'ordonnancement, sont indépendantes de celles qui se rapportent à la régularité du paiement : les unes et les autres consistent dans les titres ou pièces désignés pour chaque service.

Il est procédé aux liquidations de droits acquis, soit d'office pour les créances à l'égard desquelles il existe des bases et éléments de liquidation dans les bureaux de l'Administration des finances, soit d'après les justifications produites par les créanciers eux-mêmes, ou, dans leur intérêt, par les Agents administratifs et autres intervenant à cet effet.

(*Arrêté du 26 janvier 1846, articles 80 à 85*).

2. Toutes les dépenses d'un exercice doivent être définitivement liquidées dans les neuf mois qui suivent l'expiration de cet exercice.

(*Même réglement, article 108*).

3. Toute liquidation de droits acquis à un remboursement doit relater la date de l'encaissement par le Trésor de la somme à rembourser, on indiquer de quelle manière elle a pris place au budget des recettes.

4. Les formalités de la liquidation sont applicables aux dépenses d'un exercice qui, à défaut de crédits suffisants, ne pourraient être ordonnancées sur cet exercice avant l'époque de sa clôture, leur montant devant être compris dans les restes à payer.

5. Aucun décompte de liquidation ne doit être gratté ni surchargé. Lorsqu'il y a lieu d'opérer sur ces pièces une rectification, la somme, le texte ou la partie du texte à corriger est biffée au moyen d'un trait de plume, et remplacée par l'énonciation exacte qui doit lui être substituée : la substitution en interligne ou par renvoi est approuvée et signée ou paraphée par le liquidateur.

Ce fonctionnaire n'admet lui-même aucune pièce justificative de dépense modifiée dans ses énonciations qu'autant que la correction a été dûment approuvée.

(*Même réglement, articles 104 à 106*).

Voir : *Ordonnancement. — Traitements. — Mandats de paiement.*

LIVRE-JOURNAL.

Le livre-journal, de caisse et de portefeuille, doit être tenu jour par jour au courant, sans transposition, surcharge ni rature, et arrêté à la fin de chaque jour. Les journées pendant lesquelles il n'y a pas eu d'opérations doivent être indiquées par le mot : NÉANT. Quand les opérations de recettes et de dépenses ne remplissent pas un espace égal, la partie qui reste en blanc doit être barrée au moment où la journée est arrêtée, afin que l'on ne puisse y faire aucune intercallation. (*Circulaire N° 883*). Voir au mot : *Opérations de Comptabilité, le tableau des Opérations N°s 7 et 21 de la recette, 12 et 17 de la dépense.*

Le livre-journal est fourni par la Comptabilité générale : il fait partie des registres officiels de la Comptabilité. Les perceptions étant inscrites en détail sur les registres à souches et à quittances, on ne reporte sur ce livre que les totaux de chaque journée. (*Comptabilité générale, 25 septembre 1833*).

Il est destiné à retracer toutes les opérations des Comptables au fur et à mesure qu'elles ont lieu, et à présenter la situation exacte de sa caisse et de son portefeuille. A la fin de chaque journée, le Comptable additionne les recettes et les dépenses, et il tire le solde qu'il rapporte à nouveau et qui fait le premier article de la journée suivante. Voir au mot : *Opérations de Comptabilité, le tableau des Opération N° 4 de la dépense et 6 de la recette.*

Toutes les opérations décrites au livre-journal doivent être rapportées au sommier, article par article et jour par jour. (Voir : *Sommier*).

LIVRES OFFICIELS. Voir : *Ordonnateur secondaire. — Registres.*

LOYERS.

Les dépenses pour frais de loyers des bureaux et corps-de-garde font partie des *dépenses publiques*, où elles sont classées au chapitre 1er, article 4, sous le titre de : *Dépenses fixes abonnées.* (Voir ce mot).

Tout bail à loyer doit être autorisé par le Ministre ou par l'Administration. (Voir : *Baux*).

Les sommes allouées pour loyers et frais de chauffage et d'éclairage sont exemptes de la retenue proportionnelle. (*Circulaire N° 1261*).

MANDAT — DE PAIEMENT.

Tout paiement effectué sur les dépenses publiques doit être appuyé, indépendamment des pièces exigées pour sa justification, d'un mandat de paiement délivré, par le Directeur, d'après les crédits législatifs. Voir : *Ordonnancement. — Liquidation*.

Chaque mandat énonce — l'exercice et le chapitre du budget auquel il s'applique. Les articles et paragraphes qu'il concerne y sont indiqués d'après la nomenclature générale des dépenses.

Il doit désigner le titulaire de la créance par son nom, et au besoin, par ses prénoms, si sa qualité, qui doit aussi être énoncée, ne suffisait pas pour faire connaître l'individualité. Quand le nombre des créanciers ne permet pas que le nom de chacun d'eux soit indiqué dans le corps du mandat, il y est suppléé au moyen d'un bordereau nominatif dûment arrêté par le liquidateur de la dépense. La date et le montant de ce bordereau sont énoncés dans le mandat auquel il se rapporte.

Il doit indiquer le nombre et la nature des pièces justificatives qui s'y trouvent jointes; autrement, ces pièces doivent être accompagnées d'un bordereau énumératif.

Les mandats comprennent le montant brut des traitements, des remises et autres émoluments personnels : ils présentent, en outre, le décompte des diverses retenues dévolues à la Caisse des retraites. — Les Comptables emploient en dépense ces mandats pour leur montant intégral, et ils se chargent en même temps, en recette, des prélèvements.

(Voir : *Prélèvements. — Retenue proportionnelle*).

Lorsqu'une même dépense donne lieu à la délivrance de plusieurs mandats d'à-compte, les marchés ou conventions sont produits à l'appui du premier mandat : à l'égard des à-comptes subséquents ainsi que du paiement pour solde, il suffit d'annexer aux mandats le décompte du service fait, de rappeler les justifications déjà fournies, et de faire mention des dates et numéros des mandats antérieurs, ainsi que du montant détaillé des à-comptes précédemment ordonnancés.

Toutes les dépenses d'un exercice précédent doivent être définitivement mandatées dans les neuf premiers mois de l'année qui suit celle qui donne son nom à l'exercice.

(*Réglement du 26 janvier 1846*).

MANDATS — TIRÉS PAR LES RECEVEURS DES FINANCES.

Les mandats tirés par les Receveurs des finances sur la Caisse des Comptables sont détachés d'un registre à souche : ils libèrent les Comptables qui les ont acquittés, à la charge par eux de les comprendre dans leur prochain versement à la Recette des finances, pour être échangés contre un récépissé à talon. (*Comptabilité générale, 31 mai 1833*).

Les Receveurs qui se trouveraient dans le cas d'acquitter des mandats de l'espèce, devraient faire immédiatement dépense de leur montant à l'article des versements, sans attendre qu'ils eussent reçu le récépissé qui doit leur être remis en échange dans le cours du mois.

(*Comptabilité générale, 31 mai 1833*).

MASSES.

1. Les recettes et les dépenses effectuées pour l'habillement, le service de santé et le casernement des Préposés de brigades, sont soumises à un contrôle.

Pour faciliter ce contrôle, les recettes et les dépenses de cette nature sont classées au sommier sous l'article 3 du chapitre 1er des Opérations de Trésorerie.

Les opérations concernant les masses n'offrent aucune difficulté. (Voir : *Opérations de Comptabilité*). — Elles sont justifiées, *pour la recette*, par l'état annuel Nº 11, et, *pour la dépense*, par une déclaration du Comptable certifiée par les Membres du Conseil d'équipement auxquels les pièces ont été soumises.

(*Comptabilité générale, 31 mai 1833*).

Voir : *Bon de masse. — Transfert de masse.*

2. Les mémoires, factures et quittances de toutes sommes au-dessus de dix francs, payées sur les fonds de masse, sont assujettis au droit de timbre, ainsi que les mandats ou lettres de change au moyen desquels les fournisseurs toucheraient le montant de ces mémoires ou factures.

La quittance peut être délivrée au pied du Mémoire.

Les reconnaissances de remboursement de la valeur des armes reprises aux Préposés, ainsi que les quittances de remboursement des actifs de masse, sont exemptes du droit de timbre, parce qu'il ne s'agit ici que de pièces purement administratives pour des objets de régie intérieure. (*Circulaire Nº 1952*).

3. Les sommes délaissées aux fonds de masse par des Employés décédés sans héritiers connus, ou abandonnées par des révoqués et des démissionnaires, doivent être versées à la Caisse des dépôts et consignations (voir : *Caisse des dépôts et consignations*) par l'entremise des Receveurs généraux des finances, dont les récépissés sont produits à l'appui de la dépense portée au compte de masse.

Mais, pour donner le temps au Comptable de prendre les informations suffisantes sur l'existence des héritiers, ou la nouvelle résidence des Employés qui ont quitté, les sommes non réclamées ne doivent être versées à la Caisse des dépôts qu'après un an et un jour à partir du décès, de la démission ou de la révocation. Le versement doit s'opérer dans les 15 derniers jours de décembre. (*Circulaire N° 1812 et 1952*).

Si, au moment de la formation du compte annuel de masse, les sommes ne sont point encore réclamées, elles sont portées provisoirement au boni des masses. Un état annexé au compte indique les noms des Employés à qui elles sont dues, et la date de leur décès, de leur révocation ou de leur démission. L'état à joindre au compte de l'année suivante reproduit les articles portés sur l'état de l'année précédente, avec la mention de la date des versements à la Caisse des dépôts des sommes restées disponibles depuis plus d'un an, ou de celle des paiements faits aux héritiers ou aux Employés eux-mêmes. (*Circulaire N° 1812*).

4. Les retenues opérées pour la masse sur les traitements des Employés doivent entrer pour le mois de décembre, ainsi que pour les onze premiers mois de la gestion, dans les comptes de cette même gestion : elles figurent dès-lors sur le bordereau supplémentaire. (*Circulaire N° 1952*).

MATÉRIEL. Voir : *Devis. — Mémoire.*

Les dépenses du matériel font l'objet de l'article 3 du chapitre 1er des dépenses publiques. — Elles se divisent en deux exercices et comprennent cinq sections, savoir :

1° Construction, entretien et réparation des bureaux, corps-de-garde et embarcations ;

2° Achat et entretien de poids, balances et ustensiles de bureau ;

3° Frais de transport de paquets, ballots et échantillons ;

4° Frais de transport de fonds ;

5° Dépenses diverses et imprévues.

§ 1er.

CONSTRUCTION, ENTRETIEN ET RÉPARATION DES BUREAUX, CORPS-DE-GARDE

ET EMBARCATIONS.

1. Les travaux de construction, de réparation ou d'entretien de bureaux, corps-de-garde et autres établissements, reconnus indispensables par l'Administration sur les rapports des chefs de service, sont

mis en adjudication au rabais par les soins du Directeur local, dans les formes suivies pour les travaux publics, et sous la réserve de l'approbation du Ministre des finances.

Quand les travaux sont de peu d'importance ou de nature à ne pouvoir être mis en adjudication, l'Administration les autorise sur la production d'un devis estimatif (voir : *Devis*) portant, lorsqu'il est dressé par un entrepreneur, la soumission de les exécuter aux prix énoncés, et sur lequel le Chef local de service certifie et constate la nécessité des travaux et la modération des prix.

Cette règle ne souffre d'exception que pour les travaux d'entretien et de réparations à exécuter par urgence ou qui n'excèdent pas *cinquante francs* : les Directeurs sont, dans ce cas, autorisés à procéder d'office, mais sous leur propre responsabilité, et l'Administration se réserve de rejeter la dépense si elle n'est pas reconnue faite dans l'intérêt du service.

2. Lorsque les travaux sont terminés, les chefs de service attestent, sur les mémoires qui en sont dressés (voir : *Mémoires*), que ces travaux ont été réellement et convenablement exécutés, et, s'il y a lieu, que les entrepreneurs ont accompli tous leurs engagements.

Ces mémoires, visés par le Directeur local, sont transmis par lui à l'Administration, laquelle, après vérification, liquide les droits acquis et renvoie l'arrêté de liquidation au Directeur qui délivre les mandats de paiement au profit des ayant-droit.

3. S'il est stipulé dans les marchés que des à-compte seront payés, ils ne peuvent être mandatés que sur la production et après la vérification des mémoires sommaires de la portion des travaux exécutés : les à-compte ne doivent jamais excéder les 5/6es des droits reconnus.

4. Dans les cas énoncés aux deux premiers paragraphes du N° 1er ci-dessus, l'autorisation de la dépense à faire est déférée soit au Ministre des finances, soit au Directeur général de l'Administration, selon que les travaux doivent ou non dépasser la somme de 3,000 francs.

L'approbation de la dépense faite est toujours réservée à l'Administration.

Les acquisitions de maisons ou de terrains, que peut nécessiter le service des bureaux et corps-de-garde, doivent être préalablement autorisées par le Ministre des finances ; elles sont réalisées avec le concours des Préposés de l'Administration des domaines, soit de gré à gré, soit par la voie de l'expropriation forcée pour cause d'utilité publique, en vertu de la loi du 3 mai 1841.

(*Réglement du 26 janvier 1846*).

§ 2.

ACHAT ET ENTRETIEN DE POIDS, BALANCES ET USTENSILES DE BUREAU.

1. Les Directeurs sont autorisés à consentir ces sortes de dépenses lorsqu'elles n'excèdent pas 50 francs : ils agissent alors sous leur responsabilité, l'Administration se réservant de rejeter celles de ces dépense qu'elle ne jugerait pas régulièrement faites ou justifiées.

Ils peuvent également autoriser, sous leur responsabilité, les dépenses qui présenteraient un véritable caractère d'urgence, à la charge d'en rendre immédiatement compte à l'Administration en justifiant des motifs d'urgence.

2. Pour les dépenses de plus de 50 francs, l'autorisation préalable de l'Administration est nécessaire : elle est accordée au vu d'un devis des travaux à exécuter ou d'un bordereau des achats à consommer, accompagné du certificat du chef de service local, attestant la nécessité des dépenses et la modération des prix.

Les mémoires et les diverses pièces justificatives des dépenses qui excèdent 50 francs sont envoyés à l'Administration. Après examen de ces pièces, l'Administration liquide la dépense et adresse l'arrêté de liquidation au Directeur local qui délivre les mandats de paiement,

La liquidation, l'ordonnancement et le paiement des dépenses au-dessous de 50 francs et des dépenses urgentes, s'accomplissent de la même manière que celles concernant les frais de transport de paquets, ballots et échantillons. (Voir le § 3 ci-dessous).

§ 3.

FRAIS DE TRANSPORT DE PAQUETS, BALLOTS ET ÉCHANTILLONS.

Les transports se divisent en deux catégories :

1° Les transports de Paris aux chefs-lieux des Directions dans les départements ;

2° Et les transports dans l'étendue territoriale des Directions.

Dans le premier cas, un marché est passé avec une entreprise de roulage à Paris pour les envois destinés aux départements : ce marché doit être soumis à l'approbation du Ministre. Les expéditions arrivent sans frais à payer à leur réception; c'est l'Administration qui, sur la production des mémoires de l'entreprise des transports, dûment arrêtés, et au vu des pièces justificatives de l'exécution du service, liquide la dépense et le Directeur général qui la mandate.

Dans le second cas, les frais en sont acquittés comme dépenses d'urgence, par les Receveurs, entre les mains des voituriers et sur la production de lettres de voiture ou de quittances; ces paiements, inscrits sur-le-champ en dépense définitive, sont immédiatement régularisés au moyen de mandats que délivrent les Directeurs d'après la demande des Receveurs principaux. Les pièces justificatives de ces dépenses, adressées, à la fin du mois, à la Direction de la Comptabilité générale, sont communiquées à l'Administration des douanes, qui, après en avoir reconnu la régularité et la validité, liquide les dépenses et joint ses arrêtés de liquidation aux pièces qu'elle renvoie dans les bureaux de la Comptabilité générale. (*Réglement du 26 janvier 1846*).

§ 4.

FRAIS DE TRANSPORT DE FONDS.

Ils sont payés, à titre d'avances, par les Comptables, soit pour les fonds qu'ils versent dans les Caisses des finances, soit pour les fonds qu'ils peuvent en recevoir à titre de subvention.

La régularisation de ces avances a lieu de la même manière que celle des avances relatives aux frais de transport de paquets, ballots et échantillons. (Voir : *le § 3 ci-dessus*).

§ 5.

DÉPENSES DIVERSES ET IMPRÉVUES.

Les modes d'administration, de comptabilité et de paiement de ces dépenses sont les mêmes que pour les frais d'achat et entretien de poids, balances et ustensiles.

(*Réglement du 26 janvier 1846*).

§ 6.

OBSERVATIONS.

1. D'après les dispositions de l'ordonnance du 14 septembre 1822, rappelées dans celle du 31 mai 1838, une dépense ne peut appartenir qu'à l'exercice de l'année pendant laquelle le travail qu'il rapporte a été fait.

La circulaire de la Comptabilité générale du 26 décembre 1835 et celle de l'Administration des douanes du 4 avril 1836, ont, par suite, prescrit d'indiquer, dans les mémoires et quittances, la date des travaux faits, avec obligation de terminer, autant que possible, ces travaux dans l'année où ils ont été commencés, et cette date ne doit être ni effacée ni altérée par des grattages ou des surcharges.

La conséquence de ces diverses prescriptions est que les demandes relatives aux dépenses soient faites aussitôt et aussi exactement que possible, et que les travaux, commencés immédiatement après l'approbation de l'Administration, soient promptement exécutés. Car, s'il en était autrement, il arriverait, à raison de la délimitation des exercices, que des dépenses se rapportant à des travaux non exécutés en temps utile devraient être scindées, et que des portions notables de crédit resteraient sans emploi, quand, d'autre part, l'exercice à peine commencé se trouverait déjà surchargé de dépenses qui n'auraient pas été faites dans les délais voulus.

Pour obvier à cet inconvénient, l'Administration doit être, longtemps avant la fin d'un exercice, mise à même d'apprécier ses dépenses et ses ressources, ce qui se fait au moyen de la production de l'état récapitulatif des dépenses du matériel dont voici le modèle :

Douanes.   **Direction de......**

Matériel.

Exercice 18..   *Etat récapitulatif des dépenses du Matériel imputées sur l'exercice 18..*

Dates des autorisations.	Nos des liquidations	Nature des Dépenses.	Montant des Dépenses			Travaux		Observations.
			autorisées.	liquidées.	autorisées et restant à liquider.	complètement terminés au 31 décembre 18..	non terminés au 31 décembre 18..	

Cet état doit être adressé à l'Administration du 15 au 20 novembre au plus tard. A cette époque déjà avancée de l'année, il est peu probable qu'on ait encore à produire, à l'exception de quelques frais tout-à-fait extraordinaires au-dessous de 50 francs, des dépenses assez urgentes pour qu'elles doivent être effectuées avant la fin de la période annuelle : cependant, s'il en existait, on en indiquerait le montant dans une colonne à laquelle on donnerait le N° 7.

Quant aux travaux en cours d'exécution, il sera déjà, dans les premiers jours de novembre, facile de préciser quels sont ceux qui seront terminés avant le 31 décembre et ceux qui ne pourront l'être que plus tard. Pour ces derniers, on devra expliquer les motifs qui se sont opposés à l'achèvement, ainsi que l'époque présumée de la livraison, et s'il survenait quelques changements dans les faits prévus, on les signalerait à l'Administration par lettre spéciale dans les quinze premiers jours du mois de janvier.

Il importe que les dépenses importantes, comme celles de construction et radoub d'embarcations, ou de travaux de maçonnerie, celles, en un mot, qui doivent donner lieu à une main-d'œuvre prolongée pendant plusieurs mois, soient prévues et proposées à l'Admnistration dès les premiers jours de chaque année, afin qu'elles puissent être en cours d'exécution dès le commencement de la belle saison.

(*Circulaire lithographiée du 24 juillet 1845*).

2. Quand des objets réformés seront repris en échange par les fournisseurs, la dépense totale sera inscrite pour le brut, c'est-à-dire sans défalcation du prix des objets cédés; mais le prix de ces objets sera en même temps porté en recette à la 7e section de l'article 3 des Droits et produits. (*Recettes accessoires*) (*Comptabilité générale, 15 juillet 1837*).

Voir au mot : *Opérations de Comptabilité*, le tableau des Opérations N°
27 de la recette et 20 de la dépense).

3. A la fin du mois, on récapitule, sur le bordereau N° 100 bis,
article par article, et par exercice, en indiquant le nombre de pièces
justificatives, toutes les dépenses du matériel qui ne sont pas encore
liquidées, et on les adresse à la Direction pour être mandatées : elles
sont ensuite rapportées sur la chemise N° 21, qui doit accompagner
l'inventaire.

Si la dépense fait déjà l'objet d'une liquidation, il est inutile de la
comprendre sur le bordereau N° 100 bis.

MÉMOIRES — DE FOURNITURES, &. (MATÉRIEL).

Les mémoires doivent présenter, quant aux localités, à la nature des
travaux ou fournitures, aux services qu'ils ont pour objet et à leur prix,
les mêmes indications que le devis (voir : *Devis*), et mentionner le
numéro de l'inscription des fournitures sur l'inventaire.

Ils doivent porter l'attestation que les ouvrages ou fournitures qui y
sont détaillés ont eu lieu, et qu'ils ont été reconnus bien confectionnés :
cette attestation doit être délivrée et signée par les mêmes chefs qui
sont appelés à certifier les devis estimatifs, et visée par le Directeur.

Il est nécessaire de désigner, en marge, le bureau principal appelé
à acquitter la dépense.

Les mémoires, lorsqu'ils montent à plus de dix frans, doivent toujours être faits sur papier timbré, et le coût du timbre est acquitté par
les fournisseurs ou entrepreneurs. (*Circulaire N° 897*).

Les Directeurs transmettent à l'Administration des copies sur papier
libre des mémoires de toutes les dépenses. Ces copies sont transmises,
pour les dépenses au-dessus de 50 francs, en même temps que les mémoires timbrés, et pour celles de 50 francs et au-dessous, avec les
états mensuels N° 99 (Etats fournis par la Direction).

On peut, pour les dépenses excédant 50 francs, s'abstenir de fournir la seconde expédition du devis primitif, l'Administration se réservant de joindre au mémoire le devis qui lui aura été transmis à l'appui
de la demande d'autorisation. Cette pièce doit, par suite, être celle des
expéditions qui aura été établie sur papier timbré. (*Circulaire N° 2113*).

Lorsque des objets hors de service sont repris en échange par les
fournisseurs, on doit, sur les mémoires comme sur les devis, en porter la valeur en déduction du prix des objets contre lesquels ils sont
échangés; mais lors de la dépense du montant du mémoire, cette valeur
doit être simultanément prise en recette et en dépense. Voir : *Objets
réformés*. (*Circulaire N° 1634*).

Tous les mémoires doivent être rédigés d'après un mode uniforme :
voici un modèle formulé par l'Administration et qui doit ère également
suivi pour les devis.

Douanes.

MATÉRIEL.

Exercice 18...

M

Direction de ....

INSPECTION DE ....,

PRINCIPALITÉ ou Capitainerie DE .....

MÉMOIRE de la Dépense autorisée pour (fourniture première, remplacements ou réparations) d'objets mobiliers nécessaires (aux bureaux, brigades ou corps-de-garde) désignés ci-après ; savoir :

Noms des entrepreneurs et fournisseurs	N° d'inscriptions à l'inventaire.	Nombre.	NATURE DES Dépenses.	Dépenses pour		Dépenses par	
				chaque objet.	les objets de même espèce	Catégorie.	Etablissement.
			(Brigade, corps-de-garde ou bureau de.. Immeuble n°..)				
			1° FOURNITURE PREMIÈRE.				
N . . .	80	2	Seaux à eau, etc.	2 »	4 »		
N . . .	81	1	Casier en sapin, etc.	8 »	8 »		
X . . .	82	1	Poële en fonte de 70 c. de hauteur, 30 c. de largeur, etc., pesant 35 kilo. à 50 c. le kilo 17. 50			41.50	
		6	Bouts de tuyaux , de poids de . . . . à . . . 12. »	29.50	29.50		
			2° REMPLACEMENT.				
X . . .	48	6	Sondes, etc.	3 »	18.22		
	8	3	Sondes moyennes , etc. . . .	2 »	6 »		
	47	1	Petite sonde, etc.	1.50	1.50	46.50	
N . . .	50	2	Tables avec tiroir fermant à clef, etc.	10.50	24 »		95.65
			3° RÉPARATION.				
			Réparations à la table :				
	7	»	Fourni une clef, deux pieds en chêne, etc.	» »	» 75		
N . . .			*Au pupitre :*				
	2	»	Réparations diverses	1 »	1 »		
			A la balance :				
	9	2	Plateaux en chêne garnis de lames de fer	2.50	5 »	7.65	
			(Les anciens plateaux , usés et hors de service, ont été cédés à l'entrepreneur)				
X . . .	11	»	Pour avoir réparé deux sondes moyennes	».25	» 50		
	12	»	Pour avoir réparé deux autres sondes plus petites .	» 20	» 40		

Dépense totale. 95.65

RÉCAPITULATION PAR FOURNISSEUR.

N...., menuisier. 39. 75
X...., serrurier 55. 90

Total égal. 95. 65

Objets mobiliers qui ont été cédés, à titre d'échange, au fournisseur......, et dont la valeur est à déduire du montant du présent mémoire :

. . . .
. . . .
. . . .

Total. . . . . .

*Je..... (ou nous) soussigné. .... ouvrier menuisier, demeurant à....,
certifie avoir fourni en bonne matière et avoir réparé tous les objets ci-
dessus détaillés pour la somme totale de.... Je certifie en outre avoir repris à titre d'échange, en déduction de ladite somme, et pour le prix
de....., les objets désignés plus haut.*
        A....   le....   18..

*Je soussigné (Capitaine des douanes à..... ou Receveur à.....) atteste
que les objets et travaux détaillés au présent mémoire ont été réellement
fournis ou exécutés, et qu'ils ne laissent rien à désirer ; déclare en outre
avoir inscrit les objets neufs à l'inventaire sous les numéros indiqués ci-
dessus ; certifie enfin que la valeur donnée aux objets réformés et cédés à
titre d'échange est la plus élevée qu'on ait pu obtenir.*
        A....   le.....   184....

L'Inspecteur (et le Receveur principal quand les fournitures ont été
faites pour un de ses bureaux subordonnés) *soussigné atteste que les fournitures et ouvrages détaillés au présent sont bien confectionnés, et que
les objets réformés n'ont pas une valeur au-dessus de celle qui leur a été
appliquée.*
        A.....   le.....   184...
                Vu :

Le Directeur.

Nota. Etablir ici la quittance des fournisseurs. (Voir : (***Quittance du matériel***).

MINUTIES. (Voir : *Vente provisoire des —)*

MODIFICATIONS. — ANTÉRIEURS.

Ces modifications doivent être faites avec soin : en les opérant, le
Comptable doit indiquer les causes qui les ont motivées. (*Circulaire
N° 230*). Quand elles sont relatives à la distribution des appointements, il faut indiquer à quel mois et à quel emploi elles se rapportent.
Si elles concernent les recettes ou les dépenses en virements de
comptes, le Receveur doit toujours faire connaître les numéros des
bordereaux qui ont été augmentés ou réduits.

Voir : *Antérieurs.* — *Modifications aux rôles.* — *Décomptes.*

MODIFICATIONS. — ÉCRITURES. — Voir : *Redressement.*

MODIFICATIONS. — RÔLES.

1. Lorsque des états de traitements, déjà arrêtés, seront susceptibles d'être modifiés, soit que l'Employé n'ait pas droit à la totalité du traitement pour lequel il figure sur le rôle, soit qu'il y ait motif de restituer une retenue indûment faite, soit, enfin, qu'il y ait eu erreur dans le décompte du net à payer, ces modifications s'opéreront, par voie d'addition ou de soustraction, sur les résultats du rôle rapportés à cet effet sur un certificat dont la formule est imprimée : ce certificat, revêtu des mêmes visa que le rôle auquel il se rattachera, sera émargé par les Employés dont le décompte sera modifié, et appuyé des décisions qui auront donné lieu aux modifications. (*Comptabilité générale, 26 décembre 1833*).

Voici des exemples :

RAPPEL DES DÉCOMPTES A MODIFIER.

N....., Vérificateur à	»	»	»	»
N....., Receveur aux déclarations à.	»	»	»	»
N....., ... dito	»	»	»	»
N....., Commis de première classe à.	»	»	»	»
Totaux.	»	»	»	»

DÉCOMPTES MODIFIÉS.

Le sieur....., qui a émargé le rôle où il figure pour le mois entier, étant décédé le....., le décompte de ce qui lui revenait au jour de son décès doit être établi ainsi	»	»	»	»
Le sieur....., dont le décompte établi sur le rôle présente une retenue pour congé de la somme de....., en ayant obtenu la restitution par suite de la décision administrative du...., il y a lieu de rectifier ainsi ce décompte	»	»	»	»
Le sieur..... a obtenu une augmentation de 100 fr. à partir du 15 de ce mois, et la retenue du 1ᵉʳ douzième a été faite intégralement, tandis qu'elle n'aurait dû l'être que pour quinze jours : il faut donc rectifier ainsi son décompte	»	»	»	»
Le sieur...., en congé à partir du 1ᵉʳ courant, et rentré le 26, ne devait subir de retenue que pour 25 jours d'absence : mais cette retenue ayant été calculée pour 30 jours, il y a lieu de rectifier ainsi le décompte. . . .	»	»	»	»
Totaux	»	»	»	»
Report des totaux des premiers décomptes.	»	»	»	»
	»	»	»	»
Différence { à ajouter.	»	»	»	»
{ à retrancher	»	»	»	»
Report du pied du rôle.	»	»	»	»
Résultats définitifs	»	»	»	»

Je soussigné (Directeur, Receveur principal ou Capitaine de brigades),
certifie les faits énoncés au présent.

A..... · le.....

Vu et vérifié par l'Inspecteur.

Vu par le Directeur des douanes.

2. Ces modifications ont lieu — ou parce que l'ayant-droit a touché plus qu'il ne lui revenait, — ou parce qu'il a touché moins.

Dans ces deux cas, on dépense les appointements tels qu'ils sont
réglés par l'état de modification, et l'on prend en recette, au profit de
la *Caisse des retraites*, les divers prélèvements tels qu'ils sont rétablis;
mais, dans le premier, on régularise l'*avance* qui a été faite en trop par
un *recouvrement* qui a lieu en numéraire, en ayant soin d'indiquer les
motifs de ce recouvrement, motifs qui, d'ailleurs, se trouvent consignés sur l'état de modification; et, dans le second cas, on reprend en
recette, aux *Fonds particuliers de divers*, à la colonne des *sans mouvement de valeurs*, la somme qui revenait à la partie lésée, et qui avait
été mal à propos attribuée à la Caisse des retraites. Voir au mot : *Opérations de Comptabilité, le tableau des Opérations N°s 28 de la dépense
et 36 de la recette.*

MOIS.

1. En comptabilité, chaque mois, quel que soit le nombre de jours
dont il se compose, compte pour trente jours, soit qu'il y ait plus,
soit qu'il y ait moins que ce nombre de jours. C'est d'après cette
règle, et non d'après le nombre de jours effectifs dont se compose le
mois, que doivent être calculées les retenues à exercer sur les appointements des Employés en congé. Ainsi les jours excédants ou manquants ne comptent ni pour l'Employé ni pour la Caisse des retraites.
(*Circulaire N° 1356*).

2. A la fin de chaque mois, le Receveur arrête son journal et son
sommier à vue duquel il forme son bordereau de situation, qu'il adresse
à la Direction avec les différentes pièces qui doivent l'appuyer. (Voir :
Envoi de pièces par mois et Etats de mois).

MOUVEMENTS — DE FONDS.

Il doit être fait écriture de tous les mouvements de fonds qui ont lieu
dans les caisses des Comptables, à quelque titre que ce soit. (*Comptabilité générale, 25 août 1834*).

MOUVEMENTS — DE FONDS ENTRE LES COMPTABLES.

1. C'est le titre que porte le chapitre 3 des Opérations de trésorerie.
Ce chapitre se divise en quatre articles pour la recette :

1° Fonds de subvention reçus des Receveurs des finances;

2° Fonds de subvention reçus des Receveurs des douanes;

3° Reprise des valeurs provenant de la gestion du prédécesseur du
Comptable;

4° Et virements de comptes — avec les Receveurs de l'intérieur de la France — et avec les Receveurs de l'Algérie.

2. La dépense forme le chapitre 4 des Opérations de trésorerie : ce chapitre est divisé en cinq articles, savoir :

Versements aux Comptables des finances ;

Fonds de subvention fournis aux Directeurs des postes ;

Fonds de subvention fournis aux Receveurs des douanes ;

Valeurs remises par le Comptable à son successeur ;

Virements de comptes — avec les Receveurs de l'intérieur de la France — et avec les Receveurs de l'Algérie.

MOUVEMENTS — DE VALEURS. (Voir : *Sans mouvement de —*).

MUTATION — DES COMPTABLES.

1. Aux termes de l'article 4 de l'ordonnance du 8 novembre 1820, chaque Receveur n'est responsable que des actes de sa gestion personnelle. Ainsi, lorsqu'un Receveur cesse ses fonctions parce qu'il passe à un autre emploi, qu'il est admis à la retraite, ou qu'il est destitué, il doit remettre de suite sa caisse et son portefeuille à son successeur ou à l'Employé chargé de l'intérim de la recette, après que sa comptabilité a été vérifiée dans tous ses détails par l'Inspecteur, lequel — rejette toutes les dépenses non valablement justifiées ou étrangères aux différents services, — n'admet comme avances à régulariser que celles légalement autorisées ; — arrête les registres après qu'ils ont été mis au courant ; — fait rédiger un bordereau N° 58, série E, pour établir la situation du Comptable, — et dresse, contradictoirement avec lui ou son successeur, ou l'intérimaire, un procès-verbal constatant l'identité de l'excédant de recette avec les valeurs en caisse et en portefeuille, et le montant des avances à régulariser et créances à recouvrer, ainsi que la remise de ces mêmes valeurs et créances. (*Circulaire N° 717*).

Voir : *Clôture de gestion.*

2. Le Receveur sortant de fonctions dans le cours de l'année rend compte de sa gestion de la même manière que pour la fin d'année. (*Circulaire N° 838*).

Lorsqu'il rend son compte à la Cour, il remplace, dans le résultat général, la formule ordinaire par une formule spéciale où il exprime la remise faite par lui des valeurs en caisse et en portefeuille et créances à recouvrer, au lieu de s'en déclarer reliquataire.

3. Le premier acte de la gestion du Comptable entrant en fonctions ou de l'intérimaire est de faire recette, sur son livre-journal, des valeurs et des avances à régulariser qui lui sont remises. Le montant de ces avances est porté dans la colonne *sans mouvement de valeurs*, et il en est fait de suite dépense, dans la même colonne, pour les porter au sommier comme avances à régulariser.

4. Dans le cas de disparition ou de décès d'un Receveur, sa comptabilité est arrêtée par l'Inspecteur, conformément aux dispositions de la circulaire N° 639 (voir : *Débets des Comptables*), et sa situation établie sur un bordereau N° 58 comme pour les cas ordinaires.

Le successeur ou l'intérimaire se charge des valeurs en caisse et en portefeuille, et des créances à recouvrer qui lui sont remises par l'Inspecteur, suivant procès-verbal, afin qu'il en fasse le premier article de son compte.

Comme, dans le cas de disparition, il n'y aura personne pour rendre le compte, il deviendra indispensable que le nouveau Receveur rende le compte de son prédécesseur, mais séparément du sien, afin de ne point confondre les deux gestions.

Il en serait de même si les héritiers d'un Receveur décédé renonçaient à sa succession, parce qu'on ne pourrait les forcer à fournir un compte auquel ils seraient dès-lors entièrement étrangers : mais les héritiers qui auraient pris qualité ne pourraient se dispenser de le rendre. S'ils s'y refusaient, ils devraient y être contraints par les voies de droit, conformément à l'article 24 du titre 13 de la loi du 22 août 1791, qui leur deviendraient applicables comme représentant le Comptable dont ils auraient hérité. (*Circulaire N° 717*).

5. L'intérimaire d'une recette vacante doit être agréé par l'Administration, et, dans ce cas, il rend compte de sa gestion personnelle, et il a caractère pour être jugé par la Cour des comptes. — Il a droit, pendant son intérim, à la remise sur les crédits, de même qu'aux parts de saisies, de plombs, et à l'indemnité pour frais de loyer et de bureau.

Cependant, si l'intérim ne devait durer que quelques jours et ne donnait lieu à aucune opération considérable, le Receveur arrivant pourrait, d'accord avec l'intérimaire, faire remonter le compte de sa gestion à l'époque où son prédécesseur aurait cessé ses fonctions. (*Circulaire N° 964*).

Le compte fourni par l'Employé chargé de gérer une recette pour le titulaire absent par congé ou pour cause de service, doit toujours porter en titre le nom du titulaire : c'est seulement dans le cas de vacance de la recette que le compte est établi au nom de l'Employé qui fait l'intérim.

6. Lorsque des opérations de redressement ou autres ont lieu par supplément à la gestion d'un Comptable dont les fonctions ont cessé dans le cours de l'année, elles doivent être présentées dans un nouveau bordereau de situation qui doit être transmis à la Comptabilité générale avec celui qui est fourni par son successeur pour le mois pendant lequel les opérations supplémentaires ont été constatées, afin qu'il n'y ait, pour la comptabilité, ni lacune ni défaut de liaison entre les deux gestions.

NON-VALEURS. — AMENDES.

Elles sont justifiées par la production des décisions autorisant la surséance indéfinie des poursuites. (Voir : *Droits constatés.*)

NON-VALEURS. — CRÉDITS.

Lorsque des traites ou obligations admises en paiement de droits n'ont pu être réalisées, et que, sur la proposition de l'Administration et le rapport du Directeur du contentieux des finances, le Ministre a autorisé l'allocation en non-valeur, ainsi que la surséance indéfinie des poursuites contre les redevables, le montant de ces traites, auquel sont ajoutés les frais de poursuites acquittés, est retiré par les Comptables des valeurs de portefeuille parmi lesquelles elles étaient classées, et porté en dépense par imputation sur les crédits ouverts au budget.

La créance ainsi portée en non-valeur est immédiatement constatée sur un registre ouvert sous le titre *Créances admises en surséance indéfinie*, tenu par le Comptable, lequel reste dépositaire des traites et demeure chargé d'en poursuivre ultérieurement la réalisation dans le cas du retour des débiteurs à meilleure fortune. Un relevé dûment certifié du mouvement de ces créances est adressé à la fin de chaque année, à la Comptabilité générale des finances.

Les pièces à produire pour justifier ces opérations sont : — l'extrait de la déclaration de recette des droits en paiement desquels les traites ont été admises ; — le décompte des sommes recouvrées et des frais acquittés ; — la décision ministérielle qui autorise la surséance indéfinie et l'admission en non-valeur ; — et la déclaration dûment certifiée de l'inscription des traites et frais restant à recouvrer, sur le registre des *Créances admises en surséance indéfinie*.

(*Réglement du 26 janvier 1846*).

NOTIFICATION — DES ARRÊTS DE LA COUR. Voir : *Arrêts.*

OBJETS RÉFORMÉS.

Les objets mobiliers ou immobiliers devenus inutiles et ne pouvant être réemployés sont, — quand il existe un Receveur des domaines dans la localité où est établi le bureau de douane, remis à cet agent pour être vendus au profit du Trésor, à moins d'un refus de sa part qui devrait être constaté; — et, en cas de refus, ou bien dans le cas où il n'y aurait pas de bureau d'enregistrement à la résidence du Receveur des douanes, remis, à titre d'échange, aux fournisseurs ou entrepreneurs, à la charge d'en appliquer exactement et simultanément la valeur au budget, en recette et en dépense.

Cette valeur est reprise en recette à l'article 3 des droits et produits (*Recettes accessoires*) sous le titre : VALEURS DES OBJETS RÉFORMÉS PRIS EN PAIEMENT PAR LES FOURNISSEURS, en même temps que la dépense totale portée au mémoire est inscrite au chapitre du *Matériel* pour le brut, c'est-à-dire sans défalcation du prix des objets réformés ou cédés. (Voir au mot : *Opérations de Comptabilité*, le tableau des *Opérations* N° 27 de la recette et 20 de la dépense.

S'il arrivait qu'aucun fournisseur ou entrepreneur ne voulût prendre, à titre d'échange, les articles réformés, on devrait procéder à leur vente avec les formes suivies pour les marchandises provenant de saisies. L'opération serait constatée par la rédaction d'un procès-verbal dont une expédition serait transmise à l'Administration ; et le produit de la vente, quelque minime qu'il fût, serait inscrit en recette au chapitre des *Recettes accidentelles*.

(*Circulaire N° 2113 du 16 mai 1846*).

OBLIGATIONS. Voir : *Traites*. — *Crédits*. — *Non-valeurs*.

OPÉRATIONS — DE COMPTABILITÉ.

En elles-mêmes, les opérations de comptabilité n'offrent aucune difficulté, il suffit de s'en rendre compte pour les bien faire et pour classer les recettes et les dépenses à leur véritable chapitre.

Voir : *Classement.* — *Écritures.* — *Livre-journal.* — *Redressements.*

Les opérations se font de deux manières : seules ou simultanément avec d'autres.

Seules, elles sont inscrites au livre-journal à la colonne du *Numéraire.*

Simultanées, elles donnent lieu à un article de dépense et à un article de recette, et, alors, deux cas se présentent :

1° Ou la recette est égale à la dépense : on inscrit l'une et l'autre à la colonne des *sans mouvement de valeurs,* parce qu'il n'y a aucun déplacement de fonds.

2° Ou la recette est supérieure ou inférieure à la dépense, et, dans ce cas, on inscrit, à la colonne des *sans mouvement de valeurs,* les deux sommes qui se balancent, et on porte l'excédant à la colonne du *numéraire,* parce qu'il faut ou le verser à la caisse ou l'en retirer.

Voir, au tableau ci-dessous, *les Nᵒˢ 7 de la recette et 5 et 6 de la dépense, — et les Nᵒˢ 9 à 12 de la dépense et 10 à 14 de la recette.*

Toutes les opérations qui figurent au journal doivent être reportées au Sommier, où l'on classe par nature toutes les recettes et toutes les dépenses. Voir : *Sommier.*

On trouvera dans le tableau ci-après l'application des cas qui se présentent le plus souvent dans les opérations de comptabilité.

Tableau des Opérations de Comptabilité.

Nᵒˢ d'or-dre.	MOTIFS DES RECETTES.	RECETTES	
		Numéraire.	sans mouve-ment de valᵉ͏ʳˢ
	MOIS DE JANVIER 18....		
1	Reprise des valeurs en caisse le 31 décembre 18	15,000 »	
	du 1ᵉʳ janvier.		
	Recettes effectuées au bureau principal pendant la journée, savoir :		
2	Droits de douanes. { Entrée 682 21 / Sortie 15 16 } 697 37		
3	Recettes accessoires. — Timbres. . . 6 50		
4	Plombage . . . . 6 »		
5	Consignations pour chevaux. Passavant Nᵒ 5 . . . . 27 50		
	Total. . . 757 37	729 11	8 26
	Total de la recette. . . .	15,729 11	8 26

Tableau des Opérations de Comptabilité.

Nos d'or-dre.	MOTIFS DES DÉPENSES.	DÉPENSES.	
		Numéraire.	sans mouve-ment de val.rs
	DU 1er JANVIER.		
1	CONSIGNATIONS POUR CHEVAUX. — Remboursé au sieur Lorin le montant de la reconnaissance N° 22, du bureau de Jougne, pour une jument à la sortie.	5 50	» »
	DUDIT.		
2	FONDS PARTICULIERS DE DIVERS. — Payé à M. l'Inspecteur le montant de ses parts dans les saisies passées en novembre dernier. . . .	24 09	» »
	DUDIT.		
3	ESCOMTE. — Bonifié à M. Labrut sur les droits de douanes Nos 1 à 8, suivant quittance de ce jour, N° 1er.	» »	8 26
	Total	29 59	8 26
4	Solde en caisse à la fin de la journée	15,699 52	» »
	Total égal à la recette	15,729 11	8 26

N^{os} d'or-dre.	MOTIFS DES RECETTES.	RECETTES	
		Numéraire.	sans mouve-ment de val^{rs}
	DU 2 JANVIER.		
6	VALEURS en caisse à la fin de la journée du 1er du courant	15,699 52	» »
	DUDIT.		
7	RECOUVREMENTS. — Régularisation des frais dans la saisie du 4 novembre dernier, N° 110, bureau de Chaux-Neuve, prévenu Latiste, ci 60 29		
	Total. . . . 60 29	» »	60 29
	DITO.		
8	AMENDES ET CONFISCATIONS. — EXERCICE 18.... Saisie du.... N°.... bureau d..... reçu du prévenu à titre d'amende. . . . . 50 »		
9	RECOUVREMENTS. — Même affaire. Régularisation des frais. 5 60		
	Total. . . . 55 60	55 60	» »
	2 JANVIER.		
	Compte du Capitaine de...... pour le mois de......		
	SAVOIR :		
10	MASSES. { Habillement. . . 100 » / Service de santé. 50 » / Casernement . . 25 » } 175 »		
11	RECETTES ACCESSOIRES. — Timbre de la commission du Préposé.... de la brigade de.... . . . . » 75		
12	FONDS PARTICULIERS DE DIVERS. Dettes. { Retenue au Préposé... de la brigade de O...., boucher à...... 5 » / Dito à... Préposé à....., pour le compte de....., négociant à..... 5 » } 10 »		
	A reporter. . . . 185 75		

N^{os} d'ordre.	MOTIFS DES DÉPENSES.	DÉPENSES.	
		Numéraire.	sans mouvement de val^{rs}

N^{os} d'ordre.	MOTIFS DES DÉPENSES.	Numéraire.	sans mouvement de val^{rs}
	DU 2 JANVIER.		
5	AMENDES ET CONFISCATIONS. — Application aux frais du produit de la saisie du 4 novembre dernier, N° 110, bureau de Chaux-Neuve, Prévenu Latisse 49 80		
6	DÉPENSES ADMINISTRATIVES. — Frais irrécouvrables dans la saisie détaillée ci-dessus. — (Liquidation N° 1ᵉʳ, du 1ᵉʳ janvier courant) . . ci 10 49		
	Total 60 29	» »	60 29
	DITO.		
7	MATÉRIEL. — Payé au Sʳ. . pour prix de transport du bureau de... à celui de... de la somme de.... adressée à M.... à titre de subvention	3 »	» »
	DITO.		
8	AVANCES. RETRAITES. — Payé au sieur... pour sa pension du mois de.....18...........	25 »	» »
	2 JANVIER.		
	Compte du capitaine de... pour le mois de..		
	SAVOIR :		
9	AVANCES. — Traitements du mois de... payés aux chefs et préposés de la capitainerie de.. ci . . . . 1000 » Indemnités à la visiteuse pour le mois de.. ci . 29 16 } 1069 16 1ʳᵉ mise de masse du Sʳ préposé à 40 00		
10	MASSES. — Remboursement des ordres ci-après N°... Masse du préposé... 25 » } 29 50 N°... Armes du même.... 4 50		
11	FONDS PARTICULIERS DE DIVERS. — Payé au préposé.... pour part dans la saisie du....		
	A reporter 1098 66		

N^{os} d'or—dre.	MOTIFS DES RECETTES.		Numéraire.	sans mouvement de val^{rs}
	Report . . . 185 75			
13	RECOUVREMENTS. — Régularisation des fonds de subvention remis à M...., Receveur à...., pour acquitter une partie des dépenses ci-contre. (Récépissé N°.....). . . .	605 »		
14	FONDS PARTICULIERS DE DIVERS. — Sommes reversées au profit des Employés ci-après :			
	Pour le sieur...., Préposé à....., appointements du mois de. 65 »			
	Pour le sieur...., Préposé à...., remboursement de son actif de masse. . . . 25 »	90 »		
		880 75	» »	880 75

DITO.

*Compte de M....., Receveur à.....,
pour le mois de.....*

SAVOIR :

N^{os} d'or—dre.	MOTIFS DES RECETTES.		Numéraire.	sans mouvement de val^{rs}
15	DROITS DE DOUANES. { Entrée. . . 100 25 } { Sortie. . . . 50 05 }	150 30		
16	Recettes accessoires. — Timbre des expéditions.	15 »		
17	CONSIGNATIONS. — Chevaux. — Passavant N°..... ci. . . . 27 50			
18	CONSIGNATIONS. — Transactions. — Reçu du sieur... prévenu dans la saisie du.... N°... Bureau de.... 50 »	77 50		
19	FONDS PARTICULIERS DE DIVERS. — Prix de 5 kil. sel de salines vendu provisoirement	2 »		
20	RECOUVREMENTS. — Régularisation des fonds de subvention employés par M... pour l'acquittement d'une partie des dépenses ci-contre. (Récépissé N°....)	27 05	» »	271 85
	Total. 274 85			

Nos d'or-dre.	MOTIFS DES DÉPENSES.	DÉPENSES.	
		Numéraire.	sans mouve-ment de val^{rs}
	Report. . . . 1098 66		
	bureau de.......... 58 40 ⎫		
	Payé à.... préposé à... ⎬ 73 40		
	pour part de prime dans ⎪		
	la saisie du......... 15 » ⎭		
12	Avances.—Payé au préposé... la part lui revenant dans la saisie du... N°... bureau de... ci.......... 25 15		
	1,197 21	316 46	880 75
	DITO.		
	Compte de M...... Receveur à..... pour le mois de............................		
	SAVOIR :		
13	Avances. — Traitement du Receveur pour le mois de............. 71 25 ⎫ Frais de rédaction dans la ⎪ saisie du... Prévenu... ⎬ 174 85 (Etat adressé)........ 3 60 ⎪ Fonds de subvention conser- ⎪ vés par le Receveur.... 100 » ⎭		
14	Dépenses fixes abonnées. — Pour le trimestre de.... savoir : Loyer................. 50 » ⎫ 75 » Chauffage et éclairage...... 25 » ⎭		
15	Viremens. — Pour le compte de M.... Rece-veur principal à... direction de... payé au sieur... préposé à... sa part dans la saisie du.... N°... bureau de . . 20 »		
16	Matériel. — Payé au sieur . . né-gociant à . . . . . pour transport d'un ballot registres pesant . . . kilo. depuis . . . à . . . . . ci 2 »		
	Total 271 85	» »	271 85

Nᵒˢ d'or-dre.	MOTIFS DES RECETTES.	RECETTES	
		Numéraire.	sans mouve-ment de valʳˢ
	══ 3 JANVIER. ══		
21	VALEURS en caisse le 2 janvier, au soir. . . .	» »	
	── 3 DUDIT. ──		
	NÉANT.		
	── DU..... ──		
22	SERVICE DES RETRAITES. — Prélèvements sur les appointements du mois de.... des Chefs et Employés de la Principalité, SAVOIR : 5 p. %. . . . . . 862 63 ⎫ 1ᵉʳ mois et 1ᵉʳ 12ᶜ. 215 33 ⎬ 1,100 13 Congés. . . . . . 22 17 ⎭		
23	RECOUVREMENTS. — Régularisa-tion des avances faites pour les appointements du mois de.... des Employés de la principalité 16,105 59		
	Total. . . . 17,205 72	» »	17,205 72
	── DU..... ══		
24	SERVICE DES RETRAITES. Prélèvements sur le produit des saisies détaillées ci-contre , SAVOIR : 25 p. %. . . . . 2 92 ⎫ 4 39 Sixième. . . . . 1 47 ⎭		
25	RECOUVREMENTS. — Régularisation des frais dans les saisies détaillées ci-contre . . . . » 08 ⎫ Régularisation des parts payées à M...., Capitaine ⎬ 3 36 à...., dans la saisie du.... bureau de.... ci. . . . . . 3 28 ⎭ A reporter. . 7 73		

N^{os} d'ordre.	MOTIFS DES DÉPENSES.	DÉPENSES. Numéraire.	sans mouvement de val^{rs}
17	3 JANVIER. — **NÉANT.** — DU.....		
18	TRAITEMENTS D'ACTIVITÉ des chefs et autres employés de la principalité pour le mois de... SAVOIR :		

Capitaineries et Bureaux. (1.)	Traitements nets payés. (2.)	Parts non payées à défaut d'émargement. (3.)	Trésor. Emploi vacant. (4.)	Caisse des retraites — 5 pour cent. (5.)	Caisse des retraites — 1^r mois et 1er 12e. (6.)	Congés. (7.)	Total égal au montant des rôles. (8.)	Total des colonnes 2, 5, 6 et 7. (9.)
	4,570 05	»	»	246 99	120 53	»	4,937 35	4,937 35
	4,666 61	58 79	17 50	252 78	95 »	»	5,070 68	5,014 59
	4,603 53	»	»	242 38	» »	»	4,845 71	4,845 71
	13,839 97	58 79	17 50	742 15	215 53	»	14,855 74	14,797 45
	2,263 62	»	»	120 48	» »	22 17	2,408 27	2,408 27
	16,103 59	58 79	17 50	862 63	215 53	22 17	17,262 01	17,205 72

(accolade colonnes 5 et 6 : 1100 13)

Dépenses — Numéraire : »   sans mouvement de valeurs : 17,205 72

DU . . . .

19	RÉPARTITION sur les amendes et confiscations. RÉPARTITION aux ayant-droit dans le produit des saisies ci-après, SAVOIR :

Saisies — Bureaux. (1.)	Numéros. (2.)	Dates. (3.)	Frais prélevés sur les produits bruts. (4.)	Parts payées — aux Chefs et Préposés. (5.)	aux indicateurs. (6.)	Pour mémoire — Parts n. payées aux chefs et prép. (7.)	aux ind. (8.)	au Trésor — Décime. (9.)	1/2 sur l. p. des s. de p. (10.)	6e et 12e r. (11.)	Prélèvemens pour les retraites — 25 p. 0/0. (12.)	Sixième. (13.)	Total égal au montant des répartitions. (14.)	Total des colonnes 4, 5, 6, 12 et 13. (15.)
			» 08	4 05	»	»	»	» 59	»	»	1 61	» 81	7 12	6 53
			»	3 28	»	»	»	» 53	»	»	1 31	» 66	5 78	5 25
			» 08	7 51	»	»	»	1 12	»	»	2 92	1 47	12 90	11 78

(accolade colonnes 12 et 13 : 4 39)

Total . . . 11 78

N^{os} d'ordre.	MOTIFS DES RECETTES.	RECETTES.	
		Numéraire.	sans mouvement de val^{rs}
	Report . . . 7 75		
26	Fonds particuliers de divers. — Parts aux suivants dans les saisies dont le détail est ci-contre, savoir :		
	A M. le Directeur. . . . . . » 35		
	A M. l'Inspecteur. . . . . . » 35		
	A M...., Receveur à. . . . . » 24 3 90		
	A M.... le Capitaine de... of. divers 2 96		
		» »	11 65
	Total. . . . 11 65		
	DU.....		
27	Recettes accessoires. — Reprise de la valeur des objets réformés au bureau de...., et repris en paiement par le sieur..., négociant à..... (Mémoire du 18.... ci. . . . 7 50	» »	7 50
	DUDIT.		
28	Virements. — Bordereau N°.... de ce jour. Reçu, pour le compte de M..., Receveur principal à...., l'actif de masse du sieur...., Préposé à la Capitainerie de...., nommé à....., Principalité de...., Direction de..... ci. . . . . 65 »	» »	65 »
	DUDIT.		
29	Sommes afférentes. — Reçu de l'Administration de l'enregistrement pour somme revenant aux douanes dans l'affaire du............, bureau de.... prévenu.... ci.	30 »	» »
30	Amendes et confiscations. — Montant du prix de vente des tabacs dans la saisie du... N°... bureau. . . . . 15 »		
31	Primes de capture. — Prime reçue des contributions indirectes dans la saisie du....		
	SAVOIR :		
	Pour tabac détruit. . . . » 15		
	Pour arrestation de deux fraudeurs . . . . 30 » 30 15		
	Total. . . . 45 15	» »	45 15
	DU		
32	Recouvrement pour des tiers. Perçu, pour le compte de l'Administration de l'enregistrement, le prix du timbre de quatre lettres de voiture, ci.	7 70	» »

Nᵒˢ d'ordre.	MOTIFS DES DÉPENSES.	DÉPENSES.	
		Numéraire.	sans mouvement de valʳˢ
	Total 11 78	» 13	11 65
	DU....		
20	Matériel. Exercice 18.... payé au sieur... négociant à.... pour achat de meubles et ustensiles fournis au bureau de.... suivant mémoire du...... (Liquidation Nᵒ.... du.....) ci 87 50	80 »	7 50
	DUDIT.		
21	Masses. Remboursement de l'ordre Nᵒ... pour armes reprises du préposé.... passé à... direction de . . . . 15 »		
	Remboursement de l'ordre.... Nᵒ.... pour actif de masse du même . . 50 »		
	Total . . . . 65 »	» »	65 »
	DUDIT.		
22	Remboursementˢ et restitutions. Remboursé au sieur.... pour droits d'entrée perçus en trop sur.... acquit de paiement Nᵒ.... bureau de.... (Liquidation Nᵒ...... du). . . .	5 27	» »
23	Virements. Montant du bordereau Nᵒ... formé le..... par M...., Receveur principal à...... ci 45 15		
	Total 45 15	» »	45 15
	DU....		
24	Avances. Payé au sieur.... retraité à.... pour sa pension du mois de...... ci	50 »	» »
25	Avances. Payé au sieur... négociant à.... la somme de vingt francs pour achat de 30 k. ficelles à plomber	20 »	» »

Nos d'ordre.	MOTIFS DES RECETTES.	RECETTES	
		Numéraire.	sans mouvement de val^{rs}

Nos d'ordre.	MOTIFS DES RECETTES.	Numéraire.	sans mouvement de val
	DU.....		
33	FONDS PARTICULIERS DU COMPTABLE. Versé par le Comptable dans sa caisse la somme de.... pour acquitter les dépenses excédant ses recettes, ci	100 »	» »
34	CONSIGNATIONS. Reçu du sieur.... la somme de..., par lui consignée le présent jour sous le N°.... pour garantir les droits d'entrée sur...., qu'il n'a pu représenter immédiatement en cette douane.	4 10	» »
35	FONDS DE SUBVENTION. Reçu de M..., Receveur particulier à..., la somme de.... (Récépissé N°... du....)	2000 »	» »
36	FONDS PARTICULIERS DE DIVERS. — Somme revenant au Préposé.... de la Capitainerie de.... pour retenue faite en trop sur son premier mois d'augmentation, ci . . . . . » 15	» »	» 15
37	MATÉRIEL. Recette en réduction de dépense de la somme de..., payée en trop au sieur... pour frais de transport de fonds jusqu'au bureau de...., ce transport étant fixé à 1 fr. par 1,000 francs.	» 25	» »
38	RECOUVREMENTS. Régularisation de la somme de..... payée à la visiteuse.... pour indemnités du mois de..., ci . . . . . . 25 »	» »	25 »
	DU.....		
39	AMENDES ET CONFISCATIONS. Saisie du.... N°.... bureau de... Amende . . . 35 »⎫ Confiscation . 5 »⎭ 40 »		
40	PRIME DE CAPTURE reçue du prévenu dans ladite affaire. . . . . 5 »		
41	RECOUVREMENTS. Régularisation des frais. . . . . 5 »		
	Total . . . 50 »	» »	50 »
42	FONDS PARTICULIERS DE DIVERS. Parts de prime dans la saisie du.... N°.... savoir : Au sieur...., Préposé, 7 fr. 50, et au sieur...., Préposé, 7 fr. 50, ci . . . . . . 15 »	» »	15 »

Nos d'or-dre.	MOTIFS DES DÉPENSES.	Numéraire.		sans mouve-ment de val^{rs}	
26	**Avances.** Frais de rédaction dans la préemption exercée le.... au bureau de... au préjudice du sieur .... ci	2	90	»	»
27	**Versements sur Recouvrements faits pour des tiers.** — Versé à M.... Receveur des contributions indirectes à.... pour droit d'importation sur..... kilo. tabac de santé .	5	»	»	»
28	**Service des Retraites.** Dépense en réduction de recette de la somme de .... retenue en trop sur le 1er mois d'augmentation du sieur .... préposé à.... capitainerie de ...... ci... .... » 15	»	»	»	15
29	**Remboursements sur les amendes.** Restitué au sieur.... prévenu dans la saisie du.... N° ... bureau de.... la somme de....d'après la décision administrative du ... ci. 25 »	25	»	»	»
30	**Dépenses administratives.** Indemnité payée à la visiteuse.... pour le mois de ...... ci.............. 25 »	»	»	25	»
31	**Avances.** Payé au sieur .... préposé à.... pour sa part de prime dans la saisie du ... N°... bureau de.... ci	7	50	»	»
	DU....				
32	**Consignations.** Application aux produits de la somme de 50 fr. versée par le sieur.... prévenu dans la saisie du .... N°... bureau de .... ci .... 50 »				
	Total... 50 »	»	»	50	»
33	**Primes de capture.** Répartition aux ayant-droits dans la saisie du .... bureau de ... prévenu .... ci .... 15 »	»	»	15	»

OPÉRATIONS — DE TRÉSORERIE.

Elles forment la deuxième partie du bordereau, et concernent les Services particuliers qui ont chacun un article à la recette et à la dépense.

Les Opérations de trésorerie se divisent en trois chapitres :

1. Correspondants du Trésor ;
2. Recouvrements et régularisations d'avances ;
3. Mouvements de fonds entre les Comptables des finances.

Les correspondants du Trésor sont :

Art. 1er Caisse des dépôts et consignations ;
Art. 2. Service des retraites ;
Art. 3. Fonds de masse ;
Art. 4. Primes de capture ;
Art. 5. Sommes afférentes ;
Art. 6. Consignations ;
Art. 7. Recouvrements pour des tiers ;
Art. 8. Fonds particuliers de divers et recettes à classer ;
Art. 9. Fonds particuliers des Comptables.

Les recouvrements et régularisations comprennent les recettes et les dépenses faites pour pensions de retraites, traitements, frais de saisies, masses, fonds de subventions aux Receveurs subordonnés, frais occasionnés par des préemptions, &.

Les mouvements de fonds concernent :

Art. 1er. Les fonds de subvention reçus des Receveurs des finances ;
Art. 2. Les fonds de subvention reçus des Receveurs des douanes ;
Art. 3. La reprise des valeurs provenant de la gestion du prédécesseur du Comptable ;
Art. 4. Et les virements de comptes.

Il est parlé, en leur lieu et place, de chacun de ces divers services qui n'ont d'autre désignation d'exercice que celle de l'année pendant laquelle ils sont faits.

OPPOSITION. — Voir : *Saisies-arrêts.*

OPPOSITION — AU REMBOURSEMENT DES CAUTIONNEMENTS.

Voir : *Cautionnements*, N° 7.

ORDONNANCEMENT — DES DÉPENSES.

1. Aux termes de l'ordonnance du 14 septembre 1822, article 7, et de l'arrêté ministériel du 26 janvier 1846, aucune dépense publique, imputable sur les crédits législatifs, ne doit être acquittée et présentée en compte si elle n'a pas été préalablement ordonnancée par le Ministre ou mandatée par un ordonnateur secondaire en vertu de délégation.

Les ordonnances ministérielles se distinguent en ORDONNANCES DE PAIEMENT et en ORDONNANCES DE DÉLÉGATION.

Les ordonnances de paiement sont celles que le Ministre délivre directement au profit ou au nom d'un ou de plusieurs créanciers.

Les ordonnances de délégation sont celles par lesquelles le Ministre autorise les ordonnateurs secondaires à disposer d'un crédit ou d'une portion de crédit, au moyen de mandats de paiement expédiés au profit ou au nom d'un ou de plusieurs créanciers.

2. Doivent être payées après l'ordonnancement les dépenses qui concernent :

Les traitements d'activité ;

Les indemnités aux femmes visiteuses ;

Les dépenses fixes abonnées ;

Les indemnités de tournées ;

Les indemnités aux employés blessés ;

Les secours aux veuves ;

Les dépenses imprévues,

Et les dépenses du matériel excédant 50 francs ; mais, pour ces dernières, l'ordonnancement doit être précédé d'une liquidation que l'Administration ne peut arrêter qu'à vue des mémoires, états ou quittances en bonne forme. (*Circulaire N° 897*).

3. Peuvent être payées avant l'ordonnancement, mais après liquidation, et appliquées immédiatement aux chapitres qu'elles concernent, les dépenses suivantes :

Les primes à l'exportation ;

Les remboursements de droits ;

Les frais judiciaires et condamnations à la charge de l'État ;

Les frais de saisies non recouvrables,

Et les primes de capture payées par le Trésor.

4. Peuvent être payées avant l'ordonnancement et avant liquidation les dépenses ci-après :

Escomptes ;

Répartition du produit du plombage ;

Répartition du produit des amendes et confiscations,

Et toutes les dépenses du matériel qui n'excèdent pas 50 francs.

5. Les dépenses publiques sont toujours appuyées d'un mandat de paiement : celles faites pour opérations de trésorerie le sont d'un ordre de paiement. Les quittances justificatives doivent toujours être faites au nom du Comptable qui emploie les liquidations et ordonnances. (*Comptabilité générale, 30 décembre 1826*).

6. Les ordonnances que l'Administration fait délivrer pour les traitements et remises de tous ses Agents doivent comprendre ces allocations sans aucune déduction des sommes afférentes à la Caisse des retraites, c'est-à-dire pour le brut. Les prélèvements revenant à cette caisse sont présentés distinctement dans les mandats, et il en est fait recette et dépense par les Receveurs principaux. Voir : *Prélèvements*.

(*Circulaire N° 1667*).

Elles désignent — l'imputation d'exercice, — l'objet et la quotité de la dépense, — les parties prenantes, — les pièces à produire — et le chapitre du crédit auquel la dépense s'applique. (*Circulaire N° 855*).

7. Les dépenses publiques qui n'ont pas été liquidées, ordonnancées et payées dans un délai de *cinq ans* après l'ouverture de l'exercice auquel elles se rapportent, sont frappées de déchéance (*Comptabilité*

générale, 25 août 1834), et ne peuvent plus être payées que sur un nouvel ordonnancement du Ministre. Voir : *Exercice-clos.*

Les sommes qni n'ont pu être payées au moment où il a été fait écriture de la dépense, peuvent l'être ultérieurement jusqu'au terme de la prescription, sur l'ordre des Directeurs.

Voir : *Sommes non payées.* (*Comptabilité générale, 25 août 1834*).

ORDONNATEURS SECONDAIRES.

Ce sont les Directeurs dans les départements.

1. Les livres officiels de la comptabilité des ordonnateurs secondaires des dépenses sont au nombre de quatre, indépendamment des carnets de détails et des livres et comptes auxiliaires qu'ils ouvrent selon les besoins de leurs services, savoir :

1º Un livre journal des crédits délégués ;

2º Un livre d'enregistrement des droits des créanciers ;

3º Un journal général des mandats délivrés ;

4º Un livre de comptes par nature de dépenses.

Ces livres sont ouverts par exercice : les opérations qui se rapportent à un même exercice se cumulent sur les mêmes livres jusqu'à l'époque de sa clôture.

Le livre-journal des crédits délégués reçoit l'enregistrement sommaire et en masse du montaut des ordonnances ou des extraits d'ordonnances à mesure et dans l'ordre d'arrivée des lettres portant avis de délégation de crédits.

Ce livre contient une colonne intitulée : CRÉDITS ANNULÉS, dans laquelle sont portées les sommes dont les ordonnateurs secondaires cessent d'avoir la faculté de disposer, soit dans le courant, soit dans la clôture de l'exercice.

Les droits acquis aux créanciers du Ministère des finances sont constatés sur le livre destiné à l'enregistrement de ces droits aussitôt après que leur fixation est déterminée par les résultats des liquidations, et lors même que la délivrance des mandats de paiement devrait être ajournée, soit en raison de l'absence des titulaires d'emplois, soit en cas de litige ou tout autre motif.

Les ordonnateurs secondaires n'arrêtent leurs écritures officielles de chaque mois qu'après y avoir constaté, pour le personnel, sous la date du dernier jour du mois, les droits acquis pour ce même mois à la charge du Trésor public.

Le journal général des mandats délivrés est consacré à l'enregistrement immédiat et successif, par ordre numérique, de tous les mandats individuels ou collectifs émis par l'ordonnateur secondaire.

Une colonne de ce journal est réservée pour l'enregistrement des mandats annulés.

Le livre des comptes ouverts par nature de dépenses est destiné à rapprocher et à présenter, sous un seul aspect, pour chaque division de la nomenclature détaillée au budget, les crédits délégués, les mandats délivrés et les paiements effectués.

Il est procédé, à cet effet, pour les deux premiers résultats, au dépouillement du livre-journal des crédits et du journal général des mandats : quant aux paiements, les ordonnateurs secondaires les constatent sur le livre des comptes, à la fin de chaque mois, d'après les relevés des mandats acquittés qu'ils reçoivent des Comptables du Trésor, dans les premiers jours du mois suivant.

2. Dans les premiers jours de chaque mois, les ordonnateurs secondaires extraient des livres de la comptabilité de chaque exercice, jusqu'à l'époque de sa clôture, une situation arrêtée au dernier jour du mois précédent.

Cette situation est le relevé des totaux du livre des comptes ouverts par nature de dépenses, et de ceux du livre servant à l'enregistrement des droits des créanciers.

Elle présente, par chapitre, et, s'il y a lieu, par article et paragraphe du budget :

1° Le montant des crédits délégués;

2° Les droits constatés au profit des créanciers de l'État;

3° Le montant des mandats délivrés;

4° Celui des paiements effectués.

Avant de certifier l'exactitude de la situation mensuelle, les ordonnateurs secondaires en contrôlent les résultats généraux, en ce qui concerne les crédits et les mandats, à l'aide du livre-journal des crédits délégués et du journal des mandats délivrés.

3. Avant le 10 de chaque mois, les ordonnateurs secondaires adressent au Ministre la situation établie au dernier jour du mois précédent.

Ils lui adressent, en outre, du 1er au 10 de chaque mois, la déclaration des mouvements survenus dans l'effectif du personnel pendant le cours du mois précédent, lorsque ces mouvements ont eu pour résultat une modification dans la dépense de cet effectif ou un changement quelconque dans la position d'un Agent maintenu néanmoins dans les limites de la même division territoriale.

Est considéré comme changement survenu à la position d'un Agent l'*intérim* dont cet Agent a pu être chargé, la dépense du traitement en raison du service fait dans un emploi, soit par un titulaire, soit par un intérimaire, devant toujours être imputée sur les fonds applicables cette classe d'emplois.

S'il n'y a eu, pendant un mois, dans l'effectif du personnel, aucun mouvement de nature à modifier la dépense des traitements fixes, il est adressé, pour ce mois, un état de néant.

4. Les ordonnateurs secondaires signalent au Ministre, de mois en mois, les absences d'agents du personnel qui ont lieu en vertu de congés.

Ils dressent, à cet effet, au commencement de chaque mois, un bulletin indicatif des congés dont il a été fait usage pendant le mois précédent : ils joignent cette pièce, ou, s'il y a lieu, un état de néant, à la situation de leur comptabilité arrêtée à l'époque du dernier jour du mois expiré.

5. La rectification de toute erreur de chiffres commise dans l'enregistrement des opérations, et reconnue après l'envoi des situations mensuelles au Ministre des finances, donne lieu à un enregistrement

supplémentaire à la date du jour où l'erreur est reconnue, et, s'il s'agit d'une réduction, cet enregistrement est porté dans la colonne des annulations. Il n'est procédé, dans aucun cas, par substitution d'une somme à une autre, ni par compensation au moyen de modification en plus ou en moins du chiffre réel des enregistrements ultérieurs.

6. Toute ordonnance et tout mandat non payés sur un exercice, au 51 octobre de la seconde année, cessant d'être valables, le montant en est, à cette époque, annulé dans les écritures de la comptabilité du Ministère, et dans celles des ordonnateurs secondaires.

7. Avant d'arrêter le compte d'un exercice, les ordonnateurs secondaires recherchent et constatent le complément des droits à la charge de l'État qui peuvent être acquis aux créanciers du service confié à leurs soins immédiats, sur les fonds de l'exercice arrivé au terme de sa clôture.

Tous les livres de la comptabilité sont arrêtés, pour chaque exercice, au 51 octobre de l'année qui suit celle dont l'exercice porte la dénomination.

Une situation définitive, extraite de ces livres, est établie à ladite époque. Elle est adressée au Ministère des finances, accompagnée de bordereaux présentant, pour les dépenses réunies en un seul article dans la nomenclature sommaire des dépenses de l'exercice, des détails conformes à ceux des états de développements du projet du budget.

Les journaux, livres et registres sont clos, balancés et dûment arrêtés pour chaque exercice, dès que le Ministre a notifié aux ordonnateurs secondaires les résultats du compte général et définitif de l'emploi des crédits de délégation ouverts pour ledit exercice.

(*Règlement du 26 janvier 1846, articles 206 à 219*).

ORDRE DE PAIEMENT.

1. Toutes les dépenses du matériel autorisées provisoirement par les ordonnateurs secondaires doivent être appuyées d'un ordre de paiement :

Vu par le Directeur des douanes soussigné, qui autorise M....., Receveur principal des douanes à......, à payer la somme de....., à laquelle s'élève le.....

Cette dépense, imputable sur....., sera allouée en compte audit Receveur, en rapportant le présent dûment émargé par la partie prenante.

A......, le......

2. Les dépenses pour *primes de capture* sont effectuées à vue des états émargés par les saisissants, arrêtés par les Directeurs et portant l'autorisation de paiement :

Arrêté le présent état à la somme de...., par le Directeur des douanes soussigné, qui autorise M....., Receveur principal des douanes à....., à payer ladite somme aux Préposés y dénommés, laquelle somme lui sera allouée en compte en rapportant le présent dûment émargé par chacune des parties prenantes.

A....., le.....

3. Les paiements effectués pour *sommes afférentes* doivent aussi être appuyés d'un ordre de paiement délivré, par le Directeur, au dos des états de sous-répartition. Cet ordre doit comprendre les prélèvements pour les retraites lorsqu'il y a lieu d'en effectuer.

Douanes.   **ORDRE DE DÉPENSE DE LA SOMME DE.....**

Direction de....

—

Principalité de......

=====

SERVICES
PARTICULIERS.

Sous – répartition de sommes afférentes aux Préposés des douanes dans les saisies faites à la requête des autres Administrations.

Le Directeur des douanes à....., soussigné, autorise M...., Receveur principal desdites douanes à...., à faire dépense, à l'article 4 du chapitre 1ᵉʳ des Opérations de trésorerie, de la somme de....., revenant, suivant l'état de sous-répartition ci-joint, savoir :

A la Caisse des retraites, pour prélèvement à son profit, ci. . . . . » »

*Aux **Chefs** et **Préposés** qui ont émargé ledit état, ci.* . . . . » »

               Total. . . . . . » »

Laquelle somme lui sera allouée en compte à charge de reprise en recette du prélèvement effectué pour la Caisse des retraites.

       A.....   le.....

4. Toutes les sommes provenant de *primes de capture* et de *sommes afférentes* dont le paiement n'a pas été réclamé dans le délai de cinq ans, doivent être dépensées aux comptes où elles figuraient primitivement, et reversées au Trésor. La dépense est appuyée d'un ordre du Directeur portant obligation pour le Receveur de s'en charger en recette, et revêtu du certificat de l'Inspecteur de la localité attestant que cette condition a été remplie.

Voici un modèle de l'ordre de paiement :

Direction de...

—

Principalité de........

———

SERVICES

PARTICULIERS.

Le Receveur principal des douanes à..... est autorisé à porter en dépense au compte des

{ *Primes de capture,*
{ *Sommes afférentes aux Préposés, §.,*   *la somme*

de....., montant des parts de primes (ou sommes afférentes) allouées aux Préposés dénommés dans le relevé ci-joint, et dont le paiement n'a pas été réclamé dans le délai de cinq ans à partir du 1ᵉʳ janvier de l'année pendant laquelle lesdites parts de primes (ou de sommes afférentes) ont été mises en répartition.

Cette dépense sera admise dans les comptes du Receveur à la charge par lui de se constituer en recette de la même somme au chapitre des contri butions et revenus publics sous le titre de recettes accidentelles.

A...... le.....

Le Directeur des douanes.

Vu et vérifié par l'Inspecteur des douanes sous-signé, qui certifie que le Comptable s'est chargé en recette de la somme de..... sous le N°.... de son journal.

A..... le.....

MODÈLE DU RELEVÉ A ANNEXER A L'ORDRE CI-DESSUS.

Douanes.

—

Direction de....

Principalité de.......

=

SERVICES PARTICULIERS.

Parts de primes (ou de sommes afférentes aux Préposés, etc.)

RELEVÉ des sommes dont le paiement n'a pas été réclamé dans le délai de 5 ans à partir du 1er janvier de l'année pendant laquelle les parts de primes (ou sommes afférentes) ont été mises en répartition.

Noms et Prénoms des Préposés auxquels les parts étaient attribuées.	Grades	Capitaineries dont faisaient partie les Préposés désignés ci-contre.	Epoques auxquelles les parts de.... ont été mises en répartition.	MONTANT des parts de...... non-réclamées et qui sont transportées au chapitre des contributions et revenus publics. (*Recettes accidentelles*).	OBSERV.

Total......

Fait à..... le..... 18....

Le Receveur principal.

Vu et certifié exact.

L'Inspecteur,

ORIGINAUX.

Les originaux des actes produits en comptabilité doivent être annexés aux pièces justificatives. Cependant, quand ils ne peuvent être rapportés, il doit y être suppléé par des copies ou extraits dûment certifiés. Voir : *Copies. — Extraits. (Comptabilité générale, 31 décembre 1838).*

PAIEMENT. Voir : *Dépenses*. — *Héritiers*. — *Parties prenantes*. — *Sommes non payées*. — *Liquidation*. — *Ordonnancement*. — *Ordre de paiement*. — *Exercice*.

1. Toute ordonnance de paiement et tout mandat, appuyés de justifications complètes et régulières, et qui n'excèdent pas la limite du crédit sur lequel ils doivent être imputés, sont payables par les Agents comptables, dans les délais et dans les lieux déterminés par l'Ordonnateur, sur la quittance de la partie prenante ou de son représentant dûment autorisé. (Voir : *Procuration*).

Tout paiement fait à des parties illettrées doit être certifié par acte notarié pour les sommes au-dessus de 150 francs; mais, pour des sommes moindres, il peut l'être par deux témoins dont on indique les noms, prénoms, qualités et demeure. *(Comptabilité générale, 30 décembre 1826)*.

2. Les mandats dont le paiement n'est point assigné sur la caisse des Payeurs sont acquittés directement, sans intervention des Payeurs, par les Agents comptables des Administrations des finances, pour les frais de régie et les remboursements inhérents à la perception et à l'exploitation des impôts et revenus indirects.

3. Les mandats déterminent le délai avant l'expiration duquel les titulaires ne peuvent se présenter aux caisses des Comptables chargés d'acquitter les dépenses. Ce délai, dont le minimum a été fixé à 30 jours, peut, selon les circonstances et dans l'intérêt du service, être réduit par l'Ordonnateur.

4. Les mandats sont payables jusqu'au 31 octobre de la seconde année de l'exercice, par les Comptables principaux sur la caisse desquels ils ont été délivrés, et jusqu'au 20 seulement par les Comptables subordonnés.

Les mandats non acquittés aux époques ci-dessus fixées sont annulés, sans préjudice des droits des créanciers, et sauf réordonnancement jusqu'au terme de déchéance.

5. Les ordonnances de paiement d'intérêts de cautionnement sont exclusivement délivrées sur la caisse du Payeur du département dans lequel les titulaires exercent leurs fonctions.

Les remboursements de capitaux de cautionnement ne peuvent être autorisés que dans le département où les titulaires ont exercé en dernier lieu.

6. Toute avance ou portion d'avance, de quelque nature quelle soit, qui resterait à justifier lors de la clôture de l'exercice, constitue une créance de l'État dont le remboursement est susceptible d'être poursuivi par l'Agent judiciaire du Trésor.

7. Toutes les fois que le timbre est exigible d'après les lois et réglements, et notamment pour les justifications relatives au paiement de travaux ou de fournitures excédant 10 francs, il est à la charge des créanciers.

8. Le paiement d'un mandat ne peut être suspendu par un Comptable que lorsqu'il reconnaît qu'il y a omission ou irrégularité matérielle dans les pièces justificatives qui seraient produites.

Il y a irrégularité matérielle toutes les fois que la somme portée dans le mandat n'est pas d'accord avec celle qui résulte des pièces justificatives annexées au mandat, ou lorsque ces pièces ne sont pas établies conformément aux instructions.

En cas de refus de paiement, le Comptable est tenu de remettre immédiatement la déclaration écrite et motivée de son refus au porteur de l'ordonnance ou du mandat, et il en adresse copie, sous la même date, à la Comptabilité générale.

Si, malgré cette déclaration, un Ordonnateur secondaire requiert, par écrit, sous sa responsabilité, qu'il soit passé outre au paiement d'un mandat, le Comptable y procède sans autre délai, et il annexe au mandat, avec une copie de sa déclaration, l'original de l'acte de réquisition qu'il a reçu : il est tenu d'en rendre compte immédiatement au Ministre,

L'ordonnateur secondaire, de son côté, informe sur-le-champ le Ministre des circonstances et des motifs qui ont déterminé la réquisition.

9. Lorsqu'une dépense a reçu une imputation qui ne peut être régulièrement maintenue, et que cette dépense remonte à une gestion expirée, il est dressé, par le secrétariat général des finances, soit d'office, soit d'après le certificat de réimputation qu'il reçoit de l'ordonnateur secondaire, un état de changement d'imputation dont expédition est remise à la Direction de la Comptabilité générale qui constate l'opération par virement de comptes.

S'il s'agit d'un paiement compris dans une gestion courante, l'état dressé par le Secrétariat général, ou le certificat de l'ordonnateur secondaire, est transmis au Comptable qui a effectué le paiement, pour être rattaché par ses soins à l'ordonnance ou au mandat dont l'imputation est à changer.

Dans l'un et l'autre cas, l'état de changement d'imputation de l'ordonnance est adressé à la Direction du mouvement général des fonds, qui rectifie, s'il y a lieu, la situation du crédit.

10. Dans les cinq premiers jours de chaque mois, les Comptables du Trésor public remettent aux ordonnateurs secondaires le relevé, par exercice, des mandats qui ont été acquittés pendant le mois précédent.

Si aucun paiement n'a été effectué, il doit être produit un relevé négatif rappelant le total des sommes payées antérieurement, et indiquant les changements d'imputation qui auraient pu avoir lieu pendant le mois.

(*Réglement du 26 janvier 1846*).

PAIEMENTS — ULTÉRIEURS. Voir : *Sommes non payées.*

PAIEMENTS — DE DROITS. — Voir : *Acquittement.*

Aucune personne n'est recevable à former contre l'Administration des douanes de demandes en restitution de droits et de marchandises, paiements de loyers et appointements des Préposés, deux ans après l'époque que les réclamateurs donneraient au paiement des droits, dépôts des marchandises, échéances des loyers et appointements.

La Douane est pareillement non recevable à former aucune demande en paiement de droits un an après que lesdits droits auront dû être payés, le tout à moins qu'il n'y ait eu, avant lesdits termes, soit pour la douane, soit pour les parties, contrainte décernée et signifiée, demande formée en justice, condamnation, promesse, convention ou obligation particulières et spéciales relativement à l'objet qui serait répété. (*Loi du 22 août 1791, titre 13, article 25*).

PAIEMENTS. — SOMMES DUES AUX PRÉPOSÉS.

Les appointements, les parts de saisies et gratifications revenant aux Préposés des brigades sont comptés, à la fin de chaque mois, aux Capitaines qui sont chargés de leur en faire la distribution. (Voir : *Compte courant des Capitaines*).

A cet effet, il est ouvert, dans chaque brigade, un registre spécial (voir : *Compte ouvert*) où les Capitaines établissent le décompte des Préposés, et où ceux-ci reconnaissent, par leur émargement, le paiement de toutes les sommes réellement touchées par eux. (*Circulaire N° 1049*).

Voir : *Prescriptions.*

PARTIES PRENANTES.

1. Par partie prenante, on entend toute personne qui a une créance, soit sur les fonds du Trésor, soit sur ceux des Services particuliers.

Les parties prenantes sont :

1° *Pour les traitements* : Le Directeur, l'Inspecteur, le Sous-Inspecteur, le Receveur principal et tous les Employés des bureaux ; — les capitaines et autres Employés des brigades ;

2° *Pour les loyers* : Les propriétaires des locaux tenus à bail, ou les Employés eux-mêmes lorsqu'il leur est alloué une somme fixe pour leur loyer ;

3° *Pour les frais de chauffage et d'éclairage* : Les Directeurs, les Receveurs et les Capitaines ;

4° *Pour les parts de saisies et de primes de capture :* Les Employés dénommés aux procès-verbaux et les Chefs auxquels les réglements accordent une rétribution sur le produit des saisies ;

5° *Pour les remboursements de consignations :* Le consignataire réel, c'est-à-dire la personne au nom de laquelle la consignation a eu lieu, — ou un tiers muni d'une procuration en bonne forme, ou nanti du passavant de consignation revêtu du passé à l'ordre.

6° Et les parties désignées, soit sur les états collectifs, soit sur les liquidations ou mandats de paiement.

Voir : *Héritiers.*

2. Toure partie prenante doit, pour toucher le montant de sa créance, émarger l'état de distribution où elle figure, ou produire une quittance en due forme (voir : *Acquits,* — *Quittances*) appuyée des pièces justificatives. (Voir : *Justification*).

Si la partie est illettrée, le paiement qui lui est fait doit être certifié par acte notarié si la somme dépasse 150 francs ; si elle est moindre, le paiement peut être certifié par deux témoins dont on indique les noms, prénoms, qualités et demeures. (*Comptabilité générale, 30 décembre 1826*).

PARTS DE SAISIES. Voir : *Répartitions.*

1. Les Comptables peuvent, dans des cas d'exception, payer en décembre, à titre d'avances, les parts de saisies revenant aux Préposés qui se trouvent dans le besoin.

2. Aucune répartition de parts de saisies ne peut être passée en écriture dans le mois de décembre : mais cette disposition n'est point applicable aux paiements ultérieurs des parts pour lesquelles il n'avait pas été d'abord fourni de quittances. (*Comptabilité générale, 1er septembre 1838*).

3. Toute part de saisie revenant à un indicateur, ne peut lui être avancée que sur l'autorisation du Directeur.

4. La part de saisie qui n'a pas été payée dans les cinq années, ne peut plus l'être que sur un nouvel ordonnancement du Ministre. (Voir : *Exercice-clos*).

5. Les parts de saisie revenant à des Préposés démissionnaires ou révoqués peuvent être appliquées d'office au paiement de leurs dettes lorsqu'ils refusent leur émargement ou leur quittance.

(Voir : *Dettes, N° 3*).

PASSE — DE SACS.

La passe des sacs, reçue d'abord par l'usage et par une convention tacite, a été ensuite consacrée par une décision du Ministre des finances (*Circulaire du 4 juin 1807*), puis par le décret du 1er juillet 1809. — Elle n'est exigée que pour les paiements effectués en pièces d'argent : elle est de 15 centimes par sac.

Si les paiements sont de 500 francs et au-dessus, le débiteur est tenu de fournir le sac et la ficelle : le sac doit contenir au moins 1,000 fr. ; il doit être en bon état et fait avec la toile propre à cet usage.

La valeur du sac est payée par celui qui reçoit, ou la retenue en est exercée par celui qui paie.

Le mode de paiement en sac et au poids ne prive pas celui qui reçoit de la faculté d'ouvrir les sacs, de vérifier et de compter les espèces en présence du Payeur.

(Circulaire du 29 juillet 1809).

PENSIONS — DE RETRAITES. Voir : *Retraites.*

PERTE — DE FONDS. Voir : *Déficit. — Détournement. — Enlèvement. — Vol.*

Les Directeurs doivent adresser, sans délai, à la Comptabilité générale, deux copies des actes qui constatent les enlèvements et pertes de fonds, ainsi que les déficits reconnus dans les caisses des Receveurs ou dans les marchandises saisies dont ils sont dépositaires · ils joignent à ces pièces tous les détails nécessaires à l'appréciation des faits.

(Comptabilité générale, 26 décembre 1833).

PIÈCES — DE COMPTABILITÉ.

Elles doivent être conservées avec soin pendant le cours du mois pour être représentées aux Inspecteurs. — À la fin du mois, elles sont récapitulées sur des chemises qui sont adressées à la Direction à l'appui de l'inventaire.

Voir : *Chemises. — Envoi des pièces. — Dépêches. — Inventaire.*

PIÈCES — JUSTIFICATIVES. Voir : *Justifications.*

PIÈCES — SOUMISES AU TIMBRE.

1. Les devis, mémoires et quittances doivent, conformément à la loi du 13 brumaire an VII, être rédigés sur papier timbré, excepté lorsqu'il s'agit de sommes qui n'excèdent pas 10 francs, ou lorsque la quittance est délivrée pour parts de saisies, appointements ou indemnités. (*Comptabilité générale, 30 décembre 1836*).

2. Toute procuration doit être timbrée et enregistrée, sauf l'exception faite pour celle donnée en forme de lettre par les Employés pour leurs traitements et émoluments. *(Dito.)*

3. Les acquits de primes d'exportation, de remboursements de droits et des trois quarts des fonds consignés en garantie de la réexportation des voitures de voyageurs, peuvent être donnés sur la lettre d'avis ou sur la liquidation : mais lorsqu'ils font l'objet de quittances particulières, ces quittances doivent être sur papier timbré si la somme dépasse 10 francs *(Idem)*.

Les lettres d'avis de liquidation de prime sont sujettes au timbre proportionnel des effets négociables lorsque les titulaires en transfèrent la propriété à des tiers par la voie de l'endossement : revêtues par le titulaire, au lieu d'un passé à l'ordre, d'une autorisation de toucher en son nom et pour son compte, elles sont passibles du timbre de dimension : le visa pour timbre peut être apposé dans tous les bureaux d'enregistrement. *(Comptabilité générale, 1ᵉʳ septembre 1838, et décision ministérielle du 20 juillet 1838)*.

4. Les quittances données par les avoués, avocats, greffiers et huissiers, pour honoraires, remboursements, &. ; — celles fournies à l'Etat ou délivrées en son nom, — et, en général, tous les actes et écritures, extraits, copies, expéditions, soit publics, soit privés, qui sont destinés à être produits pour décharge, justification, demandes ou dépenses, — sont assujettis aux droits de timbre lorsqu'ils sont délivrés par des Agents étrangers à l'Administration. *(Loi du 13 brumaire an 7, titre 2, article 12)*.

— Les timbres des quittances fournies à l'Etat ou données en son nom sont à la charge de ceux qui les donnent ou qui les demandent. *(Même loi, article 29, et circulaire du 16 messidor an 7)*

5. Les actes d'abandon des objets saisis sont également sujets au timbre. *(Lettre administrative du 25 décembre 1828)*.

Il en est de même des lettres de voiture et connaissements. *(Circulaire Nᵒ 2043)*.

6. Quand une quittance timbrée est exigible, le droit de timbre n'est pas proportionnel à la dimension de la feuille : il est invariablement de 35 centimes. *(Arrêté du 26 janvier 1846)*.

7. Si le titulaire d'une ordonnance ou d'un mandat n'est qu'un intermédiaire administratif entre l'Etat et ses créanciers, la quittance qu'il donne en touchant les fonds est une formalité d'ordre qui ne nécessite pas le timbre; mais il est exigé, lorsqu'il y a lieu, sur les quittances des créanciers réels que l'intermédiaire est tenu de rapporter ultérieurement. *(Même arrêté)*.

8. La quittance doit être timbrée dans le cas où la somme à payer serait inférieure à 10 francs, si elle forme le solde d'une créance excédant cette quotité. *(Idem)*.

9. Le timbre des mémoires, factures ou états de dépenses qui excèdent 10 francs, est obligatoire lorsque les quittances des sommes énoncées dans ces titres sont données par une personne étrangère à l'Administration. Indépendamment du timbre des mémoires ou factures, la même formalité est exigible pour les quittances y relatives qui seraient données séparément. *(Même arrêté)*.

10. N'est point soumis à la formalité du timbre tout bordereau produit par un Agent administratif à l'effet soit d'obtenir le remboursement de dépenses ou d'avances, soit de justifier de l'emploi des fonds qui avaient été mis à sa disposition pour un service public. *(Même arrêté)*.

Il en est de même — des comptes rendus par les Comptables publics, — des traitements et émoluments des fonctionnaires, — des quittances de retraites, — des quittances de secours payés aux indigents, — des minutes de tous les actes, arrêtés, décisions et délibérations de l'Administration publique, dans tous les cas où aucun de ces actes n'est sujet à l'enregistrement sur la minute, — et des extraits, copies et expéditions qui s'expédient ou se délivrent par une Administration à une autre Administration, lorsqu'il y est fait mention de cette destination.

(Règlement du 26 janvier 1846).

PLOMBAGE ET ESTAMPILLAGE.

1. Le produit des Taxes de plombage et d'estampillage est versé, jour par jour, dans la caisse du Receveur.

Il en est fait recette à un article spécial intitulé : *Plombage et estampillage*, qui fait l'objet de l'article 5 des *Droits et produits*, lequel a deux divisions :

Produit des taxes;

Produit de la vente des vieux plombs.

Un article correspondant est ouvert, pour les dépenses, sous le titre de : *Répartition des produits de plombage et d'estampillage*, article 2, chapitre 2 des Dépenses publiques; il est ainsi divisé :

Frais d'achat et d'entretien des instruments, des flans à plomber et de la ficelle;

Parts payées aux ayant-droit.

Cet article de dépense a deux exercices.

Les Receveurs subordonnés font recette de ces produits à leur livre-journal : ils en comprennent le montant dans le versement qu'ils font chaque mois, au bureau principal, de la totalité de leurs recettes : quant aux dépenses, ils agissent comme pour les autres paiements qu'ils effectuent pour le compte du Receveur principal. (*Comptabilité générale, 31 mai 1833*).

2. Les justifications à joindre aux comptes des Receveurs principaux à l'appui de ces opérations, consistent : — *pour la recette*, — dans l'état N° 7 ou 8, et, — *pour la dépense*, — en un état de répartition émargé par les parties prenantes, présentant le décompte du produit net à répartir, et appuyé d'un mandat de paiement et des pièces justificatives des frais d'achat et d'entretien des instruments et du prix des flans et de la ficelle. Cet état est arrêté par le Receveur principal et visé par l'Inspecteur et par le Directeur. (*Idem*). La dépense est assujettie aux règles qui concernent les exercices clos.

3. Les quittances à rapporter à l'appui des états de distribution doivent être faites sur papier timbré quand les sommes excèdent 10 francs. (*Comptabilité générale, 7 octobre 1833*).

4. Il est facultatif au Comptable — de prélever sur les états de répartition l'intégrité de la somme nécessaire pour acquitter le montant des factures pour prix des flans, — ou bien de ne prélever que la somme affectée au nombre de plombs employés. Dans les deux hypothèses, il doit joindre au premier état de répartition la quittance du fournisseur, sauf à rappeler sur les états subséquents, si le prélèvement n'a été que partiel, et jusqu'au recouvrement total, la production de cette quittance avec rappel en masse des prélèvements antérieurs qu'elle aura justifiés. (*Comptabilité générale, lettres des 14 décembre 1833 et 20 décembre 1841*). Mais le prix des instruments à plomber, des réparations, de la ficelle ou du transport des flans doit être prélevé intégralement sur le premier état de répartition. (*Comptabilité générale, lettre du 14 décembre 1833*).

5. Les frais occasionnés pour le plombage sont portés au chapitre des Avances à recouvrer ou à régulariser jusqu'à ce qu'ils puissent être prélevés sur les produits. (*Comptabilité générale, 20 décembre 1841*).

6. Avant tout, les produits doivent être appliqués aux frais. — Toutes les fois que les produits recouvrés pendant la gestion annuelle dans un bureau, soit principal, soit subordonné, n'excéderont pas les frais à prélever ou leur seront inférieurs, ils seront appliqués jusqu'à concurrence au remboursement des frais. A cet effet, il en sera fait dépense comme s'ils étaient mis en répartition, et leur montant sera repris en recette à titre de recouvrement d'avances. Ces deux opérations auront lieu dans les premiers jours de janvier de l'année suivante. Les pièces à produire à l'appui de la dépense seront les mêmes que pour les répartitions : ainsi les quittances des frais à prélever seront jointes à l'état d'emploi des produits sur lesquels sera fait le premier prélèvement, et cette production sera mentionnée sur chacun des états subséquents, avec rappel en masse des prélèvements antérieurs qu'elle aura justifiés. Les Comptables auront soin de se mettre en mesure de pouvoir faire exactement ces annotations. (*Comptabilité générale, 20 décembre 1841*).

7. Si les produits de plombage n'étaient distribués aux ayant-droit que dans les premiers jours de janvier, la dépense ne pourrait pas être portée au bordereau supplémentaire, attendu qu'elle appartient à la gestion pendant laquelle a eu lieu la mise en répartition. — Pour éviter cet inconvénient, on doit toujours arrêter, le 31 décembre, les états de répartition du produit perçu pendant le mois, et donner à ces états cette même date. (*Comptabilité générale, 7 février 1835*).

8. Le produit de la vente des vieux plombs doit faire l'objet d'une adjudication suivant le mode déterminé par l'article 17 du règlement du 25 juin 1827, relatif à l'exercice du droit de préemption. Les actes de vente doivent être annexés aux états de distribution. (*Comptabilité générale, 1er septembre 1838*).

9. Dans chaque bureau, la recette du produit des plombs, marques, cachets, estampilles, etc., est inscrite sur un registre spécial qui porte le N° 64 de la série E. Ce registre est pourvu d'un certain nombre de colonnes dont le titre est resté en blanc, afin qu'on pût, suivant les cas, y indiquer à la main la nature et la quotité de chaque perception. (*Circulaire N° 1719*).

La circulaire de l'Administration N° 1773 donne la marche à suivre pour le partage du produit des plombs : les circulaires 1212 et 1594 fixent les droits des Employés absents. Voir : *Congés*.

10. A la fin du mois, les dépenses du plombage sont récapitulées sur la chemise N° 98, à laquelle on annexe l'état de distribution, l'acte de vente des vieux plombs et les quittances pour frais de transport de flans, achat de ficelle, &., et cette chemise est reprise elle-même sur l'inventaire. Dans les cinq premiers jours du mois, il faut avoir soin d'adresser l'état de distribution et les pièces à l'appui à la Direction qui délivre le mandat de paiement après vérification.

POLICE SANITAIRE. Voir : *Droits sanitaires*.

POUVOIRS. Voir : *Procuration*.

PRÉEMPTIONS.

Les préemptions se font — ou pour le compte de l'État, — ou pour le compte des Employés.

POUR LE COMPTE DE L'ÉTAT.

1. Les préemptions auxquelles donnent lieu les fausses déclarations à la valeur étant de même nature que les autres contraventions aux lois et réglements de douanes, sont assujetties aux mêmes règles de comptabilité. Ainsi, le mode de comptes du produit des saisies est appliqué, sous tous les rapports, à celui des préemptions sur les laines taxées à la valeur par la loi du 17 mai 1826. (*Comptabilité générale, 25 août 1834*). — Il en est de même des préemptions exercées, par forme de surenchère en vertu de la loi du 21 avril 1818, sur les marchandises avariées, vendues publiquement pour déterminer les réfactions de droit. *(Idem)*.

2. Les frais avancés sont inscrits, au sommier, dans la colonne des *frais de saisies. (Idem)*.

3. La moitié du produit net est répartie aux Employés sans distinction de grades, et par égales portions. (*Arrêté du 25 juin 1817, article 19*). — L'autre moitié, qui est réservée au Trésor, demeure indéfiniment dans la caisse, c'est-à-dire qu'il n'en est fait ni recette ni dépense. (*Comptabilité générale, 15 décembre 1836*).

POUR LE COMPTE DES EMPLOYÉS.

1. Les préemptions exercées pour le compte des Employés font l'objet d'un compte particulier. — Les frais qu'elles occasionnent sont classés aux *avances* sous le titre de : *Préemptions exercées pour le compte des Préposés.* Les Receveurs en font l'avance sur les fonds de leur caisse, mais ces fonds doivent leur être remboursés dans un délai de trois mois qui ne peut être prolongé par l'Administration. (*Arrêté du 25 juin 1827, article 7, et décision administrative du 28 mai 1839*). — Ils avancent aussi le montant des droits de douanes, ainsi que les fonds destinés au paiement de la marchandise. *(Décisions administratives des 28 mai 1839 et 12 septembre 1842)*.

2. La réalisation et la répartition des bénéfices doivent être constatées au moment où elles ont lieu : on emploie, à cet effet, la 1re section du compte ouvert au service de trésorerie sous le titre de *Fonds particuliers de divers.* (*Comptabilité générale, 30 novembre 1845*).

3. Le bénéfice du droit de préemption appartient en entier aux Employés qui peuvent garder les marchandises pour leur compte, ou les vendre de telle manière qu'ils jugent convenable. Le produit net est divisible entre eux par portions égales et sans distinction de grades. (*Arrêté du 25 juin 1827, articles 8 et 10*).

4. A l'expiration de chaque semestre, les Receveurs principaux doivent fournir un état de toutes les préemptions exercées dans leur arrondissement. (*Circulaire lithographiée, 12 mai 1834*).

PRÉLÈVEMENTS. — AMENDES.

1. On prélève sur le produit net des amendes et confiscations :

1° 25 p. % au profit de la caisse des retraites (*Ordonnance du 21 mai 1817, article 2*);

2° Et un sixième au profit du Trésor public. (*Arrêté du 9 fructidor an 5, article 1er*).

2. Ces prélèvements, qui sont divisés en deux exercices, sont portés en recette, au moment où l'on met les saisies en répartition, à l'article 2 du chapitre 1er des Opérations de Trésorerie, sous le titre de : *Prélèvements sur les produits d'amendes et confiscations.*

Cet article n'existe que pour la recette : il figure toujours à la colonne des *sans mouvement de valeurs*, parce qu'il est balancé, à la dépense, par les sommes mises en répartition.

3. Aux termes de l'arrêté du 28 octobre 1837, les mandats de paiement délivrés pour les répartitions des amendes et confiscations, doivent comprendre et présenter *distinctement* le montant des prélèvements dont elles sont passibles. Les Receveurs n'ont pas à s'occuper de la destination qui doit être donnée à ces prélèvements : les fonds qui les représentent sont, comme ceux de toutes les autres provenances, versés cumulativement dans les caisses du Trésor après qu'il a été pourvu aux diverses dépenses dont les Comptables sont chargés d'effectuer le paiement.

Les chemises renfermant les pièces justificatives des dépenses passibles de prélèvements pour les retraites, les bordereaux mensuels et les comptes annuels doivent présenter ces prélèvements avec tous les développements qu'exigent les formules imprimées, et qui sont nécessaires à la justification et au contrôle des recettes faites pour le service des retraites. (*Comptabilité générale, 21 décembre 1837*).

4. Il est aussi prélevé, sur les amendes, un décime par franc (*Loi du 6 prairial an 7, articles 1 et 2*); mais, lors de la mise en répartition des produits, ce décime reste indéfiniment au chapitre des amendes et confiscations. (Voir : *Décime. — Répartition*, N° 3. — *Retenues proportionnelles. — Service des retraites.*)

PRÉLÈVEMENTS. — PLOMBAGE. — (Voir : *Plombage*, N°s 4, 5, 6 et 7).

PRÉLÈVEMENTS. — SOMMES AFFÉRENTES. — Voir : *Sommes afférentes*, N°s 2 et 3. — *Retenues proportionnelles. — Service des retraites.*

PRÉLÈVEMENTS. — TRAITEMENTS. — Voir : *Retenues proportionnelles. — Service des retraites.* — Voir aussi : *Prélèvements-amendes*, aux N°s 2 et 3, qui sont, de tous points, applicables aux prélèvements sur les traitements.

PRESCRIPTION. — CRÉANCES DIVERSES.

D'après l'article 9 de la loi du 29 janvier 1831, est frappée de déchéance toute créance sur l'État qui n'a pas été liquidée, ordonnancée et payée dans un délai de cinq années après l'ouverture de l'exercice auquel elle se rapporte. *(Comptabilité générale, 25 août 1834).* Voir : *Exercice clos.*

Il importe donc à l'intérêt des créanciers de l'Etat que les dépenses de chaque exercice soient, autant que possible, payées avant sa clôture.

Les Comptables doivent, dès le 14ᵉ mois de l'exercice, signaler aux Directeurs les créances qui seront en souffrance, afin que ces Chefs fassent, ou directement, ou, s'il en est besoin, avec le concours de l'Administration, les démarches nécessaires pour en assurer le paiement en temps utile.

Ces dispositions s'appliquent à toutes les dépenses publiques, sans en excepter les parts de saisies et de plombage, car ces parts sont assujetties aux règles établies pour les dépenses des exercices clos, et se trouvent, comme celles-ci, sous le coup de la déchéance quinquennale; il est du devoir de l'Administration d'éviter que, faute d'avoir été avertis, les ayant-droit soient atteints par cette déchéance. *(Circulaire Nº 1721).*

PRESCRIPTION. — INTÉRÊTS DE CAUTIONNEMENTS.

Les intérêts dus sur les capitaux de cautionnements en numéraire se prescrivent par cinq ans à partir seulement de l'échéance du dernier terme payé aux titulaires. *(Article 117 de l'ordonn. du 31 mai 1838).*

PRESCRIPTION. — PAIEMENT DES DROITS. — Voir ce mot.

PRESCRIPTION. — PENSIONS DE RETRAITE.

Les pensions dont les arrérages n'ont pas été réclamés pendant trois années à compter de l'échéance du dernier paiement, sont censées éteintes. Si les pensionnaires se présentent après la révolution desdites trois années, les arrérages ne recommencent à courir qu'à compter du premier jour du semestre qui suit celui pendant lequel les titulaires ont obtenu le rétablissement de leurs pensions. *(Ordonnance du 31 mai 1838, article 118).*

Les héritiers et ayant-cause des pensionnaires qui ne fournissent pas l'extrait mortuaire de leur auteur, dans le délai de six mois, à compter de son décès, sont déchus de tout droit aux arrérages dus.

Les héritiers ou ayant-cause ont, pour faire valoir leurs droits, un délai de trois ans à partir de la notification du décès, quand elle a été faite en temps utile. *(Arrêté du 26 janvier 1846, article 103).*

PRÉVENU — ABSENT OU INSOLVABLE. — Voir : *Absence, Nº 3. — Insolvabilité.*

PRIMES DE CAPTURE.

Elles forment, pour la recette, l'article 4 du chapitre 1ᵉʳ des Opérations de trésorerie, et, pour la dépense, l'article 3 du même chapitre.

1. Elles ne peuvent jamais être considérées comme amendes et confiscations, et elles sont payées, savoir :

PAR LES CONTRIBUTIONS INDIRECTES :

1° Pour saisie de tabac non propre à la fabrication, à raison de 50 centimes par kilog. ;

2° Pour arrestation de fraudeurs de tabacs ou de poudre à feu, à raison de 15 francs par chaque fraudeur arrêté et trouvé nanti d'une quantité excédant 50 décag.

PAR LES PRÉVENUS (*Circulaire N° 2023 du 12 juin 1844*) :

1° A raison de 5 francs quand la fraude aura été saisie sur un individu arrêté et marchant isolément ;

2° A raison de 10 francs par fraudeur arrêté, quand la réunion aura été de deux hommes ;

3° A raison de 15 francs par fraudeur arrêté, quand la bande aura été formée de trois fraudeurs à pied jusqu'à six inclusivement ;

4° Enfin, à raison de 50 francs par fraudeur arrêté quand la bande attaquée aura été formée de trois fraudeurs à cheval et plus, ou de plus de six à pied.

PAR LES PRÉFETS :

A raison de 25 francs par chaque déserteur arrêté.

2. Les sommes payées à titre de prime sont reçues directement par le Comptable ou par le collègue de ce Comptable.

Dans le premier cas, la somme reçue est inscrite à la colonne du *numéraire* : dans le second, elle est portée à la colonne des *sans-mouvements de valeurs* et balancée, à la dépense, par un article de *virement*. (Voir au mot : *Opérations de comptabilité, le tableau des opérations N°s 23 de la dépense et 31 de la recette*).

3. Les répartitions de ces primes ne s'effectuent que sur des états émargés par les saisissants et arrêtés par le Directeur, qui les revêt d'une autorisation de paiement. (*Comptabilité générale, 11 avril 1825*).

La dépense se fait en numéraire quand les ayant-droit sont présents : dans le cas contraire, elle est inscrite à la colonne des sans-mouvements de valeur, et balancée, à la recette, par une reprise au chapitre des *Fonds particuliers reçus de divers*. (Voir, aux *Opérations de Comptabilité, le tableau des Opérations N°s 33 de la dépense et 42 de la recette*).

4. Si une prime a été indûment reçue, il y a lieu à restitution, et, dans ce cas, la restitution n'est admise en compte que lorsqu'elle est appuyée d'un ordre de remboursement délivré par le Directeur et relatant l'autorisation de l'Administration en vertu de laquelle la restitution a lieu. On opère ici de la même manière que pour les répartitions de primes. (*Comptabilité générale, 11 avril 1825*).

5. A la fin du mois, les états de primes payées sont récapitulés sur la chemise N° 38 qui doit accompagner l'inventaire.

6. Indépendamment des primes dont il vient d'être question, il en est d'autres encore qui sont allouées aux saisissants dans les cas ci-après, et qui sont payables, savoir :

1° PAR LE TRÉSOR,

Si le prévenu est insolvable, ou si, avant la transaction, il y a eu jugement de confiscation. Dans ces deux cas, la dépense est présentée sous le titre de *Dépenses administratives*. (Voir ce mot). En attendant l'ordonnancement, la prime peut être payée, et alors elle est portée aux *Avances à régulariser* (*Comptabilité générale, 26 décembre 1825*).

2° Par la saisie,

Pour l'arrestation faite, en vertu d'un mandat d'arrêt, d'un prévenu accusé ou condamné, mais qui n'aurait pas encore été mis en état d'arrestation. (*Décret du 18 juin 1811, article 77, § dernier*).

Cette capture donne lieu à une gratification de 12 francs (*Décret du 7 avril 1813*), qui est considérée comme frais de saisie et traitée comme tels. (*Décision administrative du 7 février 1842*). La douane en fait l'avance à vu d'un mémoire établi par les Préposés capteurs, et rendu exécutoire par le Président du tribunal.

7. Toutes les sommes provenant de primes de capture dont le paiement n'aura pas été réclamé dans le délai de cinq ans, à partir du 1er janvier de l'année pendant laquelle elles ont été mises en répartition, seront reversées au Trésor, c'est-à-dire qu'il en sera fait recette, au chapitre des contributions et revenus publics, à l'article des *Recettes accidentelles*, et simultanément dépense aux comptes où elles figuraient primitivement. Cette dépense sera appuyée d'un ordre du Directeur (voir : *Ordre de paiement, N° 4*) portant l'obligation par le Receveur de de s'en charger en recette, et revêtu du certificat de l'Inspecteur de la localité attestant que cette condition a été remplie. (*Comptabilité générale, 30 novembre 1845*).

PRIMES — à l'exportation. — Voir : *Lettres d'avis pour remboursement*.

1. Les primes d'exportation font partie des *Dépenses publiques*, où elles sont classées à l'article 4 du chapitre 2.

Elles sont justifiées par une liquidation appuyée de la quittance de l'ayant-droit et d'un mandat de paiement. Voir : *Justifications*.

2. Lorsque la prime d'exportation est liquidée, l'Administration en donne avis à la partie intéressée, qui, si elle se présente elle-même, peut donner son acquit sur la lettre d'avis ou sur la liquidation (*Comptabilité générale, 30 décembre 1826*) : mais si c'est un tiers qui demande le paiement, la procuration qui lui est donnée à cet effet peut être faite par forme d'endossement sur cette lettre, mais alors elle doit être visée pour timbre. (*Comptabilité générale, 1er septembre 1838*). Voir : *Quittances pour remboursement de droits*.

3. Si la prime ne pouvait être payée avant la clôture de l'exercice sur lequel le paiement est imputé, le Comptable devrait renvoyer de suite la liquidation à la Direction, parce que, alors, la dépense rentre dans les exercices-clos et ne peut plus être faite qu'en vertu d'un crédit spécial. (*Instruction ministérielle, 25 octobre 1834*).

4. A la fin du mois, les liquidations de primes sont reprises sur la chemise N° 25 : chaque espèce de marchandises donnant lieu à la prime nécessite la formation d'une chemise particulière : chaque chemise doit

présenter le nom de l'ayant-droit, soit en marge, soit à la suite de la date des liquidations (*Comptabilité générale, 15 mars 1833*), qui y sont inscrites par ordre progressif des numéros. (*Circulaire manuscrite du 4 novembre 1839*).

Les paiements imputés sur deux exercices différents doivent être portés sur deux chemises distinctes.

Avec la chemise N° 25, le Comptable doit adresser, par l'intermédiaire de la Direction, l'état série E, N° 53, présentant, par imputation distincte d'exercice, tous les paiements de primes effectués pendant le mois, et rappelant seulement le numéro des liquidations et le montant des sommes payées. (*Idem*).

PRIVILÉGES — SUR LES BIENS DES COMPTABLES. — Voir : *Biens des Comptables.*

Le redevable qui donne en paiement à la Douane des obligations souscrites par un tiers, et seulement cautionnées par lui, propriétaire de la marchandise, demeure néanmoins soumis au privilége que la loi a accordé à cette régie sur le mobilier des redevables. (*Arrêt de Cassation du 14 mars 1816*).

PRIVILÉGES — SUR LES CAUTIONNEMENTS. — Voir : *Cautionnements, N° 6*).

PROCÈS-VERBAL — DE CLÔTURE. — Voir : *Clôture de gestion.*

PROCÈS-VERBAL — DE VENTE, — DE CLASSEMENT, — DE REMISE PROVISOIRE, &.

1. Les actes de remise provisoire des objets saisis sous consignation de la valeur, — les procès-verbaux d'adjudication de ceux qui ont été vendus, appuyés des titres en vertu desquels on a procédé à la vente, — les procès-verbaux d'estimation des tabacs et des poudres à feu livrés aux contributions indirectes ou aux arsenaux, — enfin les actes de transaction sont joints aux dossiers rapportés au soutien de la dépense résultant soit de la répartition des produits, soit de leur restitution ou de leur application au paiement des frais. (*Comptaiblité générale, 1er septembre 1838*).

2. Lorsque le prix d'adjudication comprend les droits d'entrée, le décompte doit en être fait dans l'acte de vente, de manière à faire ressortir la valeur des objets vendus, défalcation faite de ces droits.

3. Les procès-verbaux de vente, dûment enregistrés, doivent être signés par chacun des adjudicataires. — Dans le cas où l'acte de vente se rapporterait à plusieurs saisies, l'original, accompagné d'un état de distribution, par saisie, du montant des adjudications, doit être produit avec la première répartition qui aura lieu, sauf à y suppléer, pour chacune des autres répartitions, par des extraits sur lesquels on indiquera dans quel dossier et dans la comptabilité de quel mois l'original a été produit.

Il en est de même des états de frais généraux de vente, ainsi que des jugements ou arrêts collectifs.

PROCURATION.

1. Les émargements, acquits ou quittances donnés par des tiers au nom des ayant-droit, doivent être appuyés de leur procuration. Cette procuration doit être jointe au premier émargement, acquit ou quittance pour lequel il en est fait usage, et il suffit d'y renvoyer pour les émargements, acquits ou quittances subséquents, en indiquant la pièce à laquelle a été annexé le pouvoir et dans la comptabilité de quel mois figure l'article de dépense à l'appui duquel il a été produit.

Voici un exemple :

Je soussigné...., demeurant à....., fondé de pouvoir de M...., suivant procuration en date du....., jointe au dossier de la saisie du..... N°.... Prévenu...., compris dans la comptabilité du mois de....., reconnais avoir reçu, &.

2. A l'égard des primes à l'exportation, des remboursements de droits indûment perçus et des 3/4 des fonds consignés en garantie de la réexportation des voitures de voyageurs, etc., le pouvoir peut être donné par forme d'endossement sur la lettre d'avis, à l'instar des effets de commerce.

Quant à ce qui regarde l'escompte sur le droit de consommation du sel, cette dépense n'étant autre chose qu'une réfaction de droits, celui qui effectue le paiement du droit est, par ce seul fait, suffisamment autorisé à signer la quittance d'escompte.

3. La procuration donnée par les Employés et Préposés, pour leurs traitements et émoluments, peut être faite en forme de lettre. Tous autres pouvoirs conférés à un tiers doivent être timbrés et enregistrés. Voir : *Lettre d'avis. Pièces soumises au timbre. (Comptabilité générale, 30 décembre 1826).*

PRODUITS — DES AMENDES ET CONFISCATIONS. — Voir : *Amendes et confiscations. — Répartitions.*

PRODUITS — DES SAISIES FAITES A LA REQUÊTE DES AUTRES ADMINISTRATIONS.

Voir : *Sommes afférentes.*

PRODUITS — DE VENTE D'OBJETS DE MINUTIES. — Voir : *Vente provisoire des minuties.*

QUITTANCES. — Voir : *Acquit.* — *Emargement.* — *Pièces soumises au timbre.*

RÈGLES GÉNÉRALES.

1. Les quittances jointes aux rôles, aux états de répartition, et tous autres acquits, doivent toujours être délivrés à la décharge du Receveur principal qui en fait emploi dans ses comptes, sauf à indiquer le Préposé qui aura effectué le paiement. (*Comptabilité générale, 30 décembre 1826*).

Voici un exemple :

Je soussigné...., reconnais avoir reçu de M. .., Receveur principal des douanes à....., par les mains de M...., Receveur subordonné à...., &.

2. Toute quittance doit être donnée par l'ayant-droit ou son fondé de pouvoir (voir : *Procuration*), — être datée, et relater exactement la somme en toutes lettres. (*Comptabilité générale, 30 décembre 1826*).

3. La quittance donnée par un Employé de douanes pour appointements, parts de saisies, &., peut être établie sur papier mort : — il en est de même de celle fournie pour une somme payée à titre de secours ou d'indemnités. — La quittance fournie par une personne étrangère aux douanes est délivrée sur papier timbré si la somme dépasse dix francs, sauf dans le cas où cette quittance reste entre les mains du Comptable pour sa décharge.

4. Les quittances doivent être numérotées et annexées aux états de distribution au moyen d'un fil.

QUITTANCES. — AMENDES ET CONFISCATIONS.

Le prévenu qui se libère des condamnations pécuniaires mises à sa charge peut exiger une quittance qui, dans ce cas, est détachée du registre N° 71 B, série E. — Si la somme payée excède dix francs, le timbre de la quittance est de 25 centimes : si elle est au-dessous de dix francs, il n'est que de cinq centimes. (*Circulaire N° 1699*).

Il en est de même pour les sommes provenant de la vente des marchandises saisies.

La quittance des versements opérés dans les caisses des douanes par les Receveurs d'autres Administrations, ne sont pas assujetties au timbre : mais elles sont détachées du même registre N° 71 B. (*Même circulaire*).

QUITTANCES. — MATÉRIEL.

Les quittances délivrées pour les dépenses du matériel doivent, indépendamment des formalités ordinaires, indiquer la date et la nature des fournitures ou des travaux faits. (*Comptabilité générale, 26 décembre 1833*).

Celles qui ont pour objet le paiement de fournitures de meubles et ustensiles, doivent désigner non-seulement la somme reçue en espèce, mais encore les divers objets réformés reçus à titre d'échange. (*Circulaire N° 1634*).

Ainsi :

Je soussigné....., demeurant à....., déclare avoir reçu en acquittement du présent mémoire :

1° Les divers objets réformés qui sont désignés plus haut, et dont la valeur est fixée à..... ci. . . . .   »   »

2° Et, en espèces, la somme de...., qui m'a été comptée par M...., Receveur principal des douanes à..... (ou qui m'a été comptée par M...., Receveur subordonné à...., payant pour le compte de M....., son Receveur principal à.....) ci. . . . . . .   »   »

Total. . . . . . .   »   »

Fait à....., le....., 18....

QUITTANCES. — REMBOURSEMENT DES CONSIGNATIONS. — Voir : *Consignations pour chevaux*, N°ˢ 3 et 4.

QUITTANCES. — REMBOURSEMENT DE DROITS. — ACQUITS DE PRIMES. A L'EXPORTATION, REMBOURSEMENT DES 3/4 DES FONDS CONSIGNÉS EN GARANTIE DE LA RÉEXPORTATION DES VOITURES DE VOYAGEURS.

1. Ces quittances peuvent être données sur la lettre d'avis ou sur la liquidation. (Voir : *Pièces soumises au timbre N° 3*). — Si elles sont données séparément, elles doivent être établies sur papier timbré quand la somme payée excède 10 francs. (*Comptabilité générale, 30 décembre 1826.*) — Si c'est un tiers qui se présente pour toucher, sa quittance est toujours soumise au timbre.

2. La quittance délivrée pour remboursement de droits doit, quand, au lieu de l'original de l'acquit, c'est sa copie qui est jointe à la liquidation, porter les réserves et garanties voulues par la décision du 24 novembre 1791.

Elle peut être faite dans la forme suivante :

*Je soussigné, négociant demeurant à....., reconnais avoir reçu de
M...., Receveur principal des douanes à...., la somme de...., qui m'est
restituée pour les causes énoncées en la liquidation du..... N°..., laquelle
somme je m'oblige, sous la caution solidaire du sieur...., négociant demeurant à....., à restituer à l'Administration des douanes dans le cas où
le porteur de l'acquit original de paiement viendrait à la réclamer dans
le délai de deux ans à partir du jour dudit acquit.*

A..... le....., 18...

QUITTANCES. — RETRAITES.

1. Les quittances fournies par les retraités sont *mensuelles* ou *trimestrielles*. Leur chiffre doit rigoureusement être conforme à celui de l'état
d'ordonnancement, c'est-à-dire au 12ᵉ de la pension annuelle pour
chaque mois, sans les fractions de centime. La quittance du troisième
mois, ou trimestrielle, doit exprimer exactement le total ordonnancé
pour trois mois, avec mention de la somme payée pour chacun desdits
mois; enfin, la quittance trimestrielle seule est versée aux Receveurs
des finances en échange d'un récépissé à talon, et les quittances des
deux premiers mois sont annulées.

2. Les sommes mensuelles payées, dans le cours d'un trimestre,
aux pensionnaires décédés, font l'objet d'un ordonnancement spécial,
et les Comptables conservent les quittances justificatives de ces paiements pour ne les verser aux Receveurs des finances que lorsque l'ordonnancement spécial leur est parvenu. Dans le cas où cet ordonnancement tarderait à être transmis, les Comptables devraient le réclamer aux Receveurs des finances.

3. Les quittances doivent rappeler en marge : 1° les noms et prénoms
des pensionnaires; (*On doit toujours commencer par ceux du mari sur
la quittance fournie par la veuve, et donner ensuite ceux de cette veuve,
puisque c'est sous le nom de son mari suivi des siens propres qu'une veuve
est admise à pension : le mot* VEUVE *ne doit jamais être écrit en abrévia-
tion*). — 2° le montant annuel de la pension; — 3° le numéro d'inscription, 4° et la date de la jouissance.
Tous ces renseignements, qui sont sur les brevets de pension, sont
indispensables sur les quittances.

4. Dans le corps des quittances, il faut indiquer avec soin : 1° les
noms et prénoms des retraités; — 2° leur ancienne qualité; — 3°
leur demeure; — 4° le mois ou le trimestre qui leur est dû; — 5° et la
somme qu'ils réclament.
En cas de rature ou de surcharge dans l'énonciation de la somme,
le montant en est rappelé en toutes lettres au bas de la quittance, avant
la signature.

5. Tout pensionnaire, soit qu'il touche sa pension par mois ou par
trimestre, doit porter, dans sa quittance de mois, le douzième juste,
et, dans sa quittance de trimestre, trois douzièmes du montant de la
pension, à l'exclusion des fractions de centime, autrement sa quittance
ne serait pas d'accord avec l'état ordonnancé, et elle serait rejetée. S'il
touche par mois, sa quittance du troisième mois sera toujours récapi-

lulative des sommes payées pour le trimestre, et annulera les quittances des deux premiers mois.

6. Les quittances doivent être datées : la date doit toujours être postérieure au dernier jour du mois ou du terme pour lequel elles sont délivrées : les certificats doivent porter la même date que les quittances, ou une date antérieure.

7. Les quittances doivent être signées par les pensionnaires euxmêmes. Les veuves doivent, *avant tout et indispensablement*, signer du nom de leur mari ou indépendamment du leur propre.

C'est le tuteur des enfants âgés de moins de seize ans qui signe la quittance et qui touche le montant de la pension. Cette quittance doit énoncer la date de la naissance de l'orphelin; elle est revêtue du certificat de son existence délivré à vue de l'acte de tutelle dont il est fait mention audit certificat, avec légalisation de la signature du tuteur par le maire ou l'adjoint de sa commune, ou par un Employé supérieur des douanes. — La même formalité doit être observée à l'égard du curateur d'un pensionnaire atteint d'aliénation mentale.

(L'original de l'acte de tutelle est annexée à la première quittance du trimestre : mais, sur les quittances ultérieures, on mentionne la production de cette pièce en indiquant dans quel trimestre elle a eu lieu.)

Lorsqu'on a à payer des arrérages, si les enfants sont tous mineurs, la quittance de la veuve, comme tutrice de droit, suffit : s'il y a des enfants majeurs, ils signent la quittance conjointement avec leur mère. Il en est de même si tous les enfants sont majeurs.

Il n'est admis, à quelque titre que ce soit, une signature étrangère au lieu et place du titulaire autrement que comme témoin de sa *marque* sur la quittance ou du paiement qui lui a été fait, à moins d'une procuration spéciale en bonne forme. Les enfants ou autres parents ne sont pas exceptés de cette disposition.

Lorsqu'un pensionnaire ne sait pas signer, il n'en doit pas moins faire sa marque sur sa quittance, en présence de deux témoins ou de deux Employés des douanes qui le certifient dans les termes ci-après et signent pour lui : *Le sieur, ne sachant écrire, a fait sa marque ordinaire en présence des soussignés.*

S'il se trouve accidentellement dans l'impossibilité de signer ou de faire sa marque, il en est également certifié dans les termes suivants par les Employés qui signent à sa place : *Délivré la présente quittance au nom et à la réquisition du sieur...., qui n'a pu la signer (ou faire sa marque) pour cause de....., ce que les soussignés attestent. Ou bien, et dans le cas où ils auraient la certitude du paiement : Certifié le paiement de la somme ci-dessus mentionnée au sieur...., qui, ne sachant écrire, a fait sa marque en présence des soussignés.*

Le Receveur qui paie ne doit, en aucun cas, signer comme témoin.

Si les deux témoins appartiennent aux douanes, ils indiquent leurs qualités, et leur signature est légalisée par le Chef de douanes qui a délivré le certificat de vie : s'ils sont étrangers aux douanes, leur signature est légalisée par le maire ou l'autorité qui aura délivré le certificat d'existence. (*Circulaire N° 1159*).

8. Les quittances doivent toujours être souscrites d'un visa portant certificat d'existence. Voir : *Certificat de vie. (Circulaire N° 1159*).

9. Les quittances pour les retraites sont dispensées du timbre. (*Décision ministérielle du 20 mars 1827*).

10. Elles doivent rappeler en marge la date de l'autorisation de paiement, et ne présenter aucune irrégularité qui ne soit approuvée.
Voir : *Retraites. — Versement des quittances.*

11. Tout paiement doit être mentionné au dos du brevet de pension. (*Lettre administrative du 31 décembre 1846*).

QUITUS.

C'est le certificat de libération délivré au Comptable par la Cour des Comptes. Voir : *Certificat de —*

RATURES. Voir : *Altération*.

RÉCÉPISSÉS — D'EXTRAITS D'ARRÊTS DE LA COUR DES COMPTES. Voir : *Arrêts de la Cour des comptes*.

RÉCÉPISSÉS. — VERSEMENTS AUX RECEVEURS DES FINANCES.

Les récépissés à talon délivrés par les Receveurs généraux ou particuliers et les Payeurs, doivent être visés dans les vingt-quatre heures par les Préfets ou Sous-Préfets qui les rendent immédiatement aux parties après en avoir détaché les talons. (*Ordonnance du 8 décembre 1832, article 1er*).

Pour être libératoires ou former titre envers le Trésor public, ces récépissés doivent avoir été délivrés sur les formules à talon et visés par les Préfets ou Sous-Préfets. Ce visa doit être requis dans les vingt-quatre heures par le Comptable qui aura effectué le versement : cependant, à l'égard des envois faits par un Comptable qui n'habite pas la même résidence, le visa est requis par celui qui a reçu les fonds ou valeurs. (*Ordonnance du 12 mai 1833, article 1er*).

Cette disposition ne peut être invoquée par les Receveurs principaux que pour les envois de traites au Caissier du Trésor à Paris : c'est dans ce seul cas qu'ils sont dispensés de faire viser les récépissés souscrits à leur décharge. Ils sont tenus, en effet, de requérir eux-mêmes cette formalité pour tous les versements qu'ils effectuent ou font effectuer dans les caisses des Receveurs des finances. (*Comptabilité générale, 31 mai 1833*).

Si le jour qui suit celui de la délivrance des récépissés était un jour férié, il faudrait faire en sorte que le visa fût donné le soir même de la délivrance.

Voir : *Caisse des dépôts et consignations*.

RÉCÉPISSÉS. — VERSEMENTS OU ENVOIS A LA CAISSE DU TRÉSOR.

Les récépissés du Caissier central du Trésor pour versements et envois faits par d'autres Comptables doivent, pour être libératoires ou pour former titre contre le Trésor public, être délivrés sur des formules à talon et être revêtus immédiatement du visa du contrôle. (*Ordonnance du 12 mai 1831, article 2*).

Les récépissés que le Caissier central délivre à la décharge des Receveurs pour leurs envois de traites et obligations leur sont immédiatement adressés après avoir été soumis au visa. — Ils doivent être compris sur l'inventaire des pièces justificatives qu'ils rapportent chaque mois à l'appui de leur bordereau de situation, et leur montant doit être énoncé sur la chemise N° 43, lors même que, pour certaines localités éloignées, les récépissés du troisième envoi ne pourraient être joints à l'inventaire, sauf, dans ce cas, à les faire ultérieurement parvenir à la Comptabilité générale par des envois séparés. (*Comptabilité générale, 10 septembre 1833*).

RÉCÉPISSÉS. — VERSEMENTS DES RECEVEURS SUBORDONNÉS.

Tout versement effectué par le Receveur subordonné dans la caisse du Receveur principal donne lieu à la délivrance d'un récépissé à talon détaché du registre série E, N° 57 bis.

Ce récépissé, qui sert de décharge au Receveur, indique — la date du versement, — la somme versée, — la nature du versement, c'est-à-dire s'il est effectué en numéraire ou en pièces de dépenses, — et si c'est pour à-compte ou pour solde. (*Circulaire N° 883*).

Voir : *Versement des Receveurs subordonnés.*

RÉCÉPISSÉS. — DROITS SANITAIRES. Voir : *Droits sanitaires, N° 3.*

RECETTES. Voir : *Écritures. — Enregistrement des recettes.*

Les recettes doivent être constatées au fur et à mesure qu'elles ont lieu.

Elles sont divisées en deux parties : 1° *recettes pour contributions et revenus publics;* 2° et *recettes pour opérations de trésorerie.*

Les premières appartiennent au Trésor; les autres concernent des services particuliers. Au mot *Sommier*, on trouvera le détail de leur division.

RECETTES ACCESSOIRES.

Les recettes accessoires forment l'article 3 de la première partie du bordereau sous les dénominations suivantes :

Droits à l'entrée des voitures de voyageurs;

Droit à la réexportation des entrepôts;

Droit à la réimportation des marchandises invendues à l'étranger;

Droit de timbre des expéditions et des commissions d'emploi;

Indemnités reçues des fabricants de soude;

Recouvrement du prix des brevets de francisation des navires;

Valeur des objets réformés pris en paiement par les fournisseurs;

Droits de sortie des colonies françaises perçus en France;

Droits de magasinage et de dépôt;

Et recettes accidentelles à expliquer.

RECETTES ACCIDENTELLES.

Elles sont classées parmi les recettes accessoires, où elles occupent la dernière section.

Elles comprennent :

1° Les sommes reversées par les Comptables par suite du rejet d'une dépense appartenant à un exercice-clos;

2° Le produit net des marchandises vendues d'office au profit du Trésor; (*Comptabilité générale*, *31 janvier 1838*).

3° La remise de la partie de l'escompte payée en trop à un redevable au profit duquel un remboursement de droit est ordonné;

4° Les intérêts dus par suite du retard des paiements à faire par les redevables de droits à qui il a été accordé des crédits. *(Comptabilité générale , 26 décembre 1833).*

5° Les sommes provenant de primes de capture et de sommes afférentes dont le paiement n'a pas été réclamé dans le délai de cinq ans à partir du 1er janvier de l'année pendant laquelle elles ont été mises en répartition. (*Comptabilité générale, 30 novembre 1845*). Voir : *Ordre de paiement*, *N° 4*.

6° Et le produit de la vente des objets du matériel réformés et refusés par les fournisseurs. *(Circulaire N° 2113).*

RECETTES — A CLASSER.

Ce sont celles qui sont provisoirement versées entre les mains du Comptable jusqu'à ce que leur destination soit définitivement déterminée.

Telles sont, par exemple :

Les recettes versées, dans le cours du mois, par les Receveurs subordonnés, à compte de leurs perceptions;

Les indemnités reçues des fabricants de soude avant l'ouverture de l'exercice;

Et les sommes reçues pour vente provisoire de minuties.

Ces diverses recettes sont inscrites d'abord au chapitre des *Fonds particuliers reçus de divers*, et reprises ensuite à leur véritable chapitre par une opération de *sans mouvement de valeur*.

RECEVEURS — DES FINANCES.

Ils fournissent aux Comptables les fonds dont ils ont besoin pour faire face à leurs dépenses. Voir : *Fonds de subvention.*

C'est dans leur caisse que l'on verse les sommes qui ne sont point réclamées dans les délais prescrits (voir : *Caisse des dépôts et consignations*), et c'est pour leur compte que les Receveurs principaux soldent les pensions de retraites. (Voir : *Retraites*).

RECEVEURS — SORTANT DE FONCTIONS. — Voir : *Mutation de Comptables.*

RECEVEURS — SUBORDONNÉS. — Voir : *Comptable. — Compte-courant. — Ecritures. — Versements des Receveurs subordonnés. —*

Bordereau N° 6. — Fonds de subvention N° 4. — Redressements. — Décomptes.

RECOUVREMENTS — ET RÉGULARISATIONS D'AVANCES.

Ils forment le chapitre 2 de la deuxième partie du compte. (*Opérations de Trésorerie*).

1. Il ne doit figurer à ce chapitre que les sommes qui ont été primitivement portées aux avances pour — traitements d'activité, — pensions et provisions de retraites, — services d'habillement, — frais de saisies, — parts de saisies, — primes de capture, — plombage et estampillage, — fonds de subvention aux Receveurs subordonnés, — préemptions exercées pour le compte des Préposés. Voir : *Avances*.

2. Toutes les écritures relatives aux recouvrements se font ordinairement sans mouvement de valeurs : il n'y a guère d'exception que pour les recouvrements d'avances pour préemptions exercées par les Employés et pour les frais de saisies qui, n'ayant pas fait l'objet d'une consignation, sont payés par les prévenus après la notification de la décision administrative.

Ainsi, le recouvrement des avances pour appointements est balancé à la dépense par l'article : TRAITEMENT D'ACTIVITÉ ;

Le recouvrement pour avances des pensions de retraites est balancé par la dépense suivante : VERSEMENT AUX COMPTABLES DES FINANCES ;

Le recouvrement des avances relatives aux services d'habillement, de santé et de casernement est balancé par la dépense faite sous le titre de MASSES ;

Le recouvrement des avances de frais qui ont été primitivement consignés est balancé à la dépense par l'article : CONSIGNATIONS POUR ASSURER L'EXÉCUTION DES TRANSACTIONS ; — si ces frais sont payés en numéraire, le recouvrement se fait également en numéraire et ne donne lieu à aucune opération à la dépense ; — s'ils sont prélevés sur le produit de la saisie au moment où on la met en répartition, le recouvrement est balancé par l'article : PRÉLÈVEMENTS SUR LES AMENDES ; — s'ils sont régularisés par une liquidation, le recouvrement est balancé par l'article : DÉPENSES ADMINISTRATIVES ;

Les recouvrements pour parts de saisies sont balancés à la dépense par l'article : PRÉLÈVEMENTS ET RÉPARTITIONS SUR LES AMENDES ;

Les recouvrements pour primes de capture sont balancés — soit par une DÉPENSE ADMINISTRATIVE si la prime a été payée par le Trésor, — soit par un article de dépense aux PRIMES DE CAPTURE, si cette prime a a été versée par le prévenu ou par la Régie des contributions indirectes.

Les recouvrements d'avances de frais faits pour le plombage sont balancés par l'article RÉPARTITION DES PRODUITS DE PLOMBAGE.

Les recouvrements d'avances faites aux Receveurs subordonnés à titre de fonds de subvention se font en numéraire si ces Receveurs versent leurs fonds à la principalité, — ou ils sont balancés, à la dépense, par les articles auxquels donnent lieu les opérations du mois.

Enfin, si les recouvrements dont il est parlé ci-dessus sont faits par un collègue du Comptable, ils sont balancés à la dépense par l'article : VIREMENTS DE COMPTES.

RECOUVREMENTS — POUR DES TIERS.

C'est l'article 7 du chapitre 1er des *Opérations de Trésorie.*

1. Les recettes pour d'autres Administrations ou pour des Etablissements publics étrangers aux douanes figuraient précédemment à l'article des Fonds particuliers reçus de divers; mais il a été jugé convenable d'en faire l'objet d'un article spécial.

Cet article comprend :

— Le droit de 15 p. % sur le produit de la vente des marchandises prohibées avariées provenant de sauvetage, perçu pour la caisse des invalides de la marine. (*Loi du 22 août 1791, titre 7, article 6*).

— Les taxes d'entretien des magasins de sauvetage pour le compte des villes ou des chambres de commerce;

— Le droit de lamanage au profit des pilotes lamaneurs;

— Les droits de navigation sur le canal de la Sambre pour le compte des concessionnaires du canal;

— Le droit de chantier de bois de flottage pour la commune de Kembs;

— Le droit de stationnement des barques et navires à Caudebec, pour le compte de la ville, &.;

— Les droits d'importation des tabacs d'habitude ou de santé perçus pour l'Administration des contributions indirectes; (*Loi des 7 juin 1820 et 2 juillet 1836. — Circulaires Nos 600 et 1616*).

— Le droit de visa pour timbre des lettres de voiture et connaissements souscrits à l'étranger, perçu pour l'Administration de l'enregistrement et des domaines; (*Circulaire N° 1949*).

— Le produit net des marchandises vendues sous réserve des droits des tiers;

— Enfin, les recouvrements sur traites et obligations de crédits en souffrance dont les ex-Receveurs responsables ont été constitués en débet. (*Comptabilité générale, 31 janvier 1828 et 31 mai 1833*).

2. Toutes ces perceptions, dont il doit être fait écritures officielles, doivent être présentées distinctement et par nature. (*Comptabilité générale, 28 décembre 1842*).

3. La dépense, qui forme l'article 6 du chapitre 1er des Opérations de trésorerie sous le titre de *Versements sur recouvrements faits pour des tiers*, comprend les versements faits à qui de droit sur ces divers produits : chaque versement doit être détaillé sur un état récapitulatif indiquant le motif et la date de la recette, le nom et la demeure de l'ayant-droit. Voir : *États de mois.*

Les récépissés de ces versements, accompagnés de la chemise N° 51, sont transmis, chaque mois, à la Comptabilité générale des finances, avec les autres pièces de dépenses, pour être produits à la Cour des comptes. — Cependant, les produits des marchandises vendues sous réserve des droits des tiers et les recouvrements sur traites doivent faire l'objet de versements spéciaux et immédiats chez les Receveurs des finances, savoir : le produit des marchandises pour être tenu en réserve à la Caisse des dépôts et consignations, et les recouvrements sur crédits pour être appliqués à la libération des ex-Receveurs qui ont été constitués en débet de ces crédits. (*Comptabilité générale, 28 décembre 1842*).

RECOUVREMENTS — sur débets d'ex-comptables.

Lorsque les Receveurs principaux sont appelés à suivre la rentrée des traites en souffrance mise à la charge de Comptables hors de fonctions, ils peuvent admettre à leur caisse les sommes qu'ils réalisent sur les souscriptenrs ou leurs cautions, mais ils en font recette aux Opérations de trésorerie à une section spéciale de l'article des RECOUVREMENTS POUR DES TIERS, et ils en versent distinctement le montant, à la décharge des débiteurs, dans les caisses des Receveurs généraux ou particuliers des finances. Voir : *Recouvrements pour des tiers, N° 3. Versements sur débets. (Comptabilité générale, 31 mai 1833)*.

RECOUVREMENTS — sur traites et obligations de crédits en souffrance.

Lorsqu'une créance résultant de traites en souffrance est soldée en entier par un seul paiement, en principal, frais et intérêts, le débiteur reçoit en échange les titres de la créance, et il suffit de constater cette conversion de valeurs au livre-journal de caisse et de portefeuille. — Mais lorsque les paiements ont lieu partiellement, et qu'une partie de la créance peut tomber en non-valeurs, il convient de soumettre ces recouvrements à un contrôle régulier. En conséquence, les récépissés de sommes reçues à compte de traites et obligations de crédits non acquittées à leur échéance sont détachés d'un registre à souche.

Au moment du réglement de compte avec les débiteurs, les intérêts dus par suite du retard des paiements sont ajoutés au compte de la créance, et on en crédite en même temps le trésor sous le titre de *Recettes accidentelles*, en indiquant l'affaire à laquelle ils se rapportent. Le premier bordereau de situation N° 2, qui présentera l'extinction de la créance, devra être accompagné du décompte des intérêts en double expédition, ou d'une copie de la décision qui en aura fait remise.

Dans le cas où l'on ne pourrait recouvrer qu'une partie des intérêts, elle sera seule ajoutée à la créance, et portée en recette au compte du Trésor : cette circonstance sera mentionnée au pied du décompte, qui devra être appuyé d'actes de carence justifiant du non-recouvrement de la totalité des intérêts.

Enfin, lorsqu'une créance n'aura pas été recouvrée totalement, en principal et frais, et qu'une partie tombera en non-valeur pour le Trésor, on dressera un état de situation de la créance présentant distinctement le principal et les frais, ainsi que la date, la provenance et le montant des recouvrements. Cet état, auquel seront annexées les pièces justificatives des frais, sera certifié par le Comptable, et visé, après vérification, par l'Inspecteur et le Directeur.

(Comptabilité générale, 26 décembre 1833).

RECTIFICATION — d'écritures. Voir : *Redressements*.

REDRESSEMENTS.

1. Si, par suite de la rédaction ou de la vérification du compte, il est apporté quelque modification au résultat ou au détail des valeurs, le Comptable en passe écriture à son journal et à son sommier de l'an-

née expirée, par supplément à cette année, et rectifie aussitôt, par un article à son journal de la gestion annuelle, la reprise des valeurs faites le 1er janvier. Ce dernier article est relevé au tableau placé en tête du sommier et destiné à constater la reprise du résultat au 31 décembre, de manière à présenter enfin régulièrement le résultat de son dernier compte, tel qu'il doit être adressé à la Cour, résultat qui doit être repris invariablement comme premier article du compte de l'année courante.

Le rétablissement, en recette ou en dépense, de sommes qui auraient été omises, ne peut offrir de difficultés.

Quant à ce qui concerne les sommes qui se trouveraient de trop en recette ou en dépense, si l'erreur a eu lieu dans l'année courante, le redressement doit toujours s'opérer par réduction, c'est-à-dire que l'article de dépense fait au journal pour contrepasser un trop porté en recette se relève au sommier à la recette, et entre dans les résultats par soustraction : il en est de même de l'article de recette inscrit pour contre-passer un trop porté en dépense; il se transporte au sommier à la dépense, où il entre aussi dans les résultats par soustraction. Les différents chapitres de recettes et de dépenses sont ainsi amenés à présenter les résultats au vrai.

2. Quand les sommes à soustraire n'excèdent pas celles qui résultent des opérations de l'année courante, on doit opérer de même par voie de réduction pour ce qui concerne les erreurs antérieures à cette année, si d'ailleurs ces erreurs portent sur des articles dont les justifications consistent uniquement en déclarations certifiées. Mais si les erreurs antérieures se rapportent à tous les autres articles, le redressement s'opère comme pour celles qui sont relevées par les arrêts de la Cour des comptes.

3. Les articles de redressements doivent être bien motivés. — Ils doivent exprimer s'ils ont pour objet de rétablir des sommes omises en recette ou en dépense, — de réduire des recettes ou des dépenses, — ou, enfin, de contrebalancer des sommes portées en trop en recette ou en dépense. (Voir au mot *Opérations de Comptabilité, le tableau des Opérations Nos 37 de la recette et 28 de la dépense*).

4. Quand on fait, à l'antérieur, des changements relatifs à la distribution des appointements, il faut indiquer à quel mois et à quel emploi ils se rapportent : si les décomptes établis sur les rôles sont susceptibles de redressement, il faut avoir soin que ces décomptes soient établis pour chaque mois par un état de rectification N° 100. Voir : *Modifications*.

A l'égard des changements apportés aux recettes et aux dépenses en virements de comptes, le Comptable doit toujours indiquer les numéros des bordereaux qui ont été augmentés ou réduits.

Voir : *Ordonnateurs secondaires, N° 5*.

RÉFACTION — DE DROITS.

D'après la contexture de l'état des droits liquidés (série F. b., N° 8) et de celui de développement des droits d'importation et d'exportation (série E, N° 48), qui est l'annexe du premier, il doit être fait un article distinct pour chaque espèce d'unités soumise à un droit de quotité différente ; et quand .le rapport qui, en général, doit régner entre le nombre d'unités, la quotité du droit et le montant des perceptions, n'existe pas, il y a nécessité d'expliquer les différences, soit qu'elles proviennent de réfaction de droits par suite d'avaries (voir les circulaires N°s 1190 et 2192), de l'infériorité du produit des marchandises vendues pour le compte du Trésor, comparativement au montant des droits dont elles étaient passibles, ou de toute autre cause.

Les Receveurs doivent expliquer clairement les motifs des réfactions de droits. Ces réfactions doivent être justifiées par des états qui en présentent les décomptes. Voir : *Etat des réfactions*. (**Comptabilité géné rale**, *22 janvier 1841*).

REGISTRES — ET IMPRESSIONS.

1. Aux termes de l'article 8 de l'ordonnance du 8 décembre 1832, tous paiements et versements effectués aux Receveurs des douanes et sels, doivent donner lieu à la délivrance immédiate d'une quittance détachée d'un registre à souche.

Pour assurer l'exécution de cette disposition, M. le Ministre des finances a décidé, le 8 juin 1833, que la série des registres officiels de comptabilité serait arrêtée ainsi :

1° Les registres de visite et de liquidation qui ne sont tenus que pour l'entrée, dans tous les ports de mer, et, sur les frontières de terre, seulement dans les bureaux ouverts aux marchandises payant plus de 20 francs ;

2° Les registres à souche de recettes, d'où l'on détache les acquits de paiement et où les perceptions sont inscrites par nature de valeurs et dans des colonnes additionnées et totalisées par journée ;

3° Le livre-journal de caisse et de portefeuille où sont reportés les totaux des perceptions de chaque journée inscrites en détail sur les registres à souches et à quittances ;

4° Et le sommier de dépouillement, ou grand livre, où sont relevées et classées toutes les opérations inscrites au journal.

2. Dans tous les bureaux, on tient un registre spécial sur lequel on fait le dénombrement de tous les timbres délivrés dans la journée : on y porte également les timbres des commissions d'emploi. Ce registre, servant de contrôle pour l'inscription des timbres au journal, doit être tenu jour par jour et avec le plus grand soin.

3. Indépendamment des registres dont il est parlé ci-dessus, il en est d'autres encore qui servent à la comptabilité ; les voici :

— Livre auxiliaire des comptes ouverts des créances résultant de traites en souffrance ;

— Quittances d'escompte sur la taxe de consommation des sels ;

— Quittances d'escompte sur les droits d'importation acquittés en numéraire ;

— Registre des récépissés à talon pour les versements effectués à la recette principale par les Receveurs subordonnés ;

— Registre des comptes ouverts à chaque saisie (série E, N° 71).

Il doit être tenu au courant avec soin : on y inscrit les opérations au fur et à mesure qu'elles se présentent, et on indique le N° du journal et la date des opérations. À la fin de l'année, il sert à contrôler les écritures relatives aux saisies et à former les états N°s 75 et 105;

— Registre des droits de visa pour valoir timbre et des amendes perçus pour le compte de l'Administration de l'enregistrement et des domaines;

— Registre des perceptions sur les petites provisions de tabacs de santé et d'habitude effectuées pour le compte de l'Administration des contributions indirectes;

— Registre d'inscription des saisies-arrêts et oppositions. (Voir : *Saisie-arrêt*, N° 4).

— Registre des sommes non payées à défaut d'émargement;

— Registre des consignations délivrées pour chevaux, voitures ou argenterie, &.;

— Registre des pensionnaires;

— Registres de dépouillement;

— Registre des dettes.

4. Chaque année, dans le courant du mois d'octobre, on adresse à l'Administration la demande de tous les registres et impressions jugés nécessaires pour un exercice. Cette demande est établie à vue des nomenclatures imprimées fournies par l'Administration.

REMBOURSEMENT — DES CAUTIONNEMENTS. Voir : *Cautionnements N° 8*.

REMBOURSEMENTS — SUR PRODUITS INDIRECTS ET DIVERS.

1. Les remboursements sur produits indirects et divers forment l'article 1er du chapitre 2 des *Dépenses publiques*, et sont divisés en deux exercices.

Ils comprennent :

1° Les remboursements de droits mal à propos perçus et de recettes accessoires et accidentelles;

2° Les remboursements de droits réglés en traites ou obligations de crédits qui n'ont pu être réalisés.

2. Lorsque des droits de douanes sont reconnus avoir été indûment perçus, une décision spéciale, prise en conseil d'administration, en autorise le remboursement.

Lorsque des traites ou obligations admises en paiement de droits n'ont pu être réalisées, et que, sur la proposition de l'Administration et le rapport du Directeur du contentieux des finances, le Ministre a autorisé l'allocation en non-valeur, ainsi que la surséance indéfinie des poursuites contre les redevables, le montant de ces traites, auquel sont ajoutés les frais de poursuites acquittés, est retiré par le Comptable des valeurs de portefeuille parmi lesquelles elles étaient classées, et porté en dépense par imputation sur les crédits ouverts au budget.

— La créance, ainsi portée en non-valeurs, est immédiatement constatée sur un registre ouvert sous le titre : CRÉANCES ADMISES EN SUR-

SÉANCE INDÉFINIE tenu par le Comptable, lequel reste dépositaire des traites et demeure chargé d'en poursuivre ultérieurement la réalisation dans le cas du retour des débiteurs à meilleure fortune : un relevé dûment certifié du mouvement de ces créances est adressé, à la fin de chaque année, à la Comptabilité générale.

Les réclamations de produits divers sont instruites par les bureaux compétents du Ministère des finances : chacune d'elles occasionne la présentation d'un rapport sur les conclusions duquel il est statué par le Ministre, et qui doit toujours exprimer, d'après l'attestation du Directeur de la Comptabilité générale, que le budget des recettes a profité de la somme dont le remboursement est réclamé.

(*Réglement du 26 janvier 1846*).

3. Les remboursements de droits sont soumis aux règles concernant les dépenses des exercices-clos.

Voir : *Crédits législatifs*, N° 2.

4. Pour obtenir la liquidation du remboursement à opérer, il faut produire l'original de l'acquit de paiement revêtu, suivant les cas, d'un des certificats ci-dessous, N° 5.

Si, au lieu de l'original, on ne produisait que la copie, il ne faudrait acquitter la dépense qu'à la charge par le réclamataire de fournir caution solidaire de la somme à lui rembourser, s'il arrivait que, dans l'espace de deux années de la date de l'acquit, le porteur de l'original vînt à réclamer le remboursement des droits portés audit acquit. (*Circulaire du 29 novembre 1791*). — Dans ce cas, la quittance serait libellée comme il est dit au mot : *Quittances.— Remboursement de droits.*

5. Lorsque les droits ont été réglés en obligations de crédits, le remboursement ne doit être effectué qu'après l'acquittement de ces obligations.

Quand les droits ont été payés en numéraire et sous bénéfice de l'escompte, le remboursement ne peut avoir lieu qu'à charge de restitution de l'escompte afférent à la somme à rembourser d'après le temps qui restera à courir depuis le jour du remboursement jusqu'à l'expiration des quatre mois de crédits accordés.

Dans le premier cas, l'Inspecteur doit certifier, sur la liquidation, que les obligations de crédits ont été acquittées avant le remboursement : dans le second, il certifie, également sur la liquidation, que l'escompte à restituer pour tel nombre de jours, et s'élevant à la somme de...., a été porté en recette, sous le titre de RECETTES ACCIDENTELLES, le..... sous le N°...

Voici des modèles de certificat :

N° 1er. *L'escompte alloué par les arrêtés du Ministre des finances des 11 janvier 1831 et 28 décembre 1846 ayant été bonifié à M...., négociant à....., sur le montant de l'acquit de paiement N°...., que la nouvelle liquidation est destinée à rectifier, le remboursement de la somme de....., perçue en trop au préjudice du réclamant, n'a été fait entre ses mains qu'après restitution, faite par lui, de la somme de......., montant de l'escompte afférent à la somme à rembourser, calculé à partir du présent jour jusqu'au..... du mois de....., terme de l'expiration des quatre mois de crédits accordés par lesdits arrêtés. — Ladite somme de...... a été reprise au compte du Trésor le...., sous le N°.... du journal.*

A...... le..... 18....

L'Inspecteur,

Nᵒ 2. *M...., négociant demeurant à....., n'ayant pas été dans le cas de se voir bonifier l'escompte alloué par les arrêtés des 11 janvier 1831 et 28 décembre 1846, la somme de...., perçue en trop à son préjudice, lui a été remboursée intégralement.*

A....., le....., 18....

L'Inspecteur,

Nᵒ 3. *Les droits faisant l'objet de l'acquit de paiement que la nouvelle liquidation ci-dessus détaillée est destinée à rectifier ayant été réglés en obligations de crédits, le remboursement de la somme de.... n'a été effectué au sieur....., négociant à....., qu'après l'acquittement de ces obligations.*

A....., le...., 18....

L'Inspecteur,

Nᵒ 4. CERTIFICAT MOTIVANT LE REMBOURSEMENT.

Nous soussignés, Vérificateurs des douanes à....., certifions que le présent acquit de paiement constate qu'il a été perçu, pour droits d'entrée sur....., pesant....., à raison de..... les 100 kilog., une somme de.... en principal . . . . » »⎱ » »

Décime. . . . . » »⎰

Mais il y a eu erreur dans l'indication du poids desdites marchandises, qui, après coup, mais avant leur sortie des magasins, ont été reconnues par M. le Sous-Inspecteur et les Vérificateurs soussignés, ne peser que ... kilog., qui, à raison de....., donnent, en principal. . . . . » «⎱ » »

Décime. . . . » »⎰

Différence. . . . . » »

En conséquence de cette rectification, il est dû au redevable, pour droits perçus en trop, une somme de...., qui doit lui être remboursée intégralement (s'il n'a pas joui de l'escompte), ou qui doit lui être remboursée, après prélèvement, au profit du Trésor, de la somme de....., montant de l'escompte afférent à ladite somme (s'il y a eu escompte).

6. Les remboursements doivent être développés, par nature de produits, dans les comptes généraux des finances; les Comptables doivent, en conséquence, classer dans une chemise particulière les remboursements *de chacun des différents droits,* et en récapituler le montant sur une autre chemise *(Comptabilité générale, 21 mars 1836)* qui porte le Nᵒ 26, et qui, à la fin du mois, se joint à l'inventaire.

Ces sortes de dépenses sont justifiées par la liquidation, le mandat de paiement et la quittance de l'ayant-droit. Voir : *Justification*.

REMISE — SUR LES AMENDES ET CONFISCATIONS. — Voir : *Droits constatés*.

REMISE — DES VALEURS PAR LE COMPTABLE A SON SUCCESSEUR.

C'est l'article 4 du chapitre 4 des *Opérations de Trésorerie*.

Le détail de ces valeurs doit être donné, sur le bordereau N° 2, à la suite du résultat général où les mots : LEQUEL EXCÉDANT DE RECETTE EST REPRÉSENTÉ PAR LES VALEURS CI-APRÈS DÉTAILLÉES sont remplacés par ceux-ci : DÉTAIL DES VALEURS REMISES PAR LE COMPTABLE A SON SUCCESSEUR.

Voir : *Mutation de Comptables*.

RENVOIS.

Les renvois qui ont pour objet d'ajouter des énonciations omises doivent être signés par les souscripteurs des quittances, par ceux qui arrêtent les mémoires ou états, et par l'Agent qui vise les pièces pour contrôle. (*Comptabilité générale, 26 décembre 1833*).

Voir : *Altérations*.

RÉPARATIONS — DES BUREAUX, DES USTENSILES, &. — Voir : *Matériel*.

RÉPARTITION — DES PRODUITS DE PLOMBAGE ET D'ESTAMPILLAGE.

C'est l'article 2 du chapitre 2 des *Dépenses publiques*.

Il se compose de deux sections :

1° Frais d'achat et d'entretien des instruments, des flans à plomber et de la ficelle;

2° Parts payées aux ayant-droit.

Voir : *Plombage et estampillage*. Il est divisé en deux exercices.

RÉPARTITION — SUR LES AMENDES ET CONFISCATIONS.

1. C'est l'article 5 du chapitre 2 des *Dépenses publiques* : il figure au sommier sous ce titre : *Remboursements, prélèvements et répartitions sur les amendes et confiscations*.

Il est divisé en quatre sections :

1° *Répartition aux ayant-droit;*

2° *Paiements effectués sur les fonds réservés provenant des saisies faites en vertu du titre 6 de la loi du 28 avril 1816;*

3° *Application de produits au remboursement des frais;*

4° *Et restitutions faites à divers.*

2. Les Directeurs des douanes sont autorisés à arrêter eux-mêmes les états de répartition du produit des amendes et confiscations, et à en faire payer immédiatement le montant lorsque ce produit est, pour chaque affaire, au-dessous de 500 fr.

Si cette limite est atteinte ou dépassée, ou s'il s'agit de saisies opérées en vertu du titre 6 de la loi du 28 avril 1816, l'état de répartition est soumis à l'approbation de l'Administation, et le paiement n'a lieu qu'en vertu de son autorisation.

. — Les dépenses sur les fonds réservés dans les répartitions du produit des saisies opérées en vertu du titre 6 de la loi du 28 avril 1816 sont, d'après l'article 7 de l'ordonnance du 7 juillet suivant, autorisées par le Directeur général, qui rend, chaque année, un compte de l'emploi de ces fonds. Ce compte, après avoir été approuvé par le Ministre, est produit à la Cour des comptes avec ceux des Receveurs des douanes. Les acquits des paiements effectués sont transmis à la Comptabilité générale : cette direction les communique à l'Administration des douanes, qui, après les avoir contrôlés, les renvoie à la Comptabilité générale accompagnés d'arrêtés de liquidation.

— Lorsque, dans une affaire de saisie, les frais égalent ou excèdent le produit, il n'y a pas lieu à répartition. Le produit est appliqué au remboursement des frais dont il est alors fait dépense au budget et recette au compte des avances à régulariser où ces frais avaient été primitivement constatés. L'excédant est liquidé à la charge du budget, mais il en est fait imputation au chapitre des frais judiciaires.

— Les restitutions de produits qu'il y a lieu d'effectuer sont l'objet de décisions de l'Administration.

— La part attribuée à la caisse des retraites se compose du prélèvement de 25 p. % sur le produit net, plus du sixième du même produit qui appartenait autrefois au Trésor. — La dépense de cette attribution est justifiée par une recette correspondante au compte de la caisse des retraites. Cette recette est divisée en deux *exercices*.

(*Règlement du 26 janvier 1846*).

3. Après qu'il a été statué sur une affaire, — si l'Administration ordonne la restitution de tout ou partie du produit, il est fait dépense de ce remboursement, à la 4e section, sous le titre : *Restitutions sur les amendes et confiscations*. — S'il y a lieu à répartition, il y est fait dépense, à la 1re section (sous le titre : *Répartition sur les amendes et confiscations*), des parts pour lesquelles le Comptable rapporte des émargements ou des quittances (voir : *Dépouillement. — Sommes non payées*); il est également fait dépense du montant des frais à prélever dans les répartitions, ainsi que des prélèvements au profit de la Caisse des retraites, sauf *reprise en recette* au compte des avances pour les frais, et, pour les prélèvements, au compte de la Caisse des dépôts et consignations, sous le titre de : *Service des retraites*. Voir : *Prélèvements sur les amendes*.

Il arrive assez souvent que les frais d'une saisie égalent ou excèdent le produit de cette affaire. — Dans le premier cas, on fait dépense du produit sous le titre : *Répartitions, — Application au remboursement des frais*, et on en fait recette sous le titre : *Recouvrements d'avances*. — Dans le second cas, on dépense d'abord le produit de la saisie sous le titre : *Répartitions. — Application au remboursement des frais :* on porte ensuite l'excédant de frais à l'article : *Dépenses administratives, — Frais irrecouvrables*, puis on balance la dépense totale par une recette aux *Recouvrements*.

Voir au mot *Opérations de Comptabilité*, *le tableau des Opérations N°s 5 et 6 de la dépense*, *et 7 de la recette*. On agit ensuite comme il est dit au mot *Certificat d'application*.

4. Le décime qui est prélevé au profit du Trésor, la moitié réservée au Trésor sur le produit des saisies de poudre à feu et sur celui des préemptions exercées pour son compte, demeurent indéfiniment au chapitre des amendes et confiscations, c'est-à-dire qu'il n'en est pas fait dépense et que la reprise en recette n'a pas lieu, on les rappelle seulement pour mémoire lors de la dépense des états de répartition. (*Comptabilité générale, 15 décembre 1836*).

5. Les paiements effectués sur le produit des amendes et confiscations sont divisés en deux exercices; s'ils ne devaient s'effectuer que dans la 5e année qui suit la clôture de l'exercice pendant lequel les répartitions ont eu lieu, la déchéance quinquennale serait encourue, et les créances ne pourraient plus être acquittées et ordonnancées que sur des crédits spéciaux ouverts sous le titre de : *Dépenses des exercices périmés*. (Voir : *Exercice-clos*). (*Comptabilité générale, 1er septembre 1838, et circulaire N° 1721*).

6. Les états de répartition doivent toujours présenter en marge le certificat de l'Inspecteur indiquant sous quelle date et sous quel numéro du livre-journal il a été fait recette des sommes mises en répartition. (*Comptabilité générale, 1er septembre 1838*). Ce certificat est imprimé en marge des états.

7. Tous les actes justificatifs, soit de la recette des amendes et confiscations, soit des dépenses opérées sur ces produits, doivent être joints aux dossiers rapportés au soutien de la dépense résultant soit de la répartition des produits, soit de leur restitution, soit, enfin, de leur application au paiement des frais. (*Comptabilité générale, 1er septembre 1838*).

8. Il est interdit aux Comptables de mettre en paiement, dans le mois de décembre, aucune répartition d'amendes et confiscations (*Comptabilité générale, 1er septembre 1838 et 16 décembre 1839*). — Cependant il est fait exception pour les *paiements ultérieurs* des parts pour lesquelles il n'avait pas été d'abord fourni d'émargement ou de quittance (*Comptabilité générale, 1er septembre 1838*). — On peut également payer, mais seulement à titre d'*avances*, et dans des cas d'exception, les parts revenant aux Préposés qui se trouveraient dans le besoin. (*Idem.*)

9. Quand le Comptable a encaissé toutes les sommes provenant, soit de la vente des marchandises, soit des amendes prononcées, soit des transactions devenues définitives, il demande l'autorisation de mettre ces produits en répartition.

Pour cela, il se sert de la chemise N° 60 (voir : *Chemises*), sur laquelle il donne tous les renseignements qu'elle comporte : il y décrit toutes les pièces qui constituent la contravention et les y annexe en les liant par un fil et en leur donnant un numéro suivi. Voir, au mot *Opérations de Comptabilité*, *le tableau des Opérations de trésorerie N°s 19 de la dépense et 24 à 26 de la recette*.

10. Dans toute affaire dont le produit est de quelque importance, aussitôt qu'en exécution d'un jugement devenu définitif les marchandises sont vendues, on doit, dans l'intérêt des saisissants, et sans attendre le recouvrement de l'amende, mettre en répartition le produit réalisé, sauf à tenir en réserve une somme prélevée sur ce même produit, tant pour couvrir les frais judiciaires déjà faits et connus dont le montant n'est point ainsi défalqué de la somme mise provisoirement en répartition, que pour subvenir aux frais occasionnés par les poursuites dirigées contre les prévenus, et que l'insolvabilité de ceux-ci pourront ne pas permettre de recouvrer. Cette réserve, augmentée, s'il y a lieu, des amendes ou portions d'amendes dont on aurait obtenu la rentrée, fait postérieurement l'objet d'une répartition complémentaire. — C'est alors seulement que l'on rappelle, sur la chemise N° 34, les remises ou les non-valeurs. Comme les pièces justificatives ont dû être envoyées à la Comptabilité générale avec la chemise N° 60 lors de la répartition provisoire, on se borne à établir une nouvelle chemise N° 60, à laquelle on annexe simplement la copie certifiée du rapport et de la transaction, mais on a soin de mentionner que les autres pièces ont été produites, lors de la répartition principale, dans la comptabilité du mois de.... — Les frais de vente et tous ceux qui ne sont jamais exigibles des prévenus doivent être imputés sur le premier produit réparti.

Les Directeurs doivent, sur la proposition des Receveurs principaux, fixer eux-mêmes le chiffre de la somme qu'ils proposent de tenir en réserve, et dont le montant doit toujours être calculé sur les éventualités de la poursuite à exercer : ils indiquent aussi à l'Administration sur quelle base a été établi le chiffre de cette réserve pour qu'il soit, s'il y a lieu, donné suite aux états de répartition dans la forme accoutumée.

(Circulaire N° 1525 du 30 janvier 1836).

11. A la fin du moins, — les dépenses faites pour répartitions des produits d'amendes et confiscations sont récapitulées sur la chemise N° 34, où toutes les saisies sont inscrites par ordre de date. — Les applications sont récapitulées sur la chemise N° 36, à laquelle sont annexés les dossiers. — Et les restitutions sur la chemise N° 37. Voir : *Chemises.*

Toutes ces dépenses sont justifiées ainsi qu'il est dit au mot *Justifications.*

REPRISE — DU RÉSULTAT AU 31 DÉCEMBRE.

On a placé pour ordre, en tête du sommier, un tableau destiné à constater ce résultat, qui doit former le premier article du compte de l'année courante. Voir au mot : *Opérations de trésorerie, le tableau des Opérations N° 1er de la recette.*

Les Receveurs y inscrivent, en première ligne, l'excédant des recettes sur les dépenses au 31 décembre, et le détail des valeurs formant le gage de cet excédant de recette, conformément au procès-verbal de clôture. Si, par suite de la rédaction ou de la vérification de leur compte, il est apporté quelques modifications à ce résultat ou au détail des valeurs qui le représentent, ils en passent écriture à leur journal et à leur sommier de l'année expirée, par supplément à cette année, et rectifient aussitôt, par un article à leur journal de la gestion actuelle, la reprise des valeurs faites le 1er janvier. Ce dernier article est relevé, au tableau dont il s'agit, de manière à présenter enfin régulièrement le résultat de leur dernier compte tel qu'il sera adressé à la Cour, résultat qui doit être repris invariablement comme premier article de l'année courante.

REPRISE — DES VALEURS PROVENANT DE LA GESTION DU PRÉDÉCESSEUR DU COMPTABLE.

C'est l'article 3 du chapitre 3 de la recette des *Opérations de Trésorerie*.

Voir : *Mutation des Comptables.*

REPRISE — PAR LE COMPTABLE DES FONDS QU'IL AVAIT VERSÉS DANS SA CAISSE POUR ACQUITTER DES DÉPENSES EN EXCÉDANT DE SES RECETTES

Cette reprise forme l'article 8 du chapitre 1er des *Opérations de Trésorerie :* elle n'offre aucune difficulté et se justifie d'elle-même.

RÉSERVE — DE FONDS.

Toute spécialité de fonds étant interdite, les Comptables ne doivent conserver en caisse que les seules sommes indispensables pour subvenir à des besoins très-prochains, et verser le surplus dans les caisses du Trésor, sans distinction d'origine, sauf à acquitter les dépenses d'une exigence plus ou moins éloignée avec les recettes courantes ou avec des fonds de subvention. *(Circulaire N° 629).* Voir : *Fonds de subvention.*

Pour mettre l'Administration à même de juger si les fonds réservés étaient indispensables, les Comptables doivent faire connaître, dans le cadre ménagé au bas du résultat de leur bordereau, les motifs pour lesquels ils ont conservé du numéraire. *(Circulaire N° 631).* Ces motifs sont ordinairement le paiement des appointements, les remboursements de masses et de consignations, &.

RESPONSABILITÉ — DES COMPTABLES.

1. AMENDES ET CONFISCATIONS. Les Receveurs prennent en charge et inscrivent au registre N° 71 A les sommes à recouvrer pour amendes et autres condamnations pécuniaires; mais ils ne sont responsables de ces sommes que lorsque l'Administration a donné l'autorisation d'exécuter les jugements ou les contraintes, ou qu'elle a rendu, par sa sanction, définitifs les arrangements passés avec les prévenus. *(Comptabilité générale, 31 décembre 1838).* Voir : *Droits constatés.*

2 DROITS LIQUIDÉS. Les Comptables sont responsables du recouvrement des droits liquidés sur les redevables et dont la perception leur est confiée. En conséquence, ils demeurent chargés, dans leurs écritures et leurs comptes annuels, de la totalité des rôles ou des états de produits qui constatent le montant de ces droits, et ils doivent justifier de leur entière réalisation avant l'expiration de l'année qui suit celle à

laquelle les droits se rapportent. — Ils peuvent obtenir la décharge de leur responsabilité en justifiant qu'ils ont pris toutes les mesures et fait, en temps utile, toutes les poursuites et diligences nécessaires contre les redevables et débiteurs. (*Ordonnance du 8 décembre 1832, articles 1er et 2*).

Lorsqu'un Comptable a soldé de ses deniers personnels les droits dus par un redevable ou débiteur, il demeure subrogé dans tous les droits du Trésor public, conformément aux dispositions du Code civil. (*Même ordonnance, article 6*).

3. CRÉDITS. Le Comptable qui dispense des crédits à des personnes dont la solvabilité n'a pas été préalablement constatée, ou qui omet ou enfreint une seule des règles établies pour les crédit, est responsable envers le Trésor des sommes dont il a été privé par sa faute. (*Circulaire No 570, et arrêté ministériel du 9 novembre 1822, article 8*).

La responsabilité pèse exclusivement sur les Receveurs principaux, les Receveurs subordonnés ne pouvant faire crédits de droits qu'avec leur autorisation et en leur soumettant à l'avance les effets qui leur sont présentés en garantie. (*Décision administrative du 27 mai 1820*).

L'Administration doit être informée non-seulement des faillites et suspensions de paiement qui ont pour effet immédiat de compromettre les intérêts du Trésor, mais encore de toutes les circonstances qui peuvent affecter ses intérêts ou modifier les conditions primitives des crédits : ce n'est que dans le cas de faillite ou de protêt à l'échéance que les Directeurs lui adressent leur rapport et leurs conclusions spéciales touchant la question de responsabilité des Comptables. (*Circulaire No 1758*).

La circulaire No 1638 du 7 juillet 1857, pose les règles à suivre pour établir la question de responsabilité des Receveurs. Voir aussi la circulaire No 894.

4. GESTION. Les Comptables ne sont responsables que des actes de leur gestion personnelle. La gestion des Receveurs subordonnés rentre dans celle des Receveurs principaux, qui seuls sont justiciables de la Cour des comptes. (*Circulaire No 712*).

RESPONSABILITÉ — DES INSPECTEURS.

Les Inspecteurs sont responsables des débets des Receveurs ou des déficits reconnus dans leurs caisses, s'il est constaté que ces débets doivent être imputés à leur défaut de surveillance. (*Circulaire No 640*).

Voir : *Vérification des caisses.*

RESTITUTIONS.

— D'AMENDES ET CONFISCATIONS. Voir : *Répartition sur les amendes.*

— DE DROITS. Voir : *Remboursement de droits.*

— DE CONSIGNATIONS. Voir : *Consignations*, selon le cas.

— DE PRIMES DE CAPTURE. Voir : *Primes de capture No 4.*

RÉSULTAT — AU 31 DÉCEMBRE. Voir : *Reprise du résultat.*

RETENUES.

— POUR DETTES. Voir : *Compte-ouvert.* — *Dettes.*

— POUR LA MASSE D'HABILLEMENT, LE SERVICE DE SANTÉ ET LE CA-SERNEMENT. Voir : *Masses.*

— SUR LES AMENDES ET CONFISCATIONS. Voir : *Prélèvements.*

— SUR LE PRODUIT DU PLOMBAGE. Voir : *Plombage.*

RETENUES PROPORTIONNELLES.

1. EMPLOIS NON VACANTS. Tous les traitements des emplois non va-cants sont assujettis à la retenue du 5 p. % au profit de la Caisse des retraites. Mais les suppléments de traitements sont exempts de cette re-tenue. (*Circulaire N° 1892*).

En cas de suspension de traitement par suite de mesure discipli-naire, la retenue de 5 p. % sur le traitement brut n'en continue pas moins à être dévolue à la Caisse des retraites pendant tout le temps de la suspension, mais le montant net du traitement reste au crédit de la division à laquelle l'Employé appartient. — En cas de réduction de traitement, la retenue ne s'exerce que sur le traitement réduit. (*Arrêté du 26 janvier 1846*).

2. PREMIER MOIS D'APPOINTEMENTS. Toute personne qui obtient une place dans les Administrations des finances doit verser, dans la caisse des pensions de retraites, le montant net du premier mois mois d'ap-pointements. (*Ordonnance du 15 avril 1820, article 1er*).

Il en est de même pour tout Employé qui, après avoir donné sa dé-mission par un motif quelconque, obtient d'être replacé. (*Circulaire N° 902 et 1990*).

Il n'y a d'exception que pour les Employés qui reprennent leur état après en avoir été éloignés *forcément* et contre leur gré, par exemple pour obéir à la loi du recrutement ou à toute autre cause de force ma-jeure. (*Même circulaire, et décision ministérielle du 26 septembre 1838*).

Il y a également exception pour l'Employé du service actif qui quitte ce service pour faire le surnumérariat exigé dans la partie sédentaire : sa position et ses obligations de travail changent, mais il ne cesse pas d'appartenir à l'Administration, et, quand il est nommé à un Emploi de bureau, ce n'est pas la première fois qu'il est rétribué. La seule retenue à effectuer est celle du douzième. (*Circulaire 1990*).

3. PREMIER DOUZIÈME. L'Employé qui passe d'un emploi à un grade plus élevé laisse à la Caisse des retraites, le premier mois seulement, la portion du traitement qui lui est accordée à titre d'augmentation. (*Or-donnances des 15 avril 1820, article 2, et 21 janvier 1825, article 2*).

Lorsque l'Employé aura été éliminé des cadres ou aura éprouvé une diminution de traitement par une cause de force majeure, conséquem-ment dans tous les cas de réforme par suite de maladie et de suppres-sion d'emploi motivée par des convenances de service ou par des me-sures de réorganisation, les augmentations successives qu'il obtiendra jusqu'à ce qu'il ait récupéré son traitement primitif devront être affran-chies de la retenue du premier douzième.

Ce prélèvement, au contraire, sera exigible toutes les fois que la cessation d'activité de l'Employé ou sa réduction de traitement aura été déterminée par son inconduite ou par des convenances personnelles, c'est-à-dire dans tous les cas de révocation, de démission ou de mutation volontaire d'emploi. (*Circulaire N° 1990*).

4. CONGÉS. L'Employé qui jouit d'un congé perd, au profit de la Caisse des retraites, la moitié de son traitement pendant tout le temps de sa durée. (*Arrêté ministériel du 12 avril 1829, article 2, et circulaire N° 1171*).

Cependant la retenue dont il s'agit n'a pas lieu pour les congés de moins de 10 jours accordés par les Directeurs aux Employés de brigades commissionnés par eux. (*Circulaire N° 1196*).

Voir : *Congés.*

5. INDEMNITÉS ET GRATIFICATIONS. Il est opéré une retenue de 5 p. % sur les indemnités et gratifications accordées, sur le fonds spécial, aux Employés des deux services. Voir ; *Indemnités et gratifications.*

6. AMENDES ET CONFISCATIONS. Voir : *Prélèvements.*

7. SOMMES AFFÉRENTES. Les sommes afférentes aux douanes sont également passibles de retenues au profit de la Caisse des retraites.

Quand c'est l'Administration des contributions indirectes qui verse ces sommes, elle opère elle-même les prélèvements.

Quand c'est l'Administration de l'enregistrement, la portion mise en sous-répartition est assujettie à la retenue du quart pour la Caisse des retraites, et c'est l'Administration des douanes qui doit compte de cette retenue. Mais la part du Trésor étant fixée à moitié des amendes, il n'y a pas lieu d'opérer, en outre, dans la sous-répartition, la retenue du sixième, retenue qui, dans les autres répartitions de douanes, est abandonnée par le Trésor à la Caisse des retraites. (*Circulaire N° 2020*).

8. Les divers prélèvements dont il est parlé ci-dessus sont, au moment où l'on passe écriture des articles qui les supportent, immédiatement pris en recette à l'article 2 du chapitre 1er des Opérations de trésorerie, sous le titre de SERVICE DES RETRAITES, avec la distinction de leur nature et celle des exercices auxquels ils se rapportent. (*Arrêté ministériel du 28 octobre 1837, et Comptabilité générale, 21 décembre 1837*).

Les Receveurs n'ont pas à s'occuper de la destination qui doit être donnée au produit des prélèvements dont il s'agit : les fonds qui les représentent sont, comme ceux de toutes les autres provenances, versés cumulativement dans les caisses du Trésor après qu'il a été pourvu aux diverses dépenses dont ces Comptables sont chargés d'effectuer le paiement.

Les chemises renfermant les pièces justificatives des dépenses passibles de prélèvements pour les retraites, les bordereaux mensuels et les comptes annuels doivent présenter ces prélèvements avec tous les développements qu'exigent les formules imprimées.

Les mandats de paiement doivent aussi comprendre et présenter distinctement le montant des prélèvements.

Les Receveurs emploient ces mandats en dépense pour leur montant intégral, et ils se chargent simultanément en recette des prélèvements. (*Comptabilité générale, 21 décembre 1837*).

Voir : *Service des retraites. — Prélèvements.*

RETRAITES.

1. L'ordonnance du 12 janvier 1825, sur les retraites, pouvant être modifiée d'un moment à l'autre, je renvoie à ses dispositions pour les conditions voulues pour l'obtention d'une pension.

2. Les pensions courent, au profit de l'Employé mis en retraite, à dater du jour de la cessation de son traitement d'activité, et au profit de la veuve et des enfants à partir du jour du décès de l'Employé ou de la veuve. (*Ordonnance du 22 janvier 1825, article 42*).

Ces pensions sont insaisissables et incessibles. (*Ordonnance du 27 août 1817*).

3. Pour obtenir une pension, il faut produire les pièces ci-dessous, savoir :

L'EMPLOYÉ.

1º Acte de naissance, sur papier timbré, légalisé par le Président du Tribunal ;

2º Certificat du Directeur de la dette inscrite au Trésor, constatant qu'il jouit ou qu'il ne jouit pas d'une pension sur les fonds généraux ;

3º POUR LA JUSTIFICATION DES SERVICES CIVILS : Un extrait des registres et sommiers de l'Administration, dûment certifié par les chefs, énonçant ses nom et prénoms, sa qualité, la date et le lieu de sa naissance, la date de son entrée dans l'emploi avec traitement, la série de ses grades et services, l'époque et les motifs de leur cessation, et le montant du traitement dont il a joui pendant chacune des quatre dernières années de son activité.

S'il n'a pas existé de registres, ou si tous les services administratifs ne se trouvent pas inscrits sur les registres existants, il y est suppléé, — soit par un certificat des chefs compétents présentant les indications ci-dessus énoncées, — soit par un extrait des comptes et états d'émargement certifié par le Greffier de la Cour des comptes, — soit par un certificat de notoriété, conformément à l'ordonnance du 15 novembre 1816.

4º POUR LA JUSTIFICATION DES SERVICES MILITAIRES DE TERRE ET DE MER : Soit un congé en bonne forme ; — soit un certificat du Ministre de la guerre ou de la marine : ce certificat devra indiquer la nature des services, leur durée, et faire connaître la cause de leur cessation. — En outre, il sera produit un certificat qui constatera que ces services n'ont pas été récompensés sur les fonds de la caisse des invalides de la guerre ou de la marine.

(L'Employé n'a pas à s'occuper de la production des pièces désignées aux Nos 2, 3 et 4 ci-dessus : elles sont fournies par les chefs compétents).

5º Une déclaration portant qu'il fixe sa résidence à......, arrondissement de...., département de....., et qu'il désire être payé sur la caisse

de la recette principale des douanes de..... (ou de la recette particulière
ou générale des finances à.....)

(*Ordonnance du 12 janvier 1825, article 33*).

LA VEUVE.

1° Les pièces que le mari aurait été tenu de produire s'il ne l'avait
déjà fait ;

2° Son acte de naissance ;

3° Acte de mariage ;

4° Acte de décès du mari ;

5° Certificat délivré par le maire, sur l'attestation de deux témoins,
constatant qu'il n'y a eu entre eux ni divorce ni séparation de corps ;

6° SI ELLE A DES ENFANTS AU-DESSOUS DE 16 ANS : acte de naissance
de chacun de ces enfants et les certificats de vie de chacun d'eux.

(Ces pièces sont délivrées sur papier timbré : la signature du maire
ou du greffier doit être légalisée par le président du tribunal).

7° La déclaration (sur papier libre) portant qu'elle fixe sa résidence
à....., arrondissement de...., département de...., et qu'elle désire toucher sa pension sur la caisse du Receveur principal des douanes à.....,
ou du Receveur particulier ou général des finances à.....

LE TUTEUR DES ORPHELINS AGÉS DE MOINS DE 16 ANS, EN CAS DE
CONVOL EN SECONDES NOCES OU DE DÉCÈS DE LEUR MÈRE.

1° Les pièces que le père ou la mère auraient dû produire si déjà
elles n'avaient été fournies ;

2° Les actes de naissance des pupilles ;

3° Les actes de mariage et de décès des père et mère, — ou de
convol en secondes nôces par la mère ;

(Ces pièces sont établies sur papier timbré et légalisées par le Président du tribunal).

4° Certificat de vie des orphelins délivré, sur papier libre, par le
Maire, et légalisé par le Sous-Préfet ;

5° Une copie de l'acte de tutelle certifiée par le Receveur principal et
visée par l'Inspecteur, l'original devant rester entre les mains du premier ;

6° Déclaration du tuteur (sur papier libre), énonçant qu'il fixe sa résidence à....., arrondissement de...., département de...., et qu'il désire être payé, pour ses pupilles, sur la caisse du Receveur particulier
ou général des finances à....., ou sur la recette principale des douanes
à.....

(*Ordonnance du 12 janvier 25, article 35*).

LES HÉRITIERS D'UN PENSIONNAIRE DÉCÉDÉ, POUR OBTENIR LES ARRÉRAGES
DE SA PENSION.

Ces pièces sont celles indiquées au mot : *Héritiers-retraites.*

4. PROVISION. Après la reconnaissance provisoire des droits de l'Employé à obtenir pension, s'il est constaté qu'il soit dans le besoin, le
Ministre pourra lui faire avancer, à titre de provision, un secours pro-
portionné à la pension présumée, et dont le montant sera précompté
sur le paiement des arrérages de la pension. (*Ordonnance du 12 janvier 1825, art. 39*).

Voir : *Versement des quittances, N° 7 ci-après.*

5. PAIEMENT DES PENSIONS. Les pensionnaires obtiennent sans difficulté, sur leur simple demande faite un mois d'avance, d'être payés de leur pension sur les caisses soit des Receveurs généraux ou particuliers des finances, soit des Receveurs principaux des douanes.

Dans le premier cas, les Receveurs des finances autorisent, lorsqu'il y a lieu, les Percepteurs à pourvoir au paiement des pensions : dans le second, les Receveurs principaux donnent la même autorisation aux Receveurs qui leur sont subordonnés.

Le paiement des titulaires qui touchent leurs pensions sur les caisses des douanes se font — ou par mois, — ou par trimestre.

Les quittances (voir : *Quittances–Retraites*) délivrées pour plus d'un mois seraient inadmissibles si l'échéance dépassait le terme du trimestre auquel les mois se rapportent, c'est-à-dire le 1er *avril* pour les trois mois de janvier, février et mars, *le* 1er *juillet* pour les trois mois d'avril, mai et juin, &.

Il ne doit être fait aucun paiement sans le certificat constatant l'existence du pensionnaire à la date de sa quittance.

Voir : *Certificat de vie, N° 22.*

Toute somme qui, ordonnancée dans le cours d'une année, n'a pas été réclamée au 1er *janvier de l'année suivante*, est rendue aux fonds de retraites, et le paiement n'en peut être effectué ultérieurement, même à l'égard des pensionnaires existants, que sur un nouvel ordonnancement. (*Circulaire N° 1159*).

Les titulaires des pensions en conservent la jouissance quoique domiciliés hors du royaume, et ne sont pas tenus de se pourvoir d'une autorisation de résidence à l'étranger. (*Arrêté du 26 janvier 1846, article 102*).

Les Receveurs constatent, dans leur comptabilité, la dépense des pensions au chapitre des Opérations de trésorerie sous le titre de : AVANCES A RÉGULARISER, jusqu'à recouvrement de la dépense du trimestre. Voir : *Versement des quittances, N° 7 ci-après.*

Ils ne doivent admettre que des quittances mensuelles ou trimestrielles (Voir : *Quittances-Retraites*) dont le chiffre soit rigoureusement conforme à celui de l'état d'ordonnancement, c'est-à-dire au douzième juste de la pension annuelle pour chaque mois, sans fraction de centimes (Voir : *Fraction de centimes, N° 3*). La quittance du 3e mois (ou trimestrielle) doit exprimer exactement le total ordonnancé pour trois mois, avec mention de la somme payée pour chacun desdits mois.

Les sommes mensuelles payées, dans le cours d'un trimestre, aux pensionnaires décédés, font l'objet d'un ordonnancement spécial : il en est de même des sommes payées à titre de provision. Les Comptables conservent les quittances justificatives de ces paiements pour ne les verser que lorsque l'ordonnancement spécial leur est parvenu.

Les pensions dues aux orphelins ou aux retraités atteints d'aliénation mentale sont payées aux tuteurs sur la quittance de ceux-ci délivrée dans la forme en usage pour les autres pensions. Voir : *Quittances-Retraites, N° 7. (Circulaire N° 1159*).

Tout paiement fait à un pensionnaire doit être mentionné au dos de son brevet de pension. Cette inscription a l'avantage de faire reconnaître, à la seule présentation du titre, ce qui peut être dû au pensionnaire, et sert de contrôle aux certificats de cessation de paiement délivrés par les Comptables. Elle peut être faite ainsi : *Payé le 1er janvier 18....* (*Lettre administrative du 31 décembre 1846*).

6. PAIMENT DES ARRÉRAGES. L'ordonnancement des compléments d'arrérages de pensions nouvellement liquidées ne dépasse jamais la somme qui est due pour solde du trimestre commencé. — A la réception des certificats d'inscription des pensions, les Directeurs donnent aux Comptables l'autorisation d'entrer en paiement de la pension nouvellement concédée à partir du jour où s'arrête le décompte des arrérages : ce paiement a lieu par douzième du montant de la pension portée au certificat d'inscription moins les fractions de centimes, et s'effectue à l'expiration de chaque mois, à titre d'avances, comme pour les pensions concédées antérieurement.

Nulle portion d'arrérages réclamée par les héritiers des Employés des douanes admis à la retraite qui décéderaient, soit avant, soit après l'approbation définitive de leur pension, ne peut être payée sans une ordonnance spéciale délivrée par le Ministre des finances : cette ordonnance est transmise au Comptable par la Caisse des dépôts et consignations par l'intermédiaire des Receveurs des finances.

Les pensions dont les arrérages n'ont pas été réclamés pendant trois années, à compter de l'échéance du dernier paiement, sont censées éteintes et ne sont plus comprises dans les états de paiement. Si le pensionnaire se présente après la révolution desdites trois années, les arrérages ne commencent à courir qu'à compter du 1er jour du trimestre qui suit celui dans lequel il a obtenu le rétablissement de sa pension.

Toute somme qui, ordonnancée dans le cours d'une année pour pension ou solde d'arrérages, n'a pas été réclamée au 1er avril de l'année suivante, est rendue aux fonds de retraites, et le paiement n'en peut être effectué ultérieurement, même à l'égard des pensionnaires existants, que sur un nouvel ordonnancement. Ce délai doit être suffisant aux pensionnaires pour se faire payer les arrérages ordonnancés, et aux Receveurs principaux pour verser les quittances.

En effet, il est de six mois au moins, puisque les portions d'arrérages du trimestre actuel, de juillet, par exemple, échéant le 1er octobre prochain, ne sont rendus aux fonds de retraites que le 1er avril suivant, si alors elles n'ont pas été payées; il s'étend même jusqu'à 15 mois pour les arrérages du 4e trimestre d'une année, attendu que l'ordonnancement de celui-ci, quelque date qu'on lui donne pour avancer l'expédition des états, doit être considéré comme ayant lieu le premier jour de l'année suivante, où il est censé devoir être payé, et dans les écritures de laquelle il entre. (*Circulaire N° 1159 et 1177*).

7. VERSEMENT DES QUITTANCES. La quittance du 3e mois, ou trimestrielle, exprime exactement le total ordonnancé par mois, avec mention de la somme payée pour chacun desdits mois : elle est seule versée aux Receveurs des finances en échange d'un récépissé à talon, et les quittances des deux premiers mois sont annulées.

Les quittances délivrées pour avances faites à titre de provision, ou pour compléments d'arrérages, sont également versées tous les trimestres.

Le versement a lieu dans le cours du mois qui suit celui où expire le trimestre. Il est accompagné d'un état nominatif de tous les pensionnaires qui y sont inscrits, par ordre alphabétique et syllabique, d'après les dates des autorisations de paiement qui sont rappelées sur ledit état : ces mêmes dates doivent être relatées avec soin sur les quittances. Le total de l'état doit être conforme au total donné sur le sommier et concorder avec celui fourni par la recette des finances. (Voir : *Versement aux Comptables des finances*).

Toutes les ratures ou surcharges qui existeraient sur les quittances doivent être approuvées sous peine de rejet.

Quand le Comptable reçoit le récépissé que lui délivre le Receveur des finances, il régularise ses écritures de la manière suivante :

Il fait, à son journal, un article de dépense ainsi conçu : *Versements. Versé à la caisse du Receveur des finances à...., la somme de...., en.... quittances de retraites acquittées pendant le..... trimestre de l'année 18.... suivant récépissé N°... du...... ci. . . . . »   »*

Et il balance cette dépense par un article de recette ainsi conçu : *Recouvrements d'avances. Régularisation des avances faites à..... retraités, pendant le..... trimestre 18... ci. . . . .   »   »*

A la fin du mois, le récépissé qui justifie la dépense est rappelé sur la chemise N° 42, qui le renferme et qui se joint à l'inventaire.

8. CHANGEMENT DE RÉSIDENCE. Le changement de résidence des pensionnaires n'est autorisé que de trois mois en trois mois, à dater des 1er janvier, 1er avril, 1er juillet et 1er octobre de chaque année.

La demande en est faite, par le pensionnaire au Receveur qui le paie, *un mois au moins* avant les termes ci-dessus indiqués : l'oubli de cette obligation retarderait de trois mois le paiement de la pension à la nouvelle résidence. (*Circulaire N° 1159*).

Le Receveur principal transmet à la Direction la demande de changement de résidence au moyen de la feuille d'avis série E, N° 102 *ter.*, qu'il fournit en double expédition. Il joint à cette feuille un certificat de cessation de paiement. (Voir plus bas, N° 10).

Il doit avoir soin d'annoter ces changements sur le sommier des retraites.

9. AVIS DE DÉCÈS. Dès que le Receveur principal est informé du décès d'un pensionnaire, il en donne avis à la Direction au moyen de la feuille série E, N° 102, bis, qu'il rédige en double expédition pour chaque décès qu'il annote sur son sommier.

A l'expiration de chaque trimestre, il récapitule le nom de tous les pensionnaires décédés sur un état qu'il adresse au Directeur, en lui signalant, s'ils laissent des veuves ou des enfants âgés de moins de 16 ans, les droits que ceux-ci peuvent avoir à la réversion des pensions.

10. CERTICAT DE CESSATION DE PAIEMENT. Lorsqu'un pensionnaire change de principalité ou de direction, l'avis de sa demande de changement doit être accompagné d'un certificat de cessation de paiement série E, N° 104, bis.

Un semblable certificat doit aussi accompagner l'envoi des pièces produites par les héritiers d'un pensionnaire pour obtenir le paiement des arrérages qui lui étaient dus à l'époque de son décès. Comme cette pièce n'est exigée que pour renseignements, on peut se dispenser de la soumettre au visa du Directeur.

REVENUS PUBLICS. Voir : *Contributions et revenus publics.*

REVERSEMENT — POUR REJET DE DÉPENSES.

C'est l'article 8 des *Contributions et revenus publics.*

C'est à ce chapitre qu'il doit être fait recette du montant de toute dépense publique appartenant à un exercice non encore clos qui serait rejetée des comptes de l'année précédente. — Si la dépense appartenait à un exercice clos, la recette de la somme reversée devrait figurer à l'article des recettes accessoires sous le titre de *Recettes accidentelles.*

Il est bien entendu, d'ailleurs, que si les dépenses rejetées avaient été présentées en compte dans la gestion courante, on devrait opérer par voie de réduction.

REVERSEMENT — DE TROP PAYÉ.

Les reversements de fonds provenant soit de restitutions pour cause de trop payé à des créanciers de l'État, soit de remboursement d'avances dont la dépense n'a pu être établie qu'approximativement, sont effectués d'office ou en vertu d'un ordre de reversement. — Ils sont suivis à la diligence des Ordonnateurs des dépenses.

Le débiteur est tenu de rapporter, pour sa décharge, un récépissé à talon de la somme par lui versée, lequel doit être adressé au Secrétariat général des finances pour l'annulation, s'il y a lieu, en tout ou en partie, de l'ordonnance ou du mandat irrégulièrement acquitté.

Ampliation de l'ordre de reversement doit être, en cas de refus de la part des débiteurs, adressé immédiatement au Secrétariat général des finances pour la constatation et l'enregistrement du débet.

En cas du refus de reversement, il est statué, par le Ministre, sur la proposition des chefs du service, et l'arrêté qui constate le débet est adressé au Secrétariat général du Ministère pour être transmis au Directeur du contentieux des finances, qui fait poursuivre le recouvrement par l'Agent judiciaire du Trésor.

Lorsque la contestation est du ressort des tribunaux, le Secrétariat général remet à la Direction du contentieux les pièces établissant le débet, et l'instance est suivie par l'Agent judiciaire.

(*Arrêté du 26 janvier 1846, articles 176 et 177*).

ROLES D'APPOINTEMENTS.

1. Chaque mois, et d'après l'effectif du personnel en activité, un rôle d'appointements est établi, savoir :

Par le Directeur pour les appointements des Employés qui font partie de ses bureaux particuliers;

Par les Receveurs principaux pour les appointements du Receveur principal, pour ceux des autres Employés de la principalité, et pour ceux des Inspecteurs et Sous-Inspecteurs;

Et *par les Capitaines de brigades* pour leurs appointements et pour ceux de tous les autres Employés de la capitainerie.

Les rôles formés par les Receveurs principaux et les Capitaines de brigades sont visés et certifiés par les Inspecteurs ou Sous-Inspecteurs.

Ces rôles présentent, quant à la durée du service et à la situation des titulaires d'emplois, — les changements survenus à l'effectif depuis la fin du mois précédent, — les positions de présence ou d'absence, — les causes de ces absences, — et les décomptes des droits, tant des titulaires d'emplois que de la Caisse des retraites. (*Réglement du 26 janvier 1846*),

Ils doivent également indiquer — les époques auxquelles ont commencé les vacances, — le traitement dont jouissait le nouvel Employé avant son avancement, — le poste auquel il était attaché, — la principalité ou capitainerie et la direction dont ce poste dépend, — la durée du congé, — le jour du départ et celui de la rentrée. (*Comptabilité générale, 26 décembre 1825*).

2. Les deux Préposés à demi-solde qui partagent le même emploi sont portés l'un et l'autre sur les rôles au moyen d'une accolade, et chacun d'eux fournit son émargement quant à la portion de traitement qui lui est attribuée. (*Circulaire N° 1473*).

3. Les quittances annexées aux rôles pour tenir lieu d'émargement doivent toujours être délivrées au nom du Receveur principal qui en fait emploi dans ses comptes, sauf à indiquer l'Agent qui aura effectué le paiement. (*Comptabilité générale, 30 décembre 1826*). — Ces quittances, fixées au rôle au moyen d'un fil, doivent porter un numéro d'ordre suivi.

4. Les rôles et les autres états collectifs de dépense doivent présenter toujours le décompte des sommes revenant à chaque ayant-droit : pour avoir la somme à porter en dépense, on défalque du total *net à payer* les parts dont le paiement ne peut avoir lieu au moment où l'on passe écriture de ces dépenses. (*Comptabilité générale, 25 août 1834*). Ainsi toutes les quittances des paiements partiels effectués sur un état collectif dans le mois où la dépense qui en fait l'objet est mise en paiement sont annexées à cet état, après quoi a lieu la défalcation des parts qui, à la fin du même mois, n'ont pas été payées à défaut d'émargement ou de quittances. (*Comptabilité générale, 1er septembre 1838*).

Voir : *Sommes non payées.*

5. Les décomptes mensuels sont indépendants les uns des autres : la liquidation pour chacun des douze mois de l'année ne doit comprendre que le 12e du traitement annuel, sans fraction de centime. Quand la Caisse des retraites a droit à une fraction quelconque de centime, il faut lui allouer le centime tout entier. (*Comptabilité générale, 20 janvier et 15 février 1840*). Voir : *Fraction de centime. — Décomptes.*

6. Dans le cas où des états de traitements sont émargés d'avance, et où quelques-uns des signataires sont décédés avant d'avoir acquis des droits au traitement intégral auquel s'applique leur émargement, on doit justifier des déductions opérées par suite desquelles les états produits ne sont pas employées pour leur montant, au moyen de certifi-

cats explicatifs (voir : *Certificat explicatif*) fournis par les Agents chargés de toucher ces états, et qui mettent à même de juger de l'exactitude de ces déductions.

Le Comptable doit rejeter les rôles sur lesquels, par des grattages ou des surcharges irrégulières, on aurait substitué les sommes revenant réellement aux titulaires décédés à celles pour lesquelles ils ont émargé : ces rôles ne doivent être reçus qu'autant que les déductions ou les irrégularités seraient justifiées par les certificats dont il vient d'être parlé, et qu'il serait produit des récépissés du Caissier central si les déductions s'opéraient par voie de reversement au Trésor. (*Comptabilité générale, 26 décembre 1833*).

Lorsque des états de traitements déjà arrêtés sont susceptibles d'être modifiés, soit que l'Employé décédé n'ait pas droit à la totalité du traitement pour lequel il figure sur le rôle, soit qu'il y ait motif de restituer une retenue indûment faite, soit, enfin, qu'il y ait eu erreur dans le décompte du net à payer, ces modifications s'opèrent par voie d'addition ou de soustraction sur les résultats des rôles rapportés, à cet effet, sur un certificat (voir : *Modification aux rôles*) qui est revêtu des mêmes visa que le rôle auquel il se rattache, et appuyé des décisions qui ont donné lieu aux modifications. (*Comptabilité générale, 26 décembre 1833*).

7. Pour obtenir les émargements, les rôles peuvent être mis en circulation dès le 20 de chaque mois : on y laisse en blanc les sommes nettes à payer, et on ne les remplit que le dernier jour du mois, époque à laquelle la totalité des traitements est acquise ou les vacances connues. (*Circulaire du 1ᵉʳ juin 1815*).

8. Le 2 ou le 3 de chaque mois, après que les traitements sont mis en dépense aux *avances*, les rôles, revêtus de tous les émargements ou de quittances, sont adressés à l'Inspecteur, pour, ensuite d'une exacte vérification, être par lui visés, datés, et remis aussitôt au Directeur : celui-ci, après les avoir mandatés, les renvoie aux Receveurs principaux, qui, alors, en passent écriture définitive. Voir au mot : *Opérations de Trésorerie, le tableau des opérations Nᵒˢ 18 de la dépense et 22 et 23 de la recette.*

On annexe à chaque rôle l'état des congés : s'il n'y a pas eu de congés, cet état est remplacé par un certificat négatif.

Voir : *Justifications.*

SAISIES. — Amendes a recouvrer.

1. Aux termes d'une ordonnance du 10 décembre 1823, le compte général de l'Administration des finances doit faire connaître pour chaque contribution ou revenu public : 1° les droits constatés à la charge des redevables de l'Etat; 2° les recouvrements effectués sur ces mêmes droits; 3° et les recouvrements restant à opérer.

Les droits et les produits de douanes et de consommation des sels sont portés en recette le jour même où la liquidation en a été arrêtée; mais le produit des amendes encourues pour infractions au régime des douanes et sels n'est pas ordinairement recouvré au moment où le droit est acquis : ces amendes, dont la réalisation nécessite des démarches ou des poursuites de la part des Employés, présentent souvent, en fin d'année, un solde à recouvrer qui doit figurer dans les comptes.

C'est pour atteindre ce but et arriver ainsi à une plus parfaite régularisation des écritures des Comptables, que le Ministre a décidé, le 20 mars 1834, qu'il serait ouvert, pour les amendes, un sommier spécial des droits constatés sur lequel doivent figurer, en première ligne, les sommes à recouvrer pour les amendes prononcées par jugement ou convenues par transactions consenties avant jugement : il en est de même des doubles et triples droits qui ont toujours le caractère d'amendes. (*Circulaire N° 1443*).

Voir : *Droits constatés.*

2. Toute saisie qui prend naissance dans la même principalité doit être rapportée non-seulement sur le registre N° 70, qui indique toutes les phases contentieuses des affaires, mais encore sur le registre N° 71, qui rappelle toutes les opérations de comptabilité qui s'y rattachent. — Ce dernier registre doit être tenu avec les soins les plus minutieux. — A la fin de l'année, il sert à établir l'état détaillé des droits acquis et constatés par suite de contraventions aux lois de douanes (N° 103), ainsi que l'état de situation des produits d'amendes et confiscations. (*Circulaire N° 75*). Voir : *Dossiers.*

SAISIES — OPÉRÉES A LA REQUÊTE DES AUTRES ADMINISTRATIONS.
Voir : *Sommes afférentes.*

SAISIES — OPÉRÉES DANS L'INTÉRIEUR — EN VERTU DU TITRE 6 DE LA LOI DU 28 AVRIL 1816.

1. Les Receveurs dont les bureaux sont désignés, conformément à l'article 67 de la loi du 28 avril 1816, pour y opérer la vente des marchandises saisies à l'intérieur, sont les seuls Comptables qui soient chargés de terminer ces saisies : mais comme il leur serait impossible de donner des soins immédiats à la suite des affaires dans les villes de l'intérieur où ils n'ont aucune espèce de relations, ils y sont suppléés par les Receveurs des domaines avec lesquels ils correspondent.

Quand le jugement de confiscation est intervenu, l'expédition en est remise par le Procureur du roi au Préfet, qui la transmet au Receveur de l'enregistrement du lieu où réside le prévenu, en le chargeant de poursuivre le recouvrement de l'amende, du décime et des frais, et en lui faisant connaître le Receveur des douanes chargé des suites de l'affaire.

Lorsque toutes les poursuites sont terminées, que les condamnations sont recouvrées, ou que l'insolvabilité des prévenus est légalement constatée, les Receveurs des douanes comptables dressent des projets de répartition qui, après avoir été examinés à l'Administration, sont adressés aux Préfets qui les arrêtent : les répartitions, approuvées par l'Administration aux termes de l'article 8 de l'ordonnance du 17 juillet 1816, sont renvoyées aux Receveurs des douanes dépositaires des produits, pour qu'ils les fassent exécuter. Voir : *Répartitions. (Circulaire N° 661).*

2. Les frais d'instance sont avancés par les Receveurs des domaines du lieu où siège le tribunal : ces frais leur sont remboursés par les Receveurs des douanes. (*Circulaire N° 661*).

3. Les mouvements de fonds qui doivent avoir lieu, soit de la part des Receveurs des douanes pour rembourser les frais avancés par les Receveurs de l'enregistrement, soit de la part de ceux-ci pour verser le montant des condamnations recouvrées, soit, enfin, de la part des premiers pour solder les parts de répartition, se font tous au moyen de mandats des Receveurs généraux ou particuliers des finances. Ainsi, en supposant qu'un Receveur de douanes ait à rembourser des frais, il en versera le montant à la Recette générale ou particulière la plus voisine contre un mandat payable à la recette des finances la plus rapprochée de la résidence du Receveur de l'enregistrement, et transmettra directement ce mandat à ce même Receveur, qui se trouvera ainsi couvert de ses avances; et, réciproquement, lorsqu'un Receveur de l'enregistrement aura effectué des recettes pour le compte d'un Receveur des douanes, il la convertira en un mandat à la Recette des finances la plus voisine, afin de transmettre ce même mandat au Receveur des douanes, qui le touchera et en fera recette dans sa comptabilité.

4. Pour indemniser les Receveurs de l'enregistrement des soins

qu'ils devront ainsi donner aux affaires de douanes et des écritures qu'ils devront tenir, le Ministre a décidé qu'ils jouiraient d'une remise de 2 1/2 p. 0/0 sur le montant des frais qu'ils auraient avancés, et de pareille remise sur le produit des condamnations dont ils auraient opéré le recouvrement. Les Receveurs de l'enregistrement, dans ce dernier cas, déduiront la remise des sommes recouvrées dont ils ont à faire le versement : dans le cas, au contraire, où il s'agirait de frais, ils comprendront la remise dans l'état de ces frais, et seront remboursés du tout par le Receveur des douanes. (*Circulaire N° 661*).

5. On ne distingue pas, sur le sommier N° 3, les recettes et les dépenses concernant les saisies dont il s'agit ici : mais la distinction doit en être faite sur la chemise N° 34. (*Comptabilité générale, 15 décembre 1836*).

6. Tous les trois mois, le Comptable adresse à la Direction un état récapitulatif de toutes les saisies opérées dans sa principalité.
Voir : *Etats trimestriels.*

SAISIES — DE POUDRES A FEU.

La moitié, réservée au Trésor sur leur produit, demeure indéfiniment en recette, c'est-à-dire qu'il n'en est pas fait dépense lors de la mise en répartition, ni reprise en recette au profit du Trésor. (*Comptabilité générale, 15 décembre 1836*).

SAISIES — ARRÊT ET OPPOSITION. *Sommes dues par l'Etat.*

1. Toutes les saisies-arrêt et oppositions sur les sommes dues par l'Etat, toutes significations de cession ou transport desdites sommes, et toutes autres ayant pour objet d'en arrêter le paiement, doivent être faites entre les mains des Comptables sur la caisse desquels les ordonnances ou mandats sont délivrés (*).

Néanmoins, à Paris, et pour tous les paiements à effectuer à la caisse du Payeur central du Trésor public, elles doivent être faites entre les mains du Conservateur des oppositions au Ministère des finances.

Sont considérées comme nulles et non avenues toutes oppositions et significations faites à toutes autres personnes que celles ci-dessus indiquées.

Il n'est pas dérogé aux lois relatives aux oppositions à faire sur les capitaux et intérêts de cautionnements.
(*Loi du 9 juillet 1836, article 13*).

Lesdites saisies-arrêt, oppositions et significations n'auront d'effet que pendant *cinq années* à compter de leur date, si elles n'ont pas été renouvelées dans ledit délai, quels que soient d'ailleurs les actes, traités

---

(*) Il est de règle que le montant d'une dépense soit payé par le Receveur principal dans la division duquel la cause même de cette dépense a pris naissance; mais lorsque des considérations de service exigent que cette dépense soit acquittée par un autre Comptable de la même Direction, le Directeur ne devra délivrer d'ordre de paiement sur la caisse de ce dernier Comptable qu'après s'être assuré qu'aucune opposition n'a été formée entre les mains du premier.

ou jugements intervenus sur lesdites oppositions et significations. — En conséquence, elles seront rayées d'office des registres dans lesquels elles auraient été inscrites, et ne seront pas comprises dans les certificats prescrits par l'article 14 de la loi du 19 février 1792, et par les articles 7 et 8 du décret du 18 août 1807. (*Idem, article 14*).

Les dispositions de l'article 14 ci-dessus sont déclarées applicables aux saisies-arrêts, oppositions et autres actes ayant pour objet d'arrêter le paiement des sommes versées, à quelque titre que ce soit, à la Caisse des dépôts et consignations et à celle des Préposés. — Toutefois, le délai de 5 ans mentionné audit article ne courra, pour les oppositions et significations faites ailleurs qu'à la Caisse des dépôts ou à celle des Préposés, que du jour du dépôt des sommes grevées desdites oppositions et significations. Les dispositions du décret du 18 août 1807, sur les saisies-arrêts ou oppositions, sont également déclarées applicables à la Caisse des dépôts et consignations. (*Loi du 8 juillet 1837, article 11*).

2. Toute opposition et signification devra rester déposée pendant 24 heures au bureau ou à la caisse où elle sera faite, et devra être visée sur l'original par le Conservateur ou par le Comptable. (*Arrêté du 24 septembre 1837, article 9*).

Lesdites oppositions et significations devront contenir les noms, — qualités — et demeures du saisissant et du saisi, — la somme pour laquelle la saisie est faite — et la désignation de la créance saisie. Elles devront, en outre, contenir copie ou extrait du titre du saisissant ou de l'ordonnance du juge qui a autorisé la saisie, faute de quoi elles ne seront ni visées, ni reçues, et resteront sans effet. Dans ce cas, le Comptable mentionnera et motivera son refus en marge de l'original. — L'opposition n'ayant d'effet que pour la somme pour laquelle elle est formée, les Comptables devront payer au créancier tout le surplus de la somme ordonnancée et non saisie. (*Même arrêté, article 10*).

La mention vague et générale que la saisie porte sur *toutes sommes quelconques qui sont dues ou pourraient l'être par la suite au débiteur saisi*, ne doit pas être admise. Cette formule ne contient, en effet, aucune désignation suffisante de l'objet arrêté. La loi a voulu que le saisissant indiquât au moins *la nature* de la créance saisie : si les Comptables doivent tenir rigoureusement à l'exécution des réglements et refuser le visa de toute opposition non accompagnée d'une désignation suffisante, ce ne doit être exclusivement, mais nécessairement, que lorsque les intérêts du Trésor ou ceux du service sont directement engagés, ainsi qu'il ressort de l'esprit de la loi du 8 juin 1793. Dans toute autre circonstance, il n'y a nul inconvénient à ce que l'exploit de saisie-arrêt soit visé, alors même que les termes de la désignation laisseraient quelque chose à désirer. On doit, dans ce dernier cas, réserver aux tribunaux le soin de juger du mérite de l'opposition au fond. (*Circulaire N° 1676*).

3. L'Administration ne pouvant, en aucun cas, être appelée en déclaration affirmative, les Comptables délivreront, lorsqu'ils en seront requis par le saisissant ou autre créancier opposant, un certificat constatant les sommes ordonnancées sur leur caisse et restées dues à la partie saisie. (*Arrêté du 24 octobre 1837.*

S'il n'est rien dû au saisi, le certificat l'énoncera : si la somme due au saisi est liquide (c'est-à-dire déterminée), le certificat en déclarera le montant; si elle n'est pas liquide, le certificat l'exprimera. (*Décret du 18 août 1807, article 6*).

Dans le cas où il serait survenu des saisies-arrêts ou oppositions sur la même partie et pour le même objet, les Comptables seront tenus, dans les certificats qui leur seront demandés, de faire mention desdites saisies arrêts ou oppositions, et de désigner les noms et élections de domicile des saisissants et les causes desdites saisies-arrêts ou oppositions. (*Idem, art. 7*).

S'il survient de nouvelles saisies-arrêts ou oppositions depuis la délivrance d'un certificat, les Comptables seront tenus, sur la demande qui leur en sera faite, d'en fournir un extrait contenant pareillement les noms et élections de domicile des saisissants, et les causes desdites saisies-arrêts ou oppositions. (*Idem, article 8*).

La partie qui réclame doit fournir le papier timbré : si l'extrait est délivré dans l'intérêt de l'Administration, il est exempt du timbre. (*Arrêté du 24 octobre 1837, article 8*).

En fournissant au créancier le certificat dont il est parlé ci-dessus, le Comptable doit se borner à une indication telle qu'elle ne puisse avoir pour effet d'immiscer le saisissant dans le détail d'opérations commerciales qu'un négociant peut avoir un légitime intérêt à tenir secret : ces certificats ne doivent jamais être formés ou appuyés d'*extraits* des registres de douanes; la communication de ces registres ne doit jamais être donnée, à moins d'une autorisation spéciale de l'Administration, qu'en vertu d'une décision judiciaire provoquée dans la forme tracée par les articles 839 et suivants du Code de procédure civile. (*Circulaire Nᵒ 1676*).

4. Tous les Comptables ouvriront des registres sur lesquels ils porteront, par ordre de date et de numéros, toutes les saisies-arrêts, oppositions, significations de cession ou transport, et tous autres actes ayant pour objet d'arrêter le paiement des sommes dues par l'Etat qui auraient été ou seraient faites entre leurs mains depuis la publication de la loi du 9 juillet 1836. (*Arrêté du 24 octobre 1837, article 5*).

Ces registres sont établis à la main, conformément aux modèles transmis par la circulaire Nᵒ 1676, du 9 mars 1838.

Les Comptables inscriront successivement, dans la première partie, les oppositions qu'ils seraient dans le cas de recevoir, et, dans la seconde, ils ouvriront un compte-ouvert à chaque tiers saisi.

5. Tout Comptable entre les mains duquel il existera une saisie-arrêt ou opposition sur une partie prenante, ne pourra vider ses mains sans le consentement des parties intéressées ou sans y être autorisé par justice. (*Décret du 18 août 1807, article 9*).

Le Comptable peut et doit même payer directement, et par ses mains, quand l'opposition au paiement des appointements d'un Employé a été suivie, dans le mois de sa signification, d'un jugement qui ordonne au détenteur des fonds arrêtés de payer le créancier saisissant jusqu'à concurrence du montant des causes de la saisie. (*Circulaire Nᵒ 1703*).

Mais la partie saisissable, *et réellement en état de saisie*, des appointements ou traitements, et des sommes qui en tiennent lieu, doit être versée d'office, et chaque mois, à la Caisse des dépôts et consignations. (Voir : *Caisse des dépôts et consignations, N° 2*). Aucun autre dépôt de sommes ordonnancées ou mandatées sur la caisse du Comptable, et grevées d'oppositions, ne peut être effectué que dans les cas suivants :

1° Lorsque le dépôt a été autorisé par une loi;

2° Lorsqu'il a été prescrit par un jugement ou une ordonnance du Président du tribunal;

3° Lorsqu'il a été autorisé par acte passé entre l'Administration et ses créanciers. (*Arrêté du 24 octobre 1837, article 1er*).

Dans ces trois derniers cas, le versement mensuel n'est pas nécessaire; il ne s'effectue que lorsque le Comptable en reçoit l'ordre. (*Circulaire N° 1703*).

SANS MOUVEMENT DE VALEURS.

On désigne sous ce nom les opérations qui ne donnent lieu à aucune entrée ou sortie de fonds de la caisse. Ces opérations, nécessitant une recette et une dépense, doivent toujours se balancer.

SCELLÉ. Voir : *Débets des Comptables*.

SECOURS.

Les secours sont personnels : en cas de non-paiement lors du décès d'un titulaire, ses héritiers ou représentants ne peuvent y avoir droit qu'en vertu d'une nouvelle décision. (*Arrêté du 26 janvier 1846*).

SECOURS — AUX PRÉPOSÉS.

Ces secours, que l'on donne aux Préposés chargés de famille, malheureux, ou qui, ayant une conduite régulière, éprouvent des revers ou subissent des changements nécessités par un déplacement de brigades, sont alloués par autorisation spéciale de l'Administration et imputés sur le boni des masses.

La dépense est justifiée par un ordre de paiement appuyé de l'acquit de la partie prenante.

Voir : *Indemnités aux Employés blessés*.

SECOURS — AUX VEUVES ET ORPHELINS.

Ils font partie des *Dépenses administratives*, où ils sont classés à la 5e section.

Tout paiement effectué à ce titre doit être appuyé, indépendamment du mandat, de l'arrêté de liquidation et de la quittance sur papier libre, — d'une copie dûment certifiée de la décision qui alloue le secours ou l'indemnité, et qui établit les droits et l'individualité de la partie intéressée. (*Comptabilité générale, 12 novembre 1832*).

SERVICE — DES RETRAITES.

Ce service est classé aux *Opérations de Trésorerie*, où il occupe l'article 2 du chapitre 1er. Il n'existe que pour la recette : on y inscrit tous les prélèvements effectués au profit de la Caisse des retraites

Les recettes de la Caisse des retraites se composent :

.1º D'une retenue de 5 p. 0/0 — sur les traitements, — remises proportionnelles, — et généralement sur toutes sommes payées par l'Etat autres que gratifications éventuelles, salaires de travail extraordinaire, suppléments de traitement, frais de voyage, abonnements pour frais de bureau ou de loyer, et remboursements de dépenses ;

2º De la retenue du premier mois d'appointements ;

3º De la retenue, pendant le premier mois, de la portion de traitement accordée à titre d'augmentation ;

4º Des retenues effectuées sur les appointements des Employés en congé ;

5º Des prélèvements sur les parts attribuées par les lois aux Employés dans le produit des amendes et confiscations ;

6º Et des fonds subventionnels accordés par les lois et les budgets. (*Ordonnance du 12 janvier 1825, article 2, et Comptabilité générale, 30 novembre 1825*).

Voir : *Prélèvements. — Retenues proportionnelles.*

Les Comptables se chargent immédiatement en recette de ces divers prélèvements, qu'ils portent au sommier et sur le bordereau mensuel N° 2, avec la distinction de leur nature et celle des exercices auxquels ils se rapportent.

Cette recette se fait au journal sans mouvement de valeurs : elle est balancée, à la dépense, par les articles qui donnent lieu aux prélèvements. Voir : *Opérations de Comptabilité, N°s 22 et 24 de la recette, et 18 et 19 de la dépense.*

SERVICE — DE SANTÉ. Voir : *Masses.*

SIGNATURES.

Les signatures griffées sont interdites sur les ordonnances, lettres d'avis ou mandats, et sur toutes pièces justificatives de paiement. (*Arrêté du 26 janvier 1846*).

La signature des ordonnateurs secondaires ou de leurs intérimaires doit être, au moment de leur entrée en fonctions, accréditée auprès des Comptables sur la caisse desquels ils ont des mandats de paiement à délivrer. (*Même règlement*).

Toutes les quittances ou acquits doivent être signés par la partie prenante ou par son fondé de pouvoir. Si l'ayant-droit ne sait pas signer, sa marque doit être certifiée par deux témoins. (Voir : *Acquits. — Consignations pour chevaux, N° 3. — Quittances-retraites, N° 7*).

SOLDE — EN CAISSE.

On appelle solde le résultat de la comparaison de la recette avec la dépense

A la fin de chaque journée, le Comptable additionne sur son journal les recettes et les dépenses, et il en tire le solde, qu'il rapporte à nouveau, et qui fait le premier article de la journée suivante. Voir : *Opérations de Comptabilité*, *N° 6 de la recette et 4 de la dépense.*

Il doit s'assurer très-fréquemment, et surtout vers la fin du mois, qu'il a bien en caisse et en portefeuille les valeurs qui doivent s'y trouver d'après l'arrêté de son journal, afin d'opérer, s'il y a lieu, le redressement des erreurs que cette vérification lui donnerait lieu de reconnaître.

Pour vérifier le solde, l'opération est facile. Elle consiste à additionner toutes les recettes et toutes les dépenses des différents chapitres du sommier et à en prendre la différence : cette différence, ajoutée à la somme prise en recette le premier jour du mois, c'est-à-dire au solde du mois précédent, doit donner exactement le chiffre qui doit être en caisse au moment de la vérification.

SOLDES.

Le Comptable doit rapporter au sommier, pour mémoire seulement, aux différents comptes qui se suivent d'une année sur l'autre, les soldes des opérations antérieures à l'année, tels que ceux des — *Primes de capture*, — *Sommes afférentes aux Préposés des douanes*, — *Consignations*, — *Recouvrements pour des tiers*, — *Fonds particuliers de divers*, — *Fonds particuliers des Comptables*, — et ceux des *Avances à recouvrer et à régulariser* dont la situation doit être établie à la fin de chaque mois sur le bordereau. Voir : *Dépouillement*, *N° 5.*

Si, par suite de la vérification des comptes, il était apporté quelques changements aux soldes dont il s'agit, la reprise qui en est faite à ces articles devrait subir la même modification.

Les Comptables qui entrent en fonctions dans le cours de l'année doivent indiquer, sur leurs bordereaux, l'époque à laquelle ont été arrêtés — le solde des valeurs en caisse et en portefeuille, — et les autres soldes provenant de la gestion précédente. Des cadres sont établis à cet effet sur les bordereaux; ils doivent toujours être remplis avec exactitude.

SOMMES — AFFÉRENTES AUX PRÉPOSÉS DES DOUANES DANS LE PRODUIT DES CONTRAVENTIONS CONSTATÉES A LA REQUÈTE DES AUTRES ADMINISTRATIONS.

1. La recette est comprise au chapitre 1er, article 5, des *Opérations de Trésorerie.* Son inscription au journal n'offre aucune difficulté.

Les sommes afférentes ne sont comprises ni dans l'état N° 75, ni dans les comptes N° 1 au tableau de situation des droits constatés. Elles figurent sur l'état annuel N° 11, auquel est annexé un relevé de ces sommes, saisie par saisie, suivant la formule imprimée N° 112.

2. La dépense fait l'objet de l'article 4 du chapitre 1er des *Opérations de Trésorerie*, sous le titre de SOUS-RÉPARTITION DES SOMMES AFFÉRENTES AUX PRÉPOSÉS DES DOUANES DANS LE PRODUIT DES CONTRAVENTIONS CONSTATÉES A LA REQUÉTE DES AUTRES ADMINISTRATIONS.

Cet article est composé de deux sections : — la première a pour objet les parts payées aux Chefs et Préposés des douanes, — et la deuxième comprend les prélèvements faits au profit de la Caisse des

retraites sur les sommes qui en sont passibles. Voir : *Retenues proportionnelles , N° 7.*

Le montant de ces prélèvements est porté en dépense à charge de
reprise en recette à l'article 2, chapitre 1er des Opérations de Trésorerie, *Service des retraites.*

3. Pour la justification des paiements, le mandat est remplacé par
un ordre de dépense qui peut être inscrit au dos des états de sous-répartition : cet ordre doit comprendre les prélèvements pour les retraites, lorsqu'il y a lieu d'en effectuer. — Voir : *Ordre de paiement,
N° 3.*

4. Les états de sous-répartition doivent toujours être revêtus du certificat de l'Inspecteur énonçant à quelle date et sous quel numéro il a
été fait recette de la somme distribuée. *(Comptabilité générale, 1er septembre 1838).*

5. A l'égard des sommes non réclamées dans le délai de cinq ans,
le Comptable agit comme il est dit au mot : *Primes de capture , N° 7.*
(Comptabilité générale, 30 novembre 1845).

SOMMES — DUES PAR L'ÉTAT. Voir : *Saisies-arrêts.*

SOMMES — LAISSÉES A LA CHARGE DE L'ÉTAT. — Voir : *Dépenses
administratives.*

SOMMES — NON PAYÉES A DÉFAUT D'ÉMARGEMENT.

1. Les rôles, les états de répartition et les autres états collectifs de dépenses, doivent toujours présenter le décompte des sommes revenant à
chaque ayant-droit. Pour avoir la somme à porter en dépense, on défalque, du total de la colonne NET A PAYER, les parts dont le paiement
ne peut avoir lieu au moment où l'on passe écriture de ces dépenses,
faute d'émargements ou de quittances.

Ces parts non payées sont immédiatement inscrites sur un registre
ouvert à cet effet, — lequel indique les noms, prénoms et demeures des
créanciers, la cause du non-paiement, la nature de la créance, le mois
dans lequel l'état qui comprend les sommes non-payées a été passé en
comptabilité — et donne les renseignements nécessaires pour apurer
les créances.

Elles peuvent être ultérieurement payées, jusqu'au terme de la prescription, sur l'ordre des Directeurs, et elles sont portées en dépense,
selon leur nature, aux chapitres qui leur sont ouverts dans les comptes.
Celles qui sont imputées sur les crédits législatifs (Dépenses publiques)
sont admises en compte sur la production d'un mandat de paiement,
d'une quittance régulière et d'un certificat de non-paiement. (Voir :
Certificat de non-paiement). Les paiements relatifs aux Opérations de
Trésorerie doivent être appuyés d'une quittance et d'un certificat du
Directeur portant ordre de paiement. *(Comptabilité générale, 25 août
1834).*

2. Si le paiement de sommes non payées s'effectuait dans le mois
même où les états de distribution ont été mis en dépense, ce paiement

devrait figurer dans la comptabilité de ce mois, et, dès-lors, il n'y aurait plus lieu à la délivrance, soit du certificat de non-paiement, soit de l'ordre de paiement dont il vient d'être question. (*Comptabilité générale*, *1er septembre 1838*).

3. Si, dans le cours des cinq années qui suivent le mois pendant lequel les sommes ont été mises en paiement, les créanciers ne se sont pas présentés pour réclamer la portion leur revenant, on doit agir, pour l'apurement des comptes, comme il est dit aux mots *Caisse des dépôts et consignations*, N° 2, ou *Ordre de paiement*, N° 4, suivant les cas.

4. A la fin de chaque mois, les sommes non payées à défaut d'émargement sont récapitulées sur l'état N° 102, série F. b., qui est adressé à la Direction avec le bordereau et l'inventaire.

A la fin de l'année, le Comptable adresse à la Direction : 1° un semblable état, mais qui comprend toutes les sommes qui n'ont pas été payées dans le courant de l'année ; 2° et un autre état qui porte également N° 102, mais qui fait partie de la série E, lequel reproduit toutes les sommes antérieurement dues tant que le paiement n'en a pas été effectué, ou que la prescription de cinq ans n'est pas acquise au Trésor. — Le premier de ces états est destiné à la Comptabilité générale, le second à l'Administration. Voir : *Etats d'année*. Ils sont tous les deux établis à vue du registre dont il est parlé au N° 1 ci-dessus.

SOMMES — NON RECOUVRABLES.

1. AMENDES. Voir : *Droits constatés* et *Dépenses administratives*, N° 7.

2. COMPTABLE EN FUITE OU EN DÉBET. Les rapports contenant les demandes en allocation de non-valeur des sommes non-recouvrables sur les débets des Comptables indiqueront — l'origine et les causes de ces débets, — les mesures qui auront été prises, au moment où le débet aura été reconnu, tant pour la conservation des droits du Trésor que pour s'assurer de la personne et des biens des Comptables. Ils relateront la date de ces divers actes, et désigneront les Agents supérieurs chargés de la surveilance des Comptables lorsque le débet a éclaté, ainsi que la nature de la responsabilité qui pourrait les atteindre.

A ces rapports seront joints — la copie des procès-verbaux ou de tout autre document constatant les débets, les divers degrés de poursuites et l'insolvabilité des Comptables, — ainsi que toutes pièces propres à éclairer sur la marche et la conduite de chaque affaire en particulier.

(*Arrêté du 29 janvier 1821, et circulaire N° 639*).

Voir : *Débet des Comptables.*

3. PAIEMENT DES DROITS. Voir : *Crédits des droits*, N° *10 et 11.*

SOMMES — REVENANT AUX PRÉPOSÉS. Voir : *Compte-ouvert des brigades.*

SOMMES — REVENANT AUX VEUVES ET AUX ENFANTS DES PRÉPOSÉS DÉCÉDÉS.

Voir : *Héritiers-appointements. — Retraites.*

SOMMIER.

Le sommier sert — à dépouiller, article par article, toutes les opérations décrites au livre-journal, à la seule exception de celles qui ont pour objet des conversions de valeurs, — à résumer — et à classer, par nature, toutes les recettes et toutes les dépenses, de manière que le Comptable puisse en extraire, à tout moment, sa situation complète, rédiger le bordereau qu'il adresse chaque mois à la Direction de la Comptabilité générale, — et à établir, à la fin de l'année, le compte qu'il doit rendre à la Cour des compte, aux termes de l'ordonnance du 8 novembre 1820.

En tête du sommier, on a placé pour ordre un tableau destiné à constater la reprise du résultat au 31 décembre qui doit former le premier article du compte de l'année courante.

Aucune opération ne doit être rapportée au sommier qu'elle n'ait été préalablement constatée au journal.

Les opérations à inscrire sont celles qui sont constatées au journal depuis le 1er janvier jusqu'au 31 décembre, ainsi que celles qui peuvent l'être par supplément à cette période. Néanmoins, les Receveurs y rapportent *pour mémoire*, aux différents comptes qui se suivent d'une année sur l'autre, les soldes des opérations antérieures à l'année. Voir : *Soldes.*

Puisque c'est d'après les indications du sommier que les écritures doivent être classées au journal, il est indispensable de se bien pénétrer de sa division et de la désignation des différents chapitres dont il se compose.

Il se divise en deux parties :

Revenus et dépenses publics,

Opérations de Tréeorerie.

La première comprend — la recette qui appartient au Trésor sous la désignation de CONTRIBUTIONS ET REVENUS PUBLICS, — et les dépenses imputables sur les fonds de l'Etat sous le titre de DÉPENSES PUBLIQUES.

La seconde embrasse toutes les opérations de trésorerie, tant pour la recette que pour la dépense. Ces opérations ne regardent que les *Services particuliers.*

1re PARTIE.

—

RECETTES.

—

Les recettes faites pour contributions et revenus publics sont divisées en deux chapitres.

Le premier comprend les sommes recouvrées en vertu de condamnations pécuniaires, ou par suite de transactions, sur les amendes et confiscations appartenant à l'exercice précédent.

Le deuxième comprend, sous les dénominations suivantes, toutes les recettes opérées pendant l'année courante, savoir :

Art. 1er. *Droits de douanes ;*

Art. 2. *Droits de navigation ;*

Art. 3. *Recettes accessoires ;*

Art. 4. *Amendes et confiscations ;*

Art. 5. *Plombage et estampillage;*
Art. 6. *Taxe de consommation des sels;*
Art. 7. *Droits sanitaires;*
Art. 8. *Reversement pour rejet de dépense de l'exercice précédent.* (On doit faire connaître la nature de cette dépense).

DÉPENSES.

Les dépenses faites, sur les fonds du Trésor, sous la dénomination générale de *Dépenses publiques*, sont classées en trois chapitres, savoir :

Chapitre 1er. *Frais de régie, de perception et d'exploitation des impôts et revenus publics.* Il est divisé en deux exercices.

Chap. 2. *Remboursements et restitutions, Non-valeurs, Primes et Escompte.* Il est également divisé en deux exercices, à l'exception des Primes et de l'Escompte.

Chap. 3. *Dépenses des anciens exercices.*

1° Le premier de ces chapitres se divise en quatre paragraphes, comprenant ensemble six articles et dix-huit sections :

Le § premier, sous le titre de PERSONNEL, renferme deux articles : Art. 1er, *Traitements d'activité;* art. 2, *Idemnités et gratifications.*

Le § deux n'a qu'un article, N° 3, qui, sous la dénomination de MATÉRIEL, embrasse : — *les constructions, entretien et réparation des bureaux, corps-de-garde et embarcations;* — *l'achat et l'entretien des poids, balances et ustensiles de bureau;* — *les frais de transport de paquets, ballots et échantillons;* — *les frais de transport de fonds* — *et les dépenses imprévues.*

Le troisième § a pour titre DÉPENSES DIVERSES, et comprend, 1° sous l'article 4, *les dépenses fixes abonnées,* qui sont : *les loyers des bureaux et des corps-de-garde,* — *et le chauffage et l'éclairage des bureaux et des corps-de-garde;* 2° sous l'article 5, les DÉPENSES ADMINISTRATIVES, qui sont : — *les indemnités de tournées et frais de fourrages;* — *les indemnités de résidence aux Préposés placés dans les grandes villes;* — *les indemnités de premier établissement aux Sous-Officiers admis dans le service actif des douanes;* — *les indemnités aux femmes qui concourrent à la visite;* — *les indemnités aux Employés blessés;* — *les secours aux veuves et orphelins* — *et les condamnations et frais judiciaires à la charge de l'État;* — *frais de saisies non recouvrables* — *et primes de capture payées par le Trésor.*

Le quatrième § est réservé aux DÉPENSES SUR CRÉDITS EXTRAORDINAIRES.

2° Le chapitre 2 est composé de six articles :

L'article 1er embrasse, sous le titre de REMBOURSEMENTS SUR PRODUITS INDIRECTS ET DIVERS, 1° — *le remboursement de droits mal-à-propos perçus et de recettes accessoires et accidentelles:* 2° *le remboursement de droits réglés en traites ou obligations de crédits qui n'ont pu être réalisés.*

L'article 2, RÉPARTITION DES PRODUITS DE PLOMBAGE ET D'ESTAMPIL-

LAGE, contient : 1° *les frais d'achat et d'entretien des instruments, des flans à plomber et de la ficelle ; 2° et les parts payées aux ayant-droit.*

L'art. 3, REMBOURSEMENTS, PRÉLÉVEMENTS ET RÉPARTITIONS SUR LES AMENDES ET CONFISCATIONS, comprend quatre sections : *Répartition aux ayant-droit; — paiements effectués sur les fonds réservés provenant de saisies faites en vertu du titre 6 de la loi du 28 avril 1816 ; — application de produits au remboursement des frais, — et restitutions faites à divers.*

L'art. 4 est réservé aux PRIMES A L'EXPORTATION.

L'art. 5 est destiné à l'ESCOMPTE sur la taxe de consommation des sels,

Et l'art. 6 à l'ESCOMPTE sur les droits de douanes à l'importation.

3° Enfin, le chapitre 3 a deux articles dont le premier concerne les DÉPENSES DES EXERCICES-CLOS, et le second les DÉPENSES DES EXERCICES PÉRIMÉS NON FRAPPÉS DE DÉCHÉANCE.

2e PARTIE.

La deuxième partie du sommier comprend toutes les Opérations de trésorerie, tant pour la recette que pour la dépense. Ces opérations ne regardent que les services particuliers.

RECETTE.

La recette est divisée en trois chapitres, savoir :

Chapitre 1. CORRESPONDANTS DU TRÉSOR. Cette dénomination embrasse, en neuf articles, les opérations suivantes :

Art. 1er. Remboursement, par la Caisse des dépôts et consignations, de sommes versées à titre de consignations.

Art. 2. SERVICE DES RETRAITES. Ce service est divisé en deux exercices, et comprend les prélèvements effectués — sur les traitements d'activité, — sur les indemnités et gratifications, — sur les produits d'amendes et confiscations, — sur les sommes afférentes aux douanes — et sur les recettes extraordinaires à détailler.

Art. 3. FONDS DE RETENUES pour l'habillement, le service de santé et le casernement des Préposés de brigades.

Art. 4. PRIMES DE CAPTURE. Elles sont reçues — de l'Administration des contributions indirectes, soit pour saisies de tabacs non propres à la fabrication, soit pour arrestation de fraudeurs; — des Receveurs — et des Préfets pour arrestation de déserteurs.

Art 5. SOMMES AFFÉRENTES AUX PRÉPOSÉS DES DOUANES dans le produit des contraventions constatées à la requête des autres Administrations.

Art. 6. CONSIGNATIONS — des 3/4 du tiers de la valeur des voitures de voyageurs susceptibles de restitution dans le cas de réexportation,

— pour chevaux et bêtes de somme montés et attelés, passant la frontière, et pour l'argenterie que les étrangers importent en France pour leur usage ; — en garantie de droits de douanes ; — faites à titre de cautionnement pour assurer la destination de marchandises expédiées sous acquits-à-caution, — et pour assurer l'exécution des transactions dans les affaires résultant d'infractions.

Art. 7. RECOUVREMENTS POUR DES TIERS. Ces recouvrements comprennent : — les droits perçus pour l'Administration des contributions indirectes (importation de tabac de santé ou d'habitude) — et les droits perçus pour l'Administration de l'enregistrement et des domaines (visa pour timbre, amendes).

Art. 8. FONDS PARTICULIERS DE DIVERS et RECETTES A CLASSER. — Recette de fonds appartenant à divers (appointements, parts de saisies, de primes, &., — dettes, — sommes reçues pour vente provisoire de minuties), — fonds reçus, dans le cours du mois, des Receveurs subordonnés à compte de leurs perceptions, — indemnités reçues des fabricants de soude avant l'ouverture de l'exercice, &.

Art. 9. FONDS PARTICULIERS DES COMPTABLES. Ce sont les fonds que le Comptable verse dans sa caisse pour acquitter des dépenses en excédant de ses recettes.

Chapitre 2. Ce chapitre est consacré aux RECOUVREMENTS et RÉGULARISATIONS D'AVANCES faites soit pour appointements, parts de saisies ou de primes, soit pour des pensions de retraite, des frais de saisies, des fonds de subvention, &.

Chapitre 3. MOUVEMENTS DE FONDS ENTRE LES COMPTABLES DES FINANCES.

Ce chapitre est formé des quatre articles suivants :
Art. 1er. *Fonds de subvention reçus des Receveurs des finances ;*
Art. 2. *Fonds de subvention reçus des Receveurs des douanes ;*
Art. 3. *Reprise des valeurs provenant de la gestion du prédécesseur du Comptable ;*
Art. 4. *Virements de comptes,* 1° avec les Receveurs de l'intérieur de la France, 2° et avec les Receveurs de l'Algérie.

DÉPENSE.

Les dépenses, sur les Opérations de trésorerie, sont divisées en quatre chapitres.

Le premier chapitre contient les mêmes divisions que le chapitre 1er de la recette, à l'exception de l'article 2, qui n'existe que pour la recette.

Le chapitre 2 comprend les *Avances à recouvrer et à régulariser :* il correspond au chapitre 2 de la recette.

Le chapitre 3, sous le titre de DÉBETS A LA CHARGE D'EX-RECEVEURS, n'a qu'un seul article (*Dépenses en accroissement de débets*), qui se divise en deux sections : *1° Traites et obligations de crédits en souffrance mis à la charge d'anciens Comptables ; — Déficits de caisse constatés à la charge d'ex-Receveurs subordonnés.*

Le chapitre 4, qui a pour titre : MOUVEMENTS DE FONDS ENTRE LES COMPTABLES DES FINANCES, se compose de cinq articles, savoir :

Art. 1er. *Versements aux Comptables des finances,* — soit en numéraire, — soit en quittances de pensions de retraite, — soit en envois directs, au Caissier central du Trésor, de traites et obligations de crédit ;

Art. 2. *Fonds de subvention* fournis aux Directeurs des postes;

Art. 3. *Fonds de subvention* fournis aux Receveurs des douanes;

Art. 4. *Valeurs remises* par le Comptable à son successeur;

Art. 5. *Virements de comptes,* 1° Avec les Receveurs de l'intérieur de la France; 2° avec les Receveurs de l'Algérie.

SOUMISSIONS. Voir : *Traites et obligations de crédits. — Crédits.*

Elles ne doivent figurer en comptabilité que dans le cas où il aurait été fait écriture en recette des droits non réalisés qu'elles avaient pour objet d'assurer.

SUBVENTION. Voir : *Fonds de subvention.*

SUPPLÉMENTS — DE TRAITEMENT.

Ces allocations ne sont que de simples indemnités attachées non à la personne, mais à la résidence; le Préposé cesse d'en jouir quand il passe dans un autre poste, et elles ne comptent point pour la retraite. — D'après ces considérations, ces suppléments sont affranchis de toute espèce de retenue pour la retraite, et la dépense en est imputée sur les DÉPENSES ADMINISTRATIVES, *(Circulaire N° 1892).* Voir : *Dépenses administratives, § 2.*

SUITE — DES AFFAIRES.

Lorsqu'un bureau subordonné passe d'une principalité dans une autre, cette dernière est chargée de suivre jusqu'à leur conclusion les affaires résultant d'infractions qui ont pris naissance dans ce bureau avant sa translation.

Mais bien que la suite de ces affaires soit déférée à une autre principalité, elles ne cessent pas d'appartenir à celle qui a fait l'avance des premiers frais et passé les premières écritures auxquelles elles ont donné lieu : il est donc convenable que cette principalité rende compte des résultats des affaires dont il s'agit, ce qui est d'ailleurs nécessaire quand les droits qui en dérivent au profit du Trésor y ont été inscrits, d'après les règles établies, soit au sommier des droits constatés, série E, N° 71 A, en vertu de jugements ou de transactions, soit en recette au registre N° 71 B de la même série pour vente ou remise sous consignation des objets saisis, attendu que l'ordre de la comptabilité exige que les comptes de la Recette principale dans laquelle les droits résultant d'infractions ont été pris en charge présentent la réalisation de ces droits, ou justifient de leur non-recouvrement.

Il est entendu que les recouvrements et les paiements auxquels les mêmes contraventions auront donné lieu dans la seconde principalité, seront transportés par voie de virement dans les comptes de la première. (*Comptabilité générale*, *15 février 1840*).

SURCHARGES.

Elles doivent être approuvées. Voir : *Altérations*.

TAXE — DE CONSOMMATION SUR LES SELS.

Elle fait partie des *Contributions et revenus publics*, où elle figure sous l'article 6. (Voir : *Bordereau N° 6. — Vente provisoire de minuties*).

Tous les mois, le Comptable adresse à l'Administration le tableau des recettes (série E, N° 101 ter.) effectuées dans les bureaux de sa principalité. Ce tableau donne la comparaison des recettes du mois correspondant de l'année précédente, et rappelle les recettes des mois antérieurs pour les deux années.

TAXES — DE PLOMBAGE. Voir : *Plombage*.

TAXES — LOCALES DE NAVIGATION.

Elles sont classées au chapitre des *Droits et produits* à l'article 2, et font partie des *Droits de navigation*.

Pour ces sortes de taxes, il faut fournir à la Cour des comptes des éléments de vérification à l'aide desquels elle puisse reconnaître s'il est fait une exacte application des tarifs, et, à cet effet, on lui indique le nombre de bâtiments, leur tonnage total et la quotité des taxes qui leur sont imposées.

Mais comme la diversité de ces taxes ne permet pas de les détailler sur les états de développements des droits liquidés N° 8, les Receveurs en donnent le détail sur des cadres séparés qu'ils dressent à la main et qu'ils annexent aux états N° 8. Ces développements doivent être vérifiés et certifiés par les Inspecteurs, et visés par les Directeurs, qui viellent à ce qu'ils ne laissent rien à désirer. (*Comptabilité générale, 26 décembre 1842*).

TIMBRES — DES COMMISSIONS D'EMPLOI.

Ils sont de 75 centimes par commission. Ils font partie des *Recettes accessoires* et sont confondus, sur le sommier, avec les timbres des expéditions ; mais, sur l'état N° 8 de fin d'année, ils doivent en être distingués. Voir : *Commission d'emploi*.

TIMBRES — DES EXPÉDITIONS.

Ils sont compris dans les *Recettes accessoires*, où ils occupent la 5ᵉ section.

Toutes les expéditions de douanes portent un timbre particulier dont le droit est réglé comme suit, sans qu'il puisse y avoir addition du décime :

Pour les acquits à caution, les actes relatifs à la navigation, et les commissions d'emploi. . . . . » 75
Pour les quittances de droits au-dessus de 10 francs. . . » 25
Pour les autres expéditions. . . . . » 05
(*Loi du 28 avril 1816, article 19*).

A la fin de chaque journée, les timbres sont récapitulés au dos des registres de perception et portés en bloc sur le journal. On en fait le dépouillement sur un registre ouvert à cet effet : ce dépouillement doit être tenu au courant tous les jours. Il sert à contrôler les registres de perception et de passavants, et à former l'état annuel N° 8, sur lequel on inscrit tous les timbres par espèce.

TIMBRES — DES LETTRES DE VOITURE.

1. Les Receveurs des douanes, dans les localités où il n'existe pas de Receveur d'enregistrement, sont chargés de viser, pour valoir timbre, les lettres de voiture et les connaissements venant de l'étranger, et de faire la recette des droits à raison de la dimension du papier.

Ces droits sont de :

» f. 35 c. pour les demi-feuilles de petit papier ;
» 70 pour les feuilles de petit papier ;
1 25 pour les feuilles de moyen papier ;
1 50 pour les feuilles de grand papier ;
2 » pour les feuilles de dimensions supérieures.

Ils sont également chargés, en ce qui concerne les lettres de voiture et les connaissements faits en France sur papier non timbré, ou non marqués des timbres prescrits par l'article 6 de la loi du 11 juin 1842, de les viser pour timbre, moyennant le paiement des droits et des amendes encourues, lorsque les contrevenants consentent à les acquitter sur-le-champ pour éviter qu'il soit rapporté procès-verbal.

L'amende est de 30 francs, payable solidairement par l'expéditeur et par le voiturier. (*Loi du 11 juin 1842, article 7*).

2. Les formalités du visa pour timbre et la recette des droits et amendes doivent être constatées sur un registre fourni par l'Administration de l'enregistrement.

Cette recette appartient à ladite Administration : elle est classée, dans les écritures des Receveurs des douanes, aux Opérations de Trésorerie, chapitre 1ᵉʳ, article 7, sous le titre de RECOUVREMENTS POUR DES TIERS. (Voir : *Recouvrements pour des tiers*).

Tous les mois, les Receveurs versent le montant des perceptions au

burcau de l'enregistrement duquel dépend la commune de leur résidence. Ce versement est accompagné d'un état détaillé (Voir : *Etats de
mois*), et constaté par le récépissé du Receveur de l'enregistrement.
(*Circulaire N° 1949*).

TIMBRES — DES PIÈCES PRODUITES EN COMPTABILITÉ.

Voir : *Pièces sujettes au timbre.*

Les actes judiciaires dressés par les Agents des douanes sont assujettis au timbre ordinaire. (*Loi du 28 avril 1816, article 19, § dernier*).

Le timbre des quittances fournies à l'Etat ou données en son nom est
à la charge de ceux qui les donnent ou les reçoivent. (*Loi du 13 brumaire an 7, article 29*).

TRAITEMENTS. Voir : *Retenues proportionnelles. — Rôles. — Service des retraites. — Congés.*

1. Les traitements et les émoluments assimilés aux traitements se li-
quident par mois et sont payables à l'échéance. — Chaque mois, quel
que soit le nombre de jours dont il se compose, compte pour trente
jours. — Le douzième de l'allocation annuelle se divise, en conséquence, par *trentième*, et chaque trentième est indivisible. (*Arrêté du
26 janvier 1846, article 90*).

— Les décomptes portent sur le douzième intégral de l'allocation
annuelle : les centimes compris dans ce douzième entrent dans le décompte, mais toute fraction de centime se néglige. — Cependant un
centime entier est bonifié à la Caisse des retraites toutes les fois qu'elle
a droit à une fraction quelconque de centime. (*Même arrêté, art. 91*).

— La jouissance du traitement court à partir du jour de l'installation
du titulaire, à moins que l'arrêté de nomination n'ait fixé spécialement
l'époque de l'entrée en jouissance. (*Dito, article 93*).

— Lorsqu'un emploi est sans titulaire, la jouissance du traitement
et des émoluments attachés à cet emploi peut être accordée, en totalité
ou en partie, à l'intérimaire, qui supporte alors les charges inhérentes
à cet emploi : néanmoins, les retenues dévolues à la Caisse des retraites ne sont exercées qu'autant que l'intérimaire fait partie d'une
classe d'Agents soumis au régime des pensions.

— Les droits d'un titulaire d'emploi ou d'un intérimaire à la jouissance du traitement s'éteignent à partir du lendemain de la cessation
d'activité de service.

Le traitement d'un Employé décédé est dû à ses héritiers ou représentants jusques et y compris le jour de son décès.

Le traitement d'un démissionnaire lui est payé jusques et y compris
le jour de la date de sa démission, à moins que, dans l'intérêt du service, il n'ait continué d'exercer ses fonctions jusqu'à l'installation de
son successeur, ou que l'arrêté de l'autorité compétente, qui aurait statué sur sa démission, n'ait fixé une époque pour la cessation de ses
fonctions.

— Tout Employé qui abandonne son poste sans qu'au préalable il
ait obtenu un congé ou donné sa démission, perd le droit à son traitement à dater du jour même de son absence.

(*Arrêté du 26 janvier 1846, articles 94 et 95*).

— Le traitement d'un Employé absent pour cause d'altération de facultés mentales et traité dans un établissement public peut être payé jusqu'à concurrence de trois mois consécutifs, sur l'acquit du chef de cet établissement, appuyé d'un certificat de vie du malade, délivré par cet agent, conjointement avec le maire de la commune, dont la signature doit être légalisée.

(Même règlement).

— Tout rappel de traitement se liquide distinctement à la charge de l'exercice déterminé par l'année pendant laquelle le droit au rappel a été acquis. Il n'est, dans aucun cas, procédé par voie d'augmentation tacite aux droits susceptibles d'être liquidés pour l'année courante.

(Idem, article 97).

— Les reprises à opérer pour traitements ou émoluments indûment payés peuvent être précomptées sur des liquidations de droits ultérieurement acquis, mais seulement lorsque la dépense à annuler et la dépense à acquitter sont parfaitement homogènes et concernent le même exercice et le même article du budget : il suffit alors d'expliquer l'opération dans le nouveau décompte de liquidation, sur le montant duquel il est fait déduction de la somme à répéter aux titulaires d'emplois. — Ce mode de reprise par voie de compensation s'applique à la liquidation des traitements nets comme au décompte des retenues. Il cesse d'être praticable à la clôture de l'exercice. *(Idem, article 98).*

2. La dépense des traitements d'activité fait partie des *Dépenses publiques*, où elle occupe l'article 1er du chapitre 1er, sous le titre de *Personnel.*

Elle est divisée en deux sections :
Service administratif et de perception,
Service actif.

Le 1er de chaque mois, elle est inscrite au journal; mais, au lieu de figurer sous sa véritable dénomination, elle est portée d'abord au chapitre des AVANCES A RÉGULARISER, et cela afin de donner aux Comptables le temps d'être informés, avant d'en passer écriture définitive, s'il n'est pas survenu de changements à la distribution des apppointements par suite d'absences ou de décès qui n'auraient pu être prévus lors de la rédaction des rôles.

Cette dépense est toujours faite dans le mois qui suit celui pour lequel les appointements sont dus.

Vers le 5, les rôles et toutes les pièces qui s'y rattachent sont adressés, par l'intermédiaire de l'Inspecteur, à la Direction, qui les vise, et qui, après les avoir mandatés, les renvoie à la Recette principale. Alors seulement la dépense qui figurait aux Avances est régularisée par un article de recette aux *Recouvrements* et balancée par un article définitif aux *Traitements d'activité.* Voir : *Opérations de Comptabilité, Nos 18 de la dépense et 22 et 23 de la recette.*

Les sommes revenant à la caisse des retraites sont reprises en recette sous le titre SERVICE DES RETRAITES. (Voir : *Retenues proportionnelles. — Service des retraites).*

Ces deux opérations, qui sont simultanées, se font sans mouvement de valeurs.

— Pendant le cours de l'année, les traitements des deux services continuent à être portés en dépense dans le mois qui suit celui auquel ils se rapportent : mais, pour le mois de décembre, la dépense en est régularisée et présentée aux frais de régie par supplément à ce mois. (Voir : *Bordereau, No 3*). Il est fait en même temps recette des diverses retenues opérées sur les traitements, notamment de celles pour les masses, lesquelles entrent dans le compte de la même gestion. (Voir : *Masses*). Les bordereaux mensuels et les comptes annuels n'ont plus, dès-lors, à présenter que le développement des traitements de l'exercice courant. (*Comptabilité générale, 28 décembre 1842*).

3. Il arrive souvent que des Employés qui ont émargé les rôles ou fourni des quittances sont absents au moment des paiements, et ne peuvent dès-lors toucher immédiatement leurs traitements. Dans ce cas, les sommes leur revenant sont mises en dépense comme s'ils étaient présents, mais elles sont de suite reprises, à leur profit, au chapitre des *Fonds particuliers reçus de divers*, où elles restent pendant une année, après l'expiration de laquelle elles sont versées à la Caisse des dépôts et consignations si elles ne sont pas réclamées. (Voir : *Caisse des dépôts et consignations, No 2*).

— Si des Employés étaient absents au moment de la circulation des rôles, et ne pouvaient, dans le cours du mois, émarger ou fournir quittance, on défalquerait de ces rôles, dans la colonne *net à payer*, les sommes qui leur seraient dues; on les porterait à la colonne réservée aux sommes non payées, et il n'en serait pas fait écriture, mais elles seraient immédiatement inscrites sur le registre des parts non payées à défaut d'émargement. (Voir : *Sommes non payées*).

4. Si la rédaction des rôles était défectueuse, les changements à opérer devraient être constatés par un certificat de modification. (Voir : *Modification aux rôles*). Alors les erreurs proviendraient de ce que, dans les décomptes, des sommes auraient été portées en plus ou en moins. Dans le premier cas, la somme portée en trop aux appointements reviendrait à la Caisse des retraites, et, pour la rétablir dans cette caisse, on la reprendrait en numéraire : dans le second cas, la somme payée en moins serait attribuée en trop à la Caisse des retraites, et, pour la rendre à la partie lésée, on la retirerait du *service des retraites* par une dépense en réduction de recette, laquelle serait balancée par une reprise au chapitre des *Fonds particuliers reçus de divers*. (Voir : *Redressements*).

5. A la fin de chaque mois, les rôles d'appointements des deux services sont récapitulés sur la chemise No 18, qui accompagne l'inventaire, et sur laquelle les capitaineries sont inscrites dans l'ordre où elles sont placées sur l'état des frais de régie. Les rôles, les quittances et les certificats de modification sont liés à cette chemise par un fil. (Voir : *Justifications*).

6. Les traitements des fonctionnaires publics sont saisissables (Voir : *Saisie-arrêt*) jusqu'à concurrence du cinquième sur les premiers mille francs et toutes les sommes au-dessous, du quart sur les 5,000 francs suivants, et du tiers sur la portion excédant 6,000 francs, à quelque

somme qu'elle s'élève, et ce jusqu'à l'entier acquittement des créances *(Loi du 21 ventôse an 9)*. Voir : *Dettes*.

7. Les traitements d'inactivité sont supprimés à partir de 1843, et assimilés aux pensions de retraites. (*Comptabilité générale, 28 décembre 1842*).

TRAITES ET OBLIGATIONS — DE CRÉDITS EN SOUFFRANCE. Voir : *Crédits*.

Les Receveurs autorisés à faire crédit des droits de douanes versent, dans la caisse des Receveurs des finances, les traites et obligations qui garantissent ce crédit. Si ces effets sont protestés à l'échéance, ils leur sont rendus par ces Receveurs en échange d'autres fonds d'une valeur égale dont ils se portent immédiatement en dépense. Ces effets, rentrant ainsi dans leur portefeuille, font partie du solde en caisse sous la désignation de *Traites en souffrance*.

L'Administration devant toujours connaître très-exactement et porter à la connaissance du Trésor tous les éléments de sa situation concernant ce genre de valeur, a fait ajouter au bordereau de situation N° 2 un cadre spécial dans lequel est présentée la situation des traites en souffrance faisant partie de l'excédent des recettes sur les dépenses établies par le résultat. Les détails en sont extraits d'un registre auxiliaire série E, N° 57, dans lequel les Receveurs constatent, chaque mois, les opérations concernant ces traites. Au nombre de ces opérations, qui sont également inscrites au journal, sont les frais relatifs au recouvremen des traites et obligations, et les intérêts qui ont pu être bonifiés aux Receveurs des finances : ces frais et ces intérêts deviennent, à chaque opération, des articles exprès de recette et de dépense dont les résultats concourent à former le solde en caisse.

Les traites et obligations sont susceptibles d'être présentées sous différents aspects, suivant les cas ci-après, savoir :

S'il n'a pas encore été prononcé sur la responsabilité des Receveurs à leur égard ;

Si les Receveurs ont été rendus responsables ;

Si la non-valeur en a été autorisée.

Dans le premier cas, les effets remboursés aux Receveurs des finances rentrent dans le portefeuille du Receveur des douanes qui les lui avait versées, et sont portées dans le cadre spécial sous le titre de TRAITES EN SOUFFRANCE. Les recouvrements faits à valoir y figurent également à mesure qu'ils sont effectués. Le Receveur suit cette marche aussi longtemps qu'il n'a pas été statué sur sa responsabilité.

Dans le second cas, le Receveur doit constater sur son journal la réintégration dans sa caisse du montant des traites non recouvrées, et l'annoter dans le cadre spécial. Il cesse, en même temps, de porter dans son bordereau ces traites parmi les valeurs existant dans son portefeuille.

Dans le troisième cas, celui où les traites ou obligations ayant été reconnues définitivement irrecouvrables, et le Receveur n'en ayant pas été déclaré responsable, le Ministre a jugé convenable d'en autoriser l'admission en non-valeur, le Receveur fait mention, sur son livre-journal, de la sortie des traites de son portefeuille pour leur appliquer la non-valeur autorisée, et il porte leur montant, sur son sommier et son bordereau, au chapitre des dépenses concernant le Trésor sous le titre de *Non-valeurs résultant de traites irrecouvrables.*

S'il était fait, par la suite, des recouvrements sur les traites de cette dernière espèce, ils deviendraient, pour le Comptable et pour le Trésor, une recette extraordinaire à présenter comme telle dans le bordereau. *(Recettes accidentelles).*

Il est entendu que ces règles s'appliquent aux traites admises par le prédécesseur du Receveur titulaire, de telle sorte que si le premier a été déclaré responsable, le Receveur titulaire suive le recouvrement envers son prédécesseur, devenu débiteur direct du Trésor, et porte, dans le cadre spécial comme dans son journal, les sommes qu'il aura recouvrées, et qu'aussi longtemps que la responsabilité n'a pas été déclarée, il procède comme dans le cas où le crédit a été fait par lui-même.

Ces différentes manières de classer les opérations ou traites en souffrances s'appliquent autant au principal qu'aux frais et dépenses accessoires pour lesquels des colonnes ont été ouvertes dans le cadre spécial.

Aussitôt que les Directeurs seront informés qu'un crédit est en souffrance, ils auront — à adresser à l'Administration un état énonçant, par date, échéance et montant, les obligations ou traites qui le garantissent, — à lui faire connaître le principal obligé et les cautions admises, en indiquant leur résidence et la somme dont chacun aura répondu, — et à lui donner, sur la solvabilité de tous les souscripteurs de ces effets, les renseignements nécessaires pour juger si le Receveur a compromis sa responsabilité.

(Circulaire du 14 janvier 1821, N° 630).

Les créances résultant des crédits de droits non réalisés doivent toujours être présentées dans l'actif sous le titre de TRAITES et OBLIGATIONS DE CRÉDITS EN SOUFFRANCE, lors même que de nouveaux engagements auraient été substitués aux anciens. Les Comptables se bornent à annoter au compte de la créance les changements survenus dans les engagements et les garanties qui devaient en assurer le recouvrement; ils en font, d'ailleurs, mention sur leur bordereau de situation N° 2 du mois pendant lequel les changements ont lieu, et, de leur côté, les Directeurs en informent immédiatement la Comptabilité générale par lettres spéciales. *(Comptabilité générale, 15 février 1840).*

TRANSACTIONS. Voir : *Amendes. — Consignations, N° 5.*

1. Quand la somme offerte pour terminer une affaire est immédiatement réalisée, les Receveurs doivent avoir soin de l'énoncer formellement dans l'acte d'accommodement. Au cas contraire, la transaction doit contenir l'engagement de cautions qui garantissent le paiement des sommes stipulées. *(Comptablité générale, 25 juin 1835).*

Lorsque, dans une affaire où la remise provisoire des objets saisis a eu lieu sous consignation de la valeur de ces objets, il intervient une transaction stipulant, sans faire mention de la consignation, le paiement d'une somme déterminée pour tenir lieu de toutes les condamnations, il faut, après qu'elle a été inscrite au sommier des droits constatés, faire recette de la somme stipulée sans défalcation de celle qui avait été consignée, sauf à faire dépense de cette dernière sous le titre de RESTITUTION. Mais on évitera cette double opération si, dans les cas de l'espèce, les transactions expriment formellement qu'il est fait abandon, par les prévenus, de tout ou de partie des sommes consignées.

Cette marche, qui offre l'avantage de simplifier les écritures, est recommandée aux Receveurs, et les Directeurs sont invités à la suivre dans les propositions d'arrangement qu'ils soumettent à l'Administration. (*Comptabilité générale, 15 décembre 1836*).

2. Bien que les transactions forment, pour l'Administration, des titres dont elle peut user selon son gré, ces arrangements ne sont définitifs qu'après avoir reçu sa sanction.

Il en est de même des droits qui ressortent des soumissions de s'en rapporter aux décisions de l'Administration : jusque-là, les engagements de l'espèce peuvent être augmentés, ou réduits, ou entièrement rejetés, et ne constituent pas encore de droits certains dont les Comptables aient à suivre la réalisation. (*Comptabilité générale, 31 décembre* 1838).

3. Les actes de transaction sont joints aux dossiers rapportés au soutien de la dépense résultant — soit de la répartition des produits, — soit de leur restitution, — soit de leur application au paiement des frais. (*Comptabilité générale, 1er septembre* 1838).

TRANSFERT — DES CAUTIONNEMENTS. Voir : *Cautionnements, Nos 3 et 4.*

TRANSFERT — DES MASSES.

Lorsqu'un Préposé change de Direction, son actif de masse lui appartient en entier, mais il ne lui est pas remboursé. Le Capitaine arrête le livret de ce Préposé et le Directeur fait remettre l'actif qui y est repris au Directeur sous lequel passe l'Employé changé, lorsqu'il a avis de l'arrivée de ce dernier à sa nouvelle résidence. (*Réglement du 25 février 1815, article 45*).

Pour opérer le transfert, le Comptable de la recette que quitte l'Employé changé porte en dépense, au chapitre des *Masses*, le montant de l'actif du Préposé, et reprend en recette ce même montant au chapitre des *Virements*. Voir : *Opérations de Comptabilité, Nos 21 de la dépense et 28 de la recette.*

Ces deux opérations se font sans mouvement de valeurs.

L'ordre de remboursement délivré par le Directeur est revêtu par le Comptable d'un certificat constatant qu'il a fait dépense aux *Masses*, et recette aux *Virements*, de l'actif du Préposé. (Voir : *Certificat de transfert de masses*). — Le Receveur principal de la nouvelle résidence fait l'opération inverse, et la constate par un certificat qu'il adresse, pour décharge, au Receveur de l'ancienne résidence.

TRÉSOR. — Voir : *Biens des Comptables. — Priviléges.*

TRIMESTRE.

Le trimestre se compose de trois mois, et part à dater du 1er janvier. Ainsi, l'année comprend quatre trimestres : trimestre de janvier, — trimestre d'avril, — trimestre de juillet et trimestre d'octobre.

A l'expiration de chaque trimestre, le Comptable fournit, indépendamment des états de mois, les états ci-après :

Frais de loyer,

Frais de chauffage,

Pensionnaires dont le décès a été annoncé à la Direction pendant le trimestre,

Produit des saisies opérées dans l'intérieur,

Et bordereau de versement des quittances de retraites.

(Voir : *États de trimestre*).

TROP PAYÉ. — Voir : *Reversement de* —

VACANCE. Voir : *Congés.*

VACANCE — D'EMPLOI. Voir : *Rôles. — Traitements.*

Les portions de traitements tombées en vacance sont déterminées en retranchant du douzième du traitement brut la partie du traitement due par le Trésor, à raison du nombre de jours pendant lesquels l'emploi a été occupé dans le mois : les fractions de centime sont négligées dans cette opération. (*Comptabilité générale, 15 février 1840*).

Pour éviter qu'une partie des crédits accordés par le budget des dépenses cesse d'être disponible sans avoir été employée à l'acquittement des charges réelles, comme aussi pour empêcher que l'allocation de crédits supplémentaires devienne nécessaire lorsque les crédits primitifs devraient suffire aux besoins du service, le Ministre a, par arrêté du 26 novembre 1834, statué qu'il ne sera plus fait dépense ni recette du montant des traitements d'emplois vacants. (*Comptabilité générale, 12 décembre 1834*).

Les traitements affectés aux emplois vacants ne doivent point supporter la retenue de 5 p. 0/0 au profit de la Caisse des retraites. (*Comptabilité générale, 3 juin 1828, et circulaire N° 1102*).

Les états de traitements doivent, lorsqu'il n'y a pas de partie prenante, indiquer positivement la cause de la vacance. (*Comptabilité générale, 3 juin 1828*).

Lorsqu'un emploi est sans titulaire, la jouissance du traitement et des émoluments attachés à cet emploi peut être accordée, en totalité ou en partie, à toute personne appelée à remplir l'intérim. (*Réglement du 26 janvier 1846*). Le seul cas où l'intention de l'Administration soit d'user de la latitude accordée par ce réglement est celui où il s'agira d'intérim entraînant un déplacement temporaire de résidence, ou obligeant à des tournées extérieures un Employé qui n'y est pas habituellement assujetti; en un mot, lorsque l'intérim occasionnera à l'intérimaire des dépenses extraordinaires, qu'il ne sera pas en état de les supporter, et qu'il n'y aura pas d'autres moyens de l'en indemniser. (*Circulaire N° 2114*).

VALEURS — EN CAISSE ET EN PORTEFEUILLE. Voir : *Fonds.* — *Solde.* — *Traites et obligations de crédits.*

1. Les valeurs en caisse et en portefeuille dont les Receveurs principaux se trouvent dépositaires à la fin de leur gestion sont constatées par un procès-verbal dressé par les Inspecteurs ou Sous-Inspecteurs chargés de la surveillance des Comptables. (*Arrêté du 9 novembre 1820, article 2*). Voir : *Clôture de gestion.* — *Résultat au 31 décembre.*

Ces valeurs, dont la nature et l'objet sont reconnus par la vérification du livre-journal, sont — le numéraire, — les traites et les soumissions cautionnées pour droits liquidés. (*Circulaire N° 623*).

2. Les valeurs matérielles existant dans la caisse et le portefeuille des Comptables n'ont point d'affectation péciale : quelles que soient l'origine et la destination des recettes d'où elles proviennent, ces valeurs forment, entre les mains des Comptables, une masse commune de ressources indistinctement applicables à tous les besoins. (*Circulaire N° 623*).

3. Les dépenses devant être constatées aussitôt qu'elles sont effectuées, il serait très-irrégulier de considérer comme valeurs en caisse les pièces qui les justifient. (*Circulaire N° 230*).

VALEURS — REMISES PAR LE COMPTABLE A SON SUCCESSEUR. Voir : *Mutation de Comptables.*

Ces valeurs forment l'article 4 du chapitre 4 des *Opérarions de Trésorerie.* — Le Comptable sortant doit en donner le détail sur son bordereau de situation N° 2, à la suite du résultat général. (*Comptabilité générale, 15 décembre 1836*).

VENTES.

Le produit de la vente des marchandises et des moyens de transport, ou les sommes consignées pour en obtenir la remise provisoire, sont classés au chapitre 4 des *Contributions et revenus publics*, sous le titre de *Amendes et confiscations.*

Ce produit ne faisant point partie des droits constatés, appartient toujours à l'exercice courant.

Les procès-verbaux de vente sont joints aux dossiers produits au soutien de la dépense. (*Comptabilité générale, 1er septembre 1838*).

VENTES — FAITES D'OFFICE PAR LES AGENTS DES DOUANES.

1. Le produit des ventes des marchandises dont il est fait mention dans la circulaire de l'Administration en date du 6 septembre 1827, N° 1059, doit être versé immédiatement, savoir :

Dans les Caisses du Trésor royal, à l'article 3 des Contributions et revenus publics (*Recettes acccessoires*), sous la désignation de *Recettes accidentelles,*

1° Quand il y a abandon volontaire de la marchandise par le propriétaire ;

2° Quand la déclaration en détail à l'entrée en douane n'a pas eu lieu dans les délais prescrits ;

Et à la Caisse des dépôts et consignations, pour y être tenue pendant un an à la disposition des ayant-droit :

1° Quand l'entrepôt réel n'est pas vidé dans le délai de rigueur ;

2° Quand les objets prohibés reçus en dépôt ne sont pas réexportés dans le délai de quatre mois ;

3° Enfin, lorsqu'il y a abandon de fait, dans des circonstances non spécialement déterminées.

En attendant le versement à la Caisse des dépôts, opération qui doit avoir lieu le plus promptement possible, on porte le produit *net* au chapitre 1er, article 7, des Opérations de Trésorerie, RECOUVREMENTS POUR DES TIERS. *(Comptabilité générale, 31 janvier 1828 et 28 décembre 1842).* Voir : *Recouvrements pour des tiers.*

2. Dans les divers cas spécifiés ci-dessus, s'il résulte des conditions de la vente que les droits dus au Trésor ne doivent pas être payés par l'acquéreur, en sus du prix d'adjudication, le produit brut des marchandises, déduction faite des frais à prélever, sera appliqué jusqu'à due concurrence au paiement de ces droits. En conséquence, les Receveurs en feront recette à l'article particulier de chacun d'eux, selon qu'il s'agira de droits d'importation, d'entrepôt, de magasinage, &.

3. Les dispositions qui précèdent seront également applicables au produit des ventes de marchandises provenant de saisies, ou acquises au Trésor par droit de préemption.

Ainsi les divers droits dont ces marchandises se trouveraient frappées devront être prélevés et portés en recette à leurs comptes respectifs, et le produit *net* sera constaté, soit à l'article des Amendes et confiscations, s'il s'agit de saisies, soit aux Recettes accidentelles, s'il s'agit de préemptions.

4. A l'égard des sommes qui doivent être versées dans la Caisse des dépôts et consignations pour y être tenues en réserve, le décompte du produit net et toutes les pièces à l'appui seront conservées dans les archives des Douanes. Toutefois, une copie du décompte et du procès-verbal de vente, certifiée conforme aux originaux par l'Inspecteur, sera remise aux Receveurs des finances avec un bordereau de versement : un décompte particulier sera établi pour chaque ayant-droit. *(Comptabilité générale, 31 janvier 1828 et 28 décembre 1842).*

Quant aux sommes qui doivent être versées, dans la caisse du Trésor, aux RECETTES ACCIDENTELLES, les actes constatant la vente seront joints au bordereau de situation N° 2 du mois pendant lequel il a été fait recette du produit de vente, sans attendre, pour les fournir, qu'il en soit fait une demande spéciale. Les actes dont il s'agit continueront d'être accompagnés des pièces justificatives des frais à prélever, ainsi que du décompte du produit net des objets vendus. *(Comptabilité générale, 22 janvier 1841).*

VENTES — D'OBJETS RÉFORMÉS. — Voir : *Objets réformés.*

VENTES — PROVISOIRES DE MINUTIES.

La vente des minuties n'a lieu qu'en vertu d'un jugement définitif; elle est soumise aux règles générales.

Cependant, lorsqu'il s'agit d'objets sujets à dépérissement, les Receveurs sont autorisés à les vendre ou à les remettre provisoirement aux prévenus, en mentionnant simplement, sur leur registre de minuties, le prix de vente et le numéro de l'article du journal sous lequel la recette a été inscrite. (*Décision administrative du 7 novembre 1846*).

Le produit brut de ces ventes provisoires est porté au journal, au moment où il est reçu, à l'article 8 du chapitre 1er des Opérations de Trésorerie, *Fonds particuliers de divers (section Recettes à classer).*

Lors de la vente qui s'opère après le jugement de confiscation, le Comptable fait dépense à ce chapitre de la somme totale des ventes partielles, et il applique les produits, — soit aux droits de douanes, — soit aux frais, — soit à la taxe de consommation des sels, — soit, enfin, aux amendes et confiscations.

Ces opérations se font sans mouvement de valeurs. (*Lettre de la Comptabilité générale du 7 janvier 1837*).

VÉRIFICATION — DES BORDEREAUX N° 2.

Les Comptables doivent s'assurer que les expéditions de leurs bordereaux sont parfaitement conformes à la minute qu'ils en conservent. Plusieurs parties de ces bordereaux ont entre elles certains rapports d'identité ou de concordance dont le défaut dénote des erreurs dans les écritures. Il est donc de leur devoir de vérifier si ces rapports existent, et de s'assurer que les bordereaux ne laissent aucun renseignement à désirer.

Voici la note des différents articles sur lesquels leur attention doit se porter :

1. Les soldes de la gestion précédente sont-ils exactement repris tels qu'ils ressortent des comptes de cette gestion :

1° Au Résultat général ;

2° Aux articles 4, 5, 6, 7, 8 et 9 du chapitre 1er des Opérations de Trésorerie ;

3° Au Tableau de développement des avances à recouvrer ou à régulariser ;

4° Au Tableau de situation des droits constatés?

2. Le montant des traites admises en paiement de droits, pendant l'année et sur l'exercice précédent, est-il exactement rapporté?

3. Y a-t-il concordance entre les sommes présentées en recette à l'article 3 des contributions et revenus publics (1/4 appartenant au Trésor sur le montant des sommes reçues en garantie de la réexportation des voitures de voyageurs) et celles portées à l'article 5 du chapitre 1er des Opérations de Trésorerie (3/4 du tiers de la valeur des voitures, &.?)

La recette des 3/4 à l'article 5 du chapitre 1er des Opérations de Trésorerie offre-t-elle un chiffre identique à celui qui est présenté en dépense au 1er § de la 1re section de l'article des Consignations?

4. Les recettes accidentelles sont-elles présentées sur chaque bordereau avec les désignations qui en font connaître l'origine et la nature?

5. Le développement des perceptions par bureau est-il concordant? Les bordereaux indiquent-ils exactement la période pendant laquelle ont été effectuées, dans les bureaux subordonnés, les perceptions dont le Receveur principal a fait recette au dernier jour du mois pour lequel le bordereau est fourni?

6. Est-il fait exactement reprise en recette des divers prélèvements effectués au profit de la Caisse des retraites? Les chiffres de la recette sont-ils identiques avec ceux des tableaux de développement?

7. Le produit des marchandises non retirées des douanes et vendues sous la réserve des droits des propriétaires est-il immédiatement versé chez le Receveur des finances pour le compte de la Caisse des dépôts et consignations?

8. Les dates des récépissés des subventions reçues des Receveurs des finances et celles des versements faits chez les mêmes Receveurs sont-elles exactement indiquées? Sont-elles du mois pour lequel le bordereau est fourni? Leur rapprochement fait-il supposer des mouvements de fonds inutiles?

9. Les dépenses de l'exercice précédent n'ont-elles pas été augmentées ou diminuées après que le chiffre en a été arrêté?

10. Les remboursements divers sont-ils présentés distinctement par nature sur chacun des bordereaux qui les comprennent?

11. Les bordereaux indiquent-ils, au chapitre des dépenses des exercices-clos, la nature de ces dépenses et les exercices auxquels elles appartiennent?

12. Les dépenses des articles 3, 4, 5, 6, 7 et 8 du chapitre 1er des Opérations de Trésorerie n'excèdent-elles pas les recettes correspondantes réunies aux soldes de la gestion précédente?

13. Les développements des traitements d'activité, des indemnités et gratifications sur le fonds spécial, des répartitions des amendes et confiscations, sont-ils en concordance avec les articles qu'ils concernent?

14. Le développement des recettes et dépenses en virement de comptes concorde-t-il, par section et pour le total, avec les articles développés? Le nom des Comptables, les dates et les numéros des bordereaux de virements sont-ils indiqués?

15. Le développement des avances et des recouvrements et régularisations d'avances concorde-t-il avec les articles qu'il concerne? Des avances de diverses espèces non prévues sont-elles présentées distinctement par espèce sous des titres qui en fassent connaître l'objet? Sont-elles de nature à être admises?

16. Les recettes en recouvrements ou régularisations d'avances n'excèdent-elles pas par nature les avances faites dans l'année, réunies aux soldes?

17. Les régularisations d'avances pour retraites sont-elles au moins égales au montant des versements en quittances de pensions?

18. Le motif pour lequel il est réservé des fonds en caisse est-il indiqué? La réserve est-elle restreinte dans les limites convenables?

19. Y a-t-il concordance entre le résultat général et le cadre de situation des traites admises en paiement des droits, à l'égard de celles qui restaient à verser tant au 1er janvier qu'à la fin du mois pour lequel le bordereau est fourni? Le montant des traites envoyées au Caissier central du Trésor est-il exactement rapporté au cadre de situation des traites ?

20. Le détail des effets représentant des valeurs réelles est-il donné?

21. Y a-t-il concordance, pour chaque exercice, entre les recouvrements portés à la décharge des droits constatés et les sommes présentées en recette à la 2e section de l'article 4 des droits et produits (sommes recouvrées, &.)? Les recouvrements et décharges n'excèdent-ils pas le montant des droits?

22. Les Comptables ont-ils indiqué les modifications apportées aux résultats des bordereaux du mois précédent? En font-ils connaître le motif? Les modifications ont-elles été régulièrement opérées?

23. En cas de mutation de Comptables :

1° Les bordereaux indiquent-ils les époques où commence et finit chaque gestion?

2° Les valeurs remises par le Receveur sortant de fonctions à son successeur sont-elles présentées en dépense par le premier, et en recette par le second, au chapitre des mouvements de fonds? Y a-t-il identité de chiffres entre la remise et la reprise de ces valeurs? Enfin, le bordereau du Receveur sortant de fonctions donne-t-il le détail de ces valeurs?

3° Les soldes mentionnés au N° 1er de la présente note sous les nombres 2, 3 et 4 sont-ils repris tels qu'ils ressortent du dernier bordereau fourni par le prédécesseur du Comptable?

24. Les bordereaux supplémentaires sont-ils rédigés de manière à faire ressortir les opérations constatées par supplément dans la colonne timbrée PENDANT LE MOIS? Présentent-ils tous les développements que leur contexture exige?

25. Au résultat général, l'excédant des recettes sur les dépenses concorde-t-il avec le journal de caisse et de portefeuille?
(*Comptabilité générale, 1er janvier 1839*).

VÉRIFICATION — DES CAISSES.

1. L'Administration a, dans tous les temps, rappelé aux Inspecteurs qu'une de leurs obligations les plus essentielles est de vérifier les caisses des Receveurs, de s'assurer de la fidélité des recettes faites par eux, de la régularité des dépenses, de l'existence réelle, dans leur caisse, de tous les fonds qui doivent s'y trouver, et de prendre à temps toutes les mesures nécessaires pour assurer le recouvrement des débets qu'ils viendraient à reconnaître.

Chaque mois, donc, les Inspecteurs doivent vérifier la situation de chaque Receveur, et se faire représenter et compter toutes les valeurs en caisse. Le résultat de cette vérification doit être constaté par un arrêté mis sur le livre-journal, lequel énonce positivement que le montant du débet a été représenté au jour indiqué dans les valeurs désignées par les colonnes de ce registre.

Il importe, d'ailleurs, pour que ces vérifications ne deviennent pas illusoires, qu'elles n'aient pas lieu à des époques fixes, qu'elles se fassent, au contraire, le plus souvent à l'improviste, et assez inopinément pour que des Receveurs répréhensibles n'aient pas le temps de s'y préparer, ni le moyen de couvrir momentanément le désordre de leur caisse. Ainsi les instructions doivent être entendues dans ce sens que ce n'est pas précisément à la fin du mois, mais une fois au moins chaque mois, que les Inspecteurs ont à vérifier les caisses de tous les Receveurs de leur division. (*Circulaires N° 586, 623, 629, 639 et et 678*).

2. A la fin de chaque gestion, les Inspecteurs doivent arrêter la caisse du Comptable et constater, par un procès-verbal (voir : *Clôture de gestion*) les valeurs qu'il a en caisse et en portefeuille. (*Circulaire N° 623*).

3. Il peut arriver que, pendant le cours d'un mois, l'Inspecteur se trouve dans l'impossibilité de vérifier la caisse des Receveurs principaux qui sont placés hors de sa résidence. Dans ce cas, il est autorisé à donner, par écrit, soit au Sous-Inspecteur divisionnaire, soit au Sous-Inspecteur sédentaire établi près du bureau principal, une délégation en vertu de laquelle l'un ou l'autre de ces Agents le supplée et fait pour lui la vérification.

Cette délégation doit être spéciale pour chaque opération de l'espèce, et le Sous-Inspecteur qui la reçoit doit la représenter au Receveur principal : il rend compte immédiatement de son opération et de ses résultats à l'Inspecteur qui demeure chargé d'y donner suite comme s'il eût procédé personnellement. (*Circulaire N° 869*).

VÉRIFICATION — DES PIÈCES DE COMPTABILITÉ.

Chaque pièce de comptabilité doit être revue avec les soins les plus minutieux, afin de n'y laisser subsister aucune erreur ou omission.

Les états et les inventaires doivent être collationnés sur les minutes : les rôles, les états de frais de régie et tous les états de distribution doivent être revisés, afin de s'assurer qu'ils sont bien établis et qu'ils sont émargés, ou que les émargements sont suppléés par des quittances.

Les consignations sont examinées pour être certain que la quittance est signée par l'ayant-droit, et que les certificats de passage ou de reconnaissance définitive sont signés par deux Employés.

Les bordereaux de virements doivent indiquer — le nom des Comptables, la date et le numéro de ces pièces mêmes.

Les chemises doivent être comparées avec les pièces qu'elles renferment, et rapprochées ensuite du bordereau dont elles doivent présenter les résultats.

VERSEMENTS — A LA CAISSE DES DÉPÔTS ET CONSIGNATIONS. — Voir : *Caisse des dépôts.* — *Saisie-arrêt*, N° 5.

VERSEMENTS — AUX COMPTABLES DES FINANCES.

1. Ces versements font l'objet de l'article 1er du chapitre 4 des *Opérations de Trésorerie.*

Ils se divisent en trois sections :

1° *Versements en numéraire*,

2° *Versements en quittances de retraites*,

3° *Et versements en envois directs au Caissier central du Trésor de traites et obligations de crédits.*

2. Quand les versements se font en numéraire, l'opération est facile : on les accompagne d'un bordereau désignant les valeurs.

— Quand ils se font en quittances de retraites, on porte la dépense à l'article VERSEMENTS, — QUITTANCES DE PENSIONS DE RETRAITES, et on régularise en même temps par un RECOUVREMENT l'avance qui a été primitivement faite de ces pensions. Les sommes se portent à la colonne des sans-mouvement de valeurs : mais les opérations n'ont lieu que lorsque le Comptable a reçu du Receveur des finances le récépissé du montant des quittances.

Le versement s'opère au moyen de l'état suivant :

Douanes.

RETRAITES.

Trimestre de...., 18...

Direction de.......

Principalité de.....

Versement à la caisse de M...., Receveur des finances à....., de..... quittances de retraites acquittées pour son compte pendant le trimestre de.... 18...

NOMS ET PRÉNOMS DES PENSIONNAIRES.	DATE DE L'AUTORISATION DE VERSEMENT.	SOMMES PAYÉES.	OBSERVATIONS.
		Total... » »	

Arrêté le présent état montant à la somme de.....
A....., le....., 18...
Le Receveur principal,

On détaille sur cet état, par date d'autorisation et par ordre alphabétique et syllabique, toutes les quittances payées pendant le trimestre, soit à titre de provision, soit à titre d'arrérages, soit pour pensions définitivement réglées : on s'assure de sa concordance avec le total des sommes payées et portées aux avances, on y annexe les quittances, puis on l'adresse à la Recette des finances pour laquelle les paiements ont eu lieu.

— Quand le Comptable opère un versement par des envois directs au Caissier central du Trésor, il opère de la même manière que pour les versements en numéraire; seulement, il a soin de classer à son journal les pièces qu'il verse à la colonne qui les concerne.

3. Chacun des trois versements dont je viens de parler est justifié par des récépissés (voir : *Justifications*) qui sont détaillés sur la chemise N° 42, dans laquelle ils sont fixés par un fil. Cette chemise accompagne l'inventaire, sur lequel elle est elle-même récapitulée.

4. Une exactitude scrupuleuse de la part du Receveur dans l'indication, sur son bordereau N° 2, des numéros et des dates des versements en numéraire et en quittances de pensions de retraites, est d'autant plus nécessaire, que ces renseignements servent à établir le rapprochement qui se fait chaque mois, à la Direction de la Comptabilité générale, entre les déclarations des Receveurs des douanes et celles des Receveurs des finances. Ces Comptables devront se concerter ensemble pour que, chaque mois, leurs écritures respectives coïncident parfaitement : c'est pour arriver à cette coïncidence, quant à ce qui concerne les versements en traites, qu'il est prescrit par la circulaire des douanes N° 719, du 19 avril 1822, de faire les envois exclusivement les 1er, 11 et 21 de chaque mois, de sorte que la totalité de ces envois parvienne assez tôt au Caissier du Trésor pour qu'il puisse en passer écriture dans le même mois.

VERSEMENTS — SUR DÉBETS D'EX-COMPTABLES. Voir : *Débets.*

L'arrêté du Ministre des finances du 9 octobre 1832, sur la comptabilité et le contrôle des débets et créances poursuivies par l'Agent judiciaire du Trésor, porte, article 3 :

« Les versements sur débets et les créances litigieuses sont opérés, — soit à la caisse centrale du Trésor, — soit aux caisses des Receveurs généraux et particuliers des finances dans le département. Les Comptables s'en chargent au compte des *Recettes accidentelles* avec la distinction spéciale de recettes sur débets, et la Comptabilité générale en fait l'application dans ses écritures au crédit de chaque débiteur. »

D'après ces dispositionns, les Receveurs principaux doivent cesser de recevoir toute somme qui leur serait offerte en paiement ou en atténuation des débets dont la poursuite est attribuée à l'agence judiciaire du Trésor par l'ordonnance royale du 4 novembre 1824.

Néanmoins, lorsqu'ils seront appelés à suivre la rentrée des traites en souffrance mises à la charge de Comptables hors de fonctions, ils pourront admettre à leur caisse les sommes qu'ils auraient réalisées sur les souscripteurs ou leurs cautions, mais ils en feront recette, aux Opérations de Trésorie, à une section spéciale de l'article des *Recou-*

vrements *pour des tiers*, et ils en verseront distinctement le montant, à la décharge des débiteurs, dans les caisses des Receveurs des finances. (Voir : *Recouvrements pour des tiers*, *N° 2*).

Lorsque des ex-Comptables, constitués en débet soit pour déficit de caisse, soit pour crédits de droits dont ils auraient été déclarés responsables, se trouveront créanciers de l'État pour appointements, parts de saisies, &., les Receveurs sur les caisses desquels les paiements sont assignés, verseront également aux Receveurs des finances le montant de ces créances à l'acquit des anciens Comptables en débet.

Les récépissés de ces versements tiendront lieu des quittances des créanciers. (*Comptabilité générale*, *31 mai 1833*).

VERSEMENTS — SUR RECOUVREMENTS FAITS POUR DES TIERS. — Voir : *Recouvrements pour des tiers*, *N° 3*).

Ils sont classés à l'article 6 du chapitre 1er des dépenses des *Opérations de Trésorerie*.

Ils sont justifiés par les récépissés délivrés, selon les cas, — par l'Administration des contributions indirectes, — par celle de l'enregistrement, — ou par les Receveurs des finances. (Voir : *Justifications*).

Ces récépissés sont rappelés sur la chemise N° 31, à laquelle ils sont annexés au moyen d'un fil, et adressés à la Comptabilité générale avec l'inventaire.

Tous les versements dont il s'agit sont accompagnés d'états récapitulatifs indiquant la cause, la nature et la date des créances, et faisant connaître les ayant-droit.

VERSEMENTS — DES RECEVEURS SUBORDONNÉS.

Quand, dans le cours du mois, les Receveurs subordonnés sont dans le cas de verser à la recette principale l'excédant de leurs recettes, ces versements sont régularisés par des récépissés détachés du registre série E, N° 57. — Il en est de même des versements qu'ils effectuent à la fin du mois lors du réglement de leurs comptes. (*Circulaire N° 883*). Voir : *Droits sanitaires N° 3, Fonds de subvention N° 4*).

VIREMENTS.

1. Les virements sont compris dans les *Opérations de Trésorerie*, où ils occupent l'article 4 du chapitre 3 *pour la recette*, et l'article 5 du chapitre 4 *pour la dépense*.

La recette se compose de deux sections :

1° *Recouvrements faits par le Comptable pour le compte de ses collègues;*

2° *Recettes en acquits de dépenses payées pour le compte du Comptable par ses collègues.*

2. Les paiements et les recouvrements que font les Receveurs principaux pour le compte de leurs collègues s'exécutent par des virements de comptes, et sont considérés comme des envois de Comptable à Comptable dont il est justifié par la reconnaissance de celui pour le compte duquel la recette ou le paiement a été effectué.

Le Receveur qui aura effectué un paiement pour le compte d'un de ses collègues en fera immédiatement dépense au chapitre 4, article 5, des Opérations de Trésorerie; il portera le détail de ce paiement dans le cadre qui figure en tête du bordereau d'envoi, N° 78, de la série F. b., et il transmettra ce bordereau, avec les pièces justificatives de la dépense, au Directeur dont il dépend, qui fera parvenir le tout, par l'intermédiaire de la Comptabilité générale, au Receveur pour le compte duquel le paiement aura été effectué.

A la réception de cet envoi, ce dernier Comptable s'en chargera en recette sous le titre de VIREMENTS, et balancera cette recette par l'article de dépense nécessité par la nature du paiement. Il souscrira ensuite le récépissé à talon qui fait suite au cadre du bordereau d'envoi à remplir par le Comptable expéditeur, et il transmettra ce bordereau, dans son entier, par l'intermédiaire de son Directeur, à la Comptabilité générale, où le récépissé, détaché de son talon, formera la justification de la dépense du Receveur qui aura effectué le paiement, et le talon la justification de la recette du Receveur auquel les pièces auront été envoyées.

3. Le Comptable qui aura recouvré des fonds pour le compte de ses collègues s'en chargera en recette aux *Virements*; il détaillera cette recette sur un bordereau d'envoi N° 79, série F. b., qu'il fera passer, par l'intermédiaire de son Directeur, au Receveur pour le compte duquel le recouvrement aura été fait, après avoir souscrit la reconnaissance qui le termine.

Quant au second Comptable, aussitôt que ce bordereau lui sera parvenu, il fera dépense aux *Virements* de la somme recouvrée pour son compte, et il s'en chargera immédiatement à l'article de recette auquel elle doit être appliquée. Il signera ensuite la déclaration qui suit le cadre placé en tête du bordereau et la soumettra au visa de l'Inspecteur, ou, en son absence, à celui du Sous-Inspecteur; puis il transmettra le bordereau, dans son entier, par l'entremise du Directeur, à la Comptabilité générale des finances, qui séparera la déclaration de la reconnaissance pour rattacher la première de ces pièces à la comptabilité du Receveur pour le compte duquel la recette a été faite, et la seconde à celle du Receveur qui a effectué le recouvrement. (*Comptabilité générale, 25 novembre 1826*).

Voir au mot : *Opérations de Comptabilité*, les N°s *15 et 23 de la dépense, et 28, 30 et 31 de la recette.*

4. Pour hâter les opérations qui servent à établir la balance des virements de fonds, les Comptables ne doivent point effectuer de paiements pour le compte de leurs collègues dans les dix derniers jours de décembre, à moins qu'il n'y ait nécessité absolue. Ainsi, par exemple, le remboursement des consignations relatives aux voitures, aux chevaux, &., n'est point susceptible d'être ajourné; mais les paiements d'appointements ou de parts de saisies, &., peuvent, sans inconvénient, être remis aux premiers jours de janvier. Il en est de même de ce qui concerne le transport de l'actif de masse des Préposés qui passent d'une Direction dans une autre. — Les Comptables arrêteront donc, dès le 20 décembre, pour être aussitôt adressés à la Comptabilité générale, les bordereaux de recettes et dépenses faites par virements jusqu'à cette

époque, sauf à fournir de suite de nouveaux bordereaux pour les paiements qui seraient effectués du 21 au 31 décembre. (*Comptabilité générale, 5 décembre 1828 et 22 novembre 1831*).

5. Afin de simplifier le serivce des virements de fonds et de réduire le nombre des pièces justificatives, on réunit dans un seul bordereau tous les paiements faits, pendant un mois, pour un même Comptable. Cependant on doit former des bordereaux particuliers pour les paiements qu'il importerait d'appliquer sans délai aux services qu'ils concernent, s'il devait résulter des retards de leur insertion dans le bordereau cumulatif des paiements du mois. (*Comptabilité générale, 31 mai 1827*).

Les sommes reçues pour le compte d'un autre Receveur principal donnent lieu à la formation immédiate et à l'envoi d'un bordereau de virement.

6. Chaque bordereau de virement doit être numéroté, et, chaque année, la série des numéros se renouvelle. (*Comptabilité générale, 24 décembre 1827*). Ces numéros sont donnés par le Receveur qui délivre les bordereaux, et ils sont répétés sur le talon du récépissé ou sur celui du bordereau de recette, de sorte que les deux Receveurs qui concourrent à l'opération sont à portée d'en faire mention au cadre de développement du bordereau de situation : par ce moyen, le rapport qui existe entre la recette et la dépense est facile à saisir. (*Comptabilité générale, 31 mai 1827*).

7. Il doit être fait un article distinct et unique du montant de chaque bordereau au cadre de développement du bordereau de situation. (*Idem*).

8. Les Directeurs doivent faire, de chaque bordereau de paiement ou de recouvrement qu'ils adressent à la Comptabilité générale, l'objet d'une lettre particulière énonçant :

1° Le numéro d'ordre du bordereau de virement;

2° La nature du recouvrement ou de la dépense payée;

3° La résidence du Receveur qui a fait le recouvrement ou le paiement, et celle du Comptable pour le compte duquel l'opération a été faite. (*Comptabilité générale, 25 mars 1831*).

9. Dans le cas où un Receveur n'admettrait pas un paiement fait pour son compte par un autre Receveur, celui-ci en serait informé par le renvoi de l'acquit rejeté. (*Idem*).

10. Les bordereaux d'acquits sont récapitulés sur la chemise N° 45 : cette chemise accompagne l'inventaire sur lequel on fait figurer le montant des bordereaux, afin qu'il en soit donné crédit en même temps que des autres dépenses du mois.

Les Receveurs portent sur la même chemise, pour être également compris dans l'inventaire, les bordereaux des paiements qu'ils auront effectués dans le mois pour le compte de leurs collègues de la même Direction : ils y inscrivent aussi le montant des dépenses qu'ils ont constatées pendant le mois pour application, aux services qu'elles concernent, des sommes recouvrées pour leur compte par leurs collègues de toutes les Directions, de manière que cette chemise présente le chiffre total des dépenses du mois.

Les bordereaux des paiements faits pour les Comptables de la même Direction, et ceux de recouvrements revêtus, les uns des récépissés, les autres des déclarations et certificats d'application, sont joints à l'inventaire qui en comprend le montant. (*Comptabilité générale, 25 mars 1831*).

11. Les appointements et les parts de saisies et gratifications acquis à des Employés qui, par l'effet des mutations ou de quelque cause accidentelle, se trouvent envoyés ou retenus dans une principalité autre que celle où le paiement en est assigné, ne peuvent être payés qu'en vertu d'une autorisation spéciale. Cette autorisation est donnée par le Directeur si l'Employé est resté sous ses ordres; elle ne peut l'être que par l'Administration s'il se trouve dans une autre Direction. (*Circulaire Nº 1253*).

Les acquits de paiements doivent être revêtus du visa du Directeur relatant cette autorisation. (*Comptabilité générale, 25 mars 1831*).

VISA — DES OPPOSITIONS ET SIGNIFICATIONS. Voir : *Saisie-arrêt*, Nº 2.

VISA — DES PIÈCES DE COMPTABILITÉ.

L'Inspecteur vise ou certifie :

— Les rôles d'appointements et les états de modification qui s'y rattachent;

— Les états des congés qu'on annexe aux rôles;

— Les états de frais de régie, — de plombage, — de masses, — d'indemnités, — de gratifications, — et généralement tous les états de distribution;

— Les états de répartition des amendes et les certificats d'application aux frais;

— Toutes les copies ou extraits des actes dont les originaux ne peuvent être produits;

— La déclaration du Comptable sortant de fonctions, exigée par la circulaire de la Comptabilité générale du 24 décembre 1841;

— Toutes les pièces de dépenses concernant le matériel ainsi que les devis ou mémoires qui s'y rattachent;

— Les ordres de remboursements de masses;

— Les états de situation des créances dont une partie tombe en non-valeur pour le Trésor;

— Tous les états produits à l'appui d'un compte de gestion,

— Et généralement tous les certificats délivrés par les Receveurs principaux ou par les Capitaines.

VISA — DES RÉCÉPISSÉS. Voir : *Récépissés*.

1. L'Inspecteur vise les récépissés délivrés aux Receveurs subordonnés, après s'être assuré qu'ils sont conformes à leurs écritures.

2. Les récépissés pour les versements ou pour les envois des Comp-

tables aux Receveurs des finances doivent être visés par les Préfets ou Sous-Préfets. — Ce visa doit être requis, dans les 24 heures, par les Comptables qui effectuent le versement : cependant, à l'égard des envois faits par des Comptables qui n'habitent pas la même résidence que le Receveur des finances, le visa à apposer est requis par celui qui reçoit les fonds ou valeurs.

Les récépissés du Caissier central du Trésor doivent, pour être libératoires, être revêtus immédiatement du visa du contrôle.

(*Ordonnance du 12 mai 1833, articles 1er et 2, et Comptabilité générale, 23 mai 1831*).

VOL — DE DENIERS PUBLICS. — Voir : *Perte de fonds*.

FIN.